프레임의 힘

FRAMERS
프레임의 힘

케네스 쿠키어 · 빅토어 마이어 쇤버거 · 프랑시스 드 베리쿠르 지음
김경일 · 김태훈 옮김

위기와 기회의 시대,
사고의 툴을 바꿔
문제의 본질을 꿰뚫어라

21세기북스

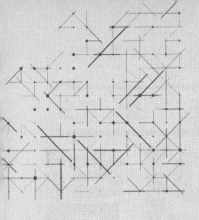

빛은 항상 우리와 함께할 것이다.

우리가 그 빛을 바라볼 용기가 있다면,

우리가 그 빛이 되고자 하는 용기가 있다면.

For there is always light,

if only we're brave enough to see it.

If only we're brave enough to be it.

—Amanda Gorman, January 20, 2021

차례

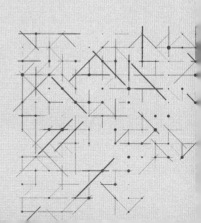

1장
결정

Decisions

인간이 가진 힘의 원천은

근육도 마음도 아닌

심성모형이다.

위협은 예상치 못하게 갑작스럽게 닥치기도 하지만 느리게 기미만 보이기도 한다. 두 가지 모두 우리가 준비하지 않은 인지적 사각지대를 드러낸다. 팬데믹이든 포퓰리즘이든, 새로운 무기든 새로운 기술이든, 지구온난화든 불평등의 심화든, 이에 대한 인간의 반응 방식이 생존과 소멸을 가른다. 그리고 인간의 행동방식은 인간이 지각하는 방식에 따라 달라진다.

매년 전 세계에서 70만 명이 넘는 사람이 항생제 내성으로 인한 감염증으로 사망한다. 박테리아는 점점 내성을 키워왔고 사망자 수는 빠르게 증가하고 있다. 해결책을 찾지 못하면 머지않아 매년 1천만 명,[1] 즉 3초에 한 명씩 사망하는 수준[2]에 다다를 것이다. 이 수치를 보니 오히려 코로나19 비극이 덜 비참해 보인다. 그런데 이 문제는 바로 인간이 만들어냈다. 항생제는 오남용으로 인해 약효가 점점 떨어져 과거에는 박테리아를 제거했지만 이제는 박테리아를 슈퍼박테리아로 만든다.

1928년에 페니실린을 발견하고 10여 년 후에 대량 생산을 하기 전까지는 골절이나 가벼운 상처만으로도 사망하는 사람이 많았다. 1924년에는 미국 30대 대통령 캘빈 쿨리지Calvin Coolidge의 열여섯 살짜리 아들이 백악관의 잔디구장에서 테니스를 치다가 발가락에 물집이 잡혔는데, 그곳에 세균이 감염되어 1주일 만에 사망했다.[3] 대통령의 아들이라는 지위도 경제적 여유도 별 소용이 없었다. 지금은 제왕절개 수술부터 성형수술, 화학요법에 이르기까지 거의 모든 의학 분야에서 항생제를 사용한다. 만약 항생제의 효능이 떨어진다면 이런 의료적 처치가 점점 위험해질 것이다.

MIT 인공지능학과 교수 레지나 바질레이Regina Barzilay는 다채로운 식물로 가득한 연구실에서 해결책을 머릿속에 그려보았다. 기존의 의약품 개발은 주로 효능이 있는 물질과 유사한 분자 '지문'을 가진 물질을 찾는 데 초점을 맞추었다. 그동안 이 방식은 대체로 잘 작동해왔으나, 항생제에 적용하기에는 적절하지 않았다. 이미 구성 성분이 유사한 대부분의 물질을 검토했으며 새로운 항생제가 기존의 항생제와 구조적으로 매우 비슷해서 박테리아가 빠르게 내성을 키울 수 있었다. 그래서 바질레이와 같은 학교 생명공학과 교수 짐 콜린스Jim Collins가 이끄는 생물학자와 컴퓨터학자로 구성된 연구팀은 다른 방식으로 이 문제에 접근했다. 구조적 유사성 대신에 효과, 즉 박테리아를 죽일 수 있는가에 초점을 맞추면 어떻게 될까? 이들은 주어진 문제를 생물학적으로 접근하기보다는 정보 처리의 측면으로 재구성해보았다.

바질레이는 카리스마가 있고 자신감이 넘쳐 보이며, 흔히 보이는 범생이 같은 인상을 주지 않는다. 그녀는 기존의 질서에 저항하는 데 익숙하다. 공산주의 국가인 몰도바에서 자랐고 러시아어를 한다. 이스라엘에서 교육을 받았고 히브리어도 한다. 그리고 미국에서 대학원을 다녔다. 40대 초반인 2014년에 엄마가 되었고, 유방암 진단을 받았으나 힘든 치료를 견디고 병마를 떨쳐냈다. 바질레이는 이런 시련을 겪으면서 의학 분야의 인공지능으로 연구 주제를 바꿨다. 사람들이 그녀의 연구에 관심을 가지기 시작하면서, 이른바 천재에게 주는 상인 맥아더펠로우상을 수상했다.

바질레이 연구팀은 알고리즘을 훈련시켜 항균 특징을 가지고 있는 2,300개가 넘은 합성물질을 대상으로 악명 높은 박테리아인 대장균의 성장을 억제하는 물질이 있는지 찾아보았다. 약물 용도 재지정 허브Drug Repurposing Hub에서 약 6천 개의 분자에 이 모형을 적용했고, 이후 다른 데이터베이스에 있는 1억 개가 넘는 물질에 적용하여 작동 가능성을 예측해본 결과 2020년 초에 드디어 한 개의 분자를 찾아내는 데 성공했다. 그리고는 2001년에 개봉한 영화 〈스페이스 오디세이A Space Odyssey〉에 등장하는 인공지능 할HAL의 이름을 따서 할리신halicin이라고 이름 붙였다.[4]

슈퍼박테리아를 치료하는 슈퍼 의약품의 발견이 전 세계 언론매체의 헤드라인을 장식했다. 언론은 기계가 인간의 우위에 선 순간을 마치 '비디오가 라디오 스타를 날려버린' 것처럼 묘사했다. 〈파이낸셜타임스Financial Times〉의 헤드라인은 "인공지능이 약물 내성 질환을 치료할 항생제를 찾아냈다"였다.

하지만 정말 중요한 이야기가 빠져 있었다. 그것은 인공지능의 승리가 아니라 '인간의 인지human cognition'의 승리였다. '인간의 인지'란 엄청난 도전에 직면할 때 해결방법을 머릿속에 그리고 여러 측면을 바꾸어가면서 해결책에 이르는 길을 여는 능력을 말한다.

따라서 신약을 개발한 것은 새로운 기술이 아닌 인간의 능력 덕분이다.

바질레이는 "정확한 화학물질을 선택한 것도, 그 물질을 모형에 투입해 학습을 진행할 때 무엇을 해야 하는지 알고 있던 것도 바로 인간이었다"라고 설명한다.[5] 인간은 문제를 정의하고, 접근방법을 설계하고, 분자를 선택해 알고리즘을 훈련시키고, 검토할 물질 데이터베이스를 선정했다. 또한 후보 물질이 나타나면 그 물질의 생물학적 렌즈를 다시 적용하여 그 물질이 작동하는 이유를 이해했다.

할리신의 발견은 획기적인 과학적 성과를 넘어서 신약 개발을 가속화하고 개발 비용을 줄일 수 있는 중요한 진전이다. 바질레이 연구팀은 인지적인 자유를 통해 성공에 도달했다. 책이나 기존의 방식 또는 눈에 보이는 것을 연결하는 방법이 아니라 모든 인간이 가지고 있는 인지적 능력을 바탕으로 아이디어를 창출한 것이다.

심성모형과 세상

인간은 심성모형mental model을 사용하여 생각한다. 심성모형은 세상을 이해할 수 있게 해주는 현실에 대한 표상이다. 인간은 심성모형 덕분에 패턴을 볼 수 있고, 상황이 어떻게 전개될지 예측할 수 있고, 주변의 상황을 이해할 수 있다. 심성모형이 없다면 현실세계는 정보가 넘쳐나고 성숙되지 않은 경험과 감각정보가 뒤죽박죽 섞여 있는 공간에 불과할 것이다. 심성모형은 질서를 확립한다. 핵심적인 것에 집중하고 다른 것은 무시하게 한다. 예를 들어 모임 자리에서는 주변에서 떠드는 소리는 들리지 않지만 본인이 참여하고 있는 대화는 잘 들을 수 있다. 인간은 현실세계를 시뮬레이션해서 상황이 어떻게 전개될지를 예측한다.

인간은 심지어 심성모형을 인식하지 못하고 있을 때조차 늘 심성모형을 사용한다. 상황을 어떻게 평가해야 하는지 분명하게 인식하고 있으며, 현재의 관점을 유지할지 아니면 변경할지 신중하게 고민하는 순간이 있다. 이런 순간은 주로 굉장히 중요한 결정을 해야 할 때 나타난다. 예를 들어 이직하거나 부모가 되거나 집을 사거나 공장 문을 닫거나 고층 건물을 지을지 고민할 때 말이다. 이런 순간에는 단지 추론이 아니라 그보다 더 근본적인 것에 근거를 두고 결정을 내려야 한다. 따라서 상황을 바라보는 특수한 렌즈, 즉 세상이 작동하는 방식에 대한 감각이 필요하다. 이와 같은 인지의 근원적인 수준이 심성모형을 구성한다.

세상에서 살아가기 위해 세상을 해석해야 하며, 현실을 지각하는 방식이 행동하는 방식에 영향을 준다는 것을 우리는 오랫동안 알고 있었고 당연하게 생각해왔다. 그리고 이것이 바로 레지나 바질레이의 성과를 돋보이게 하는 것이다. 그녀는 문제를 올바른 방법으로 머릿속에 그렸다. 심성모형을 적용해서 (기존에 잘 작동하는 기제인) 분자의 구조에서 (효과는 확실히 모르지만) 분자의 기능으로 초점을 이동한 것이다. 다시 말해 프레임을 변경한 덕분에 다른 사람들이 찾아내지 못했던 것을 발견할 수 있었다.

바질레이는 프레이머Framer, 즉 프레임을 만들어가는 사람이었다. 그녀는 상황에 대한 프레임을 정확하게 형성한 덕분에 새로운 해결책을 찾아낼 수 있었다.

우리가 선택해서 적용하는 심성모형이 프레임이다. 프레임은 우리가 세상을 이해하고 행동하는 방식을 결정한다. 프레임은 일반화와 추상화를 가능하게 해서 다른 상황에 적용하게 해준다. 그 덕분에 새로운 상황과 맞닥뜨려도 처음부터 모든 것을 다시 배우지 않고 그 상황을 다룰 수 있다. 프레임은 항상 물밑에서 작동한다. 물론 잠시 멈추고 어떤 프레임을 적용하고 있는지, 그 프레임이 이 상황에 가장 적합한 것인지에 대해 신중하게 생각해볼 수 있다. 그 결과 가장 적합한 것이 아니라는 판단이 서면 더 나은 프레임을 선택하거나 새로운 프레임을 만들어낼 수 있다.

프레임 형성은 '인간의 인지'의 토대임에도 불구하고 인간의 생각을 연구하는 사람들조차도 최근까지 거의 관심을 두지 않았다. 프레임의 중요성은 감각이나 기억과 같은 다른 심적 역량으로 가려져 있었다. 하지만 결정 능력을 향상시킬 필요성에 대한 관심이 점차 증가함에 따라 좋은 선택과 적절한 행동의 기초가 되는 프레임의 역할이 배경에서 중심으로 이동했다. 이제는 올바른 프레임을 올바른 방법으로 적용할 때, 가능성을 확장하여 더 나은 선택을 할 수 있다는 것을 알고 있다. 우리가 적용하는 프레임은 우리가 보는 것, 결정하는 것, 그리고 얻을 결과에 영향을 준다. 프레임 형성 능력이 향상되면 더 좋은 결과를 얻는다.

우리 사회가 가진 난제들은 대부분 그 중심에 그 문제의 프레임을 어떻게 형성해야 하는가를 두고 갈등이 있다. 미국이 국경에 장벽을 건설해야 하는가, 아니면 다리를 놓아야 하는가? 스코틀랜드는 영연방에 남아야 하는가, 아니면 독립을 선언해야 하는가? 홍콩에 대한 중국의 '일국양제一國兩制' 정책에서 일국을 강조해야 하는가, 아니면 양제를 강조해야 하는가? 같은 상황이더라도 프레임이 다르면 다른 것을 보게 된다.

2016년에 샌프란시스코 포티나이너스San Francisco 49ers의 쿼터백 콜린 캐퍼닉Colin Kaepernick은 미국 국가가 연주되는 동안 인종차별과 경찰의 폭력 행위에 항의하기 위해 한쪽 무릎을 꿇었다.[6] 이 행동을 두고 누군가는 조용하고 상징적인 시위라고 존중했기 때문에 등을 돌리거나 주먹 또는 손가락을 쳐들지 않았다. 반면 누군가는 국가에 대한 말도 안 되는 모욕적인 행위이며, 그다지 특별하지도 않은 선수가 적대적인 선전활동을 해서 지금까지 이러한 영향에서 벗어나 있던 영역 중 하나인 미식축구에서 문화전쟁을 일으키는 것이라고 생각했다. 논쟁의 초점은 무슨 일이 발생했는가가 아니라 어떤 의미를 가지는가에 있었다. 이는 로르샤하 검사Rorschach Test

와 같다. (이 검사에서는 어떤 프레임을 가지고 있는가에 따라 그림이 달라 보인다.)

프레임에 따라 세상을 바라보는 시점이 명확하게 구분된다. 프레임은 구성 요소 중 일부는 확대하고 일부는 축소한다. 자본주의자의 프레임으로 보면 모든 곳에 상업적인 기회가 있고, 공산주의자의 프레임으로 보면 모든 것이 계급투쟁으로 이어진다. 기업가는 열대 우림에서 값비싼 목재를 보는 반면 환경운동가는 장기간의 생존에 필수적인 '지구의 허파'를 본다. 팬데믹이 진행되는 동안에 사람들은 공공장소에서 반드시 마스크를 써야 할까? 미국에서 의료적인 측면의 프레임을 사용하는 사람은 "반드시"라고 대답하는 반면, 자유의 중요성이라는 프레임을 사용하는 사람은 "절대 아니"라고 소리친다. 같은 데이터, 다른 프레임, 반대의 결론이다.

우리가 적용한 프레임이 현실에 잘 들어맞지 않을 때가 있긴 하다. 그 자체로 '나쁜' 프레임은 없지만(한 가지 예외가 있는데, 8장에서 논의하기로 하자), 상황에 잘 들어맞지 않는 적절하지 않은 프레임을 보여주는 사례는 분명히 있다. 실제로 인류가 발전한 길을 살펴보면 적절하지 않은 프레임을 사용한 흔적이 여기저기 널려 있다. 15세기 해부학 교과서 『파스키큘러스 메디시나에Fasciculus Medicinae』를 보자.[7] 이 책에서는 천상의 우주와 신체의 장기가 대칭을 이룬다는 접근으로 신체의 각 부분을 황도의 12궁도와 연결했다. 하지만 그 프레임으로는 아무도 치료하지 못했고 더 유용한 프레임이 등장하면서 자연스레 사라졌다.

우리는 최근에도 비슷한 실수를 저질렀다. 2008년에 노키아는 휴대전화 판매 세계 1위였다. 애플이 아이폰을 출시했을 때 흥행할 것이라고 생각한 사람은 별로 없었다. 당시는 전화기를 더 작게 만들고 판매가격을 낮추는 경향이 있었으나, 애플의 전화기는 덩치가 더 크고 가격이 비쌌으며 버그가 많았다. 노키아의 프레임은 보수적인 통신사업에서 생성된 것으로 실용성과 평판에 가치를 두고 있었다. 애플의 프레임은 숨쉴 새 없이 혁신이 이루어지는 컴퓨터산업에서 생성된 것으로 사용의 편의성과 소프트웨어를 통한 새로운 기능의 확장 가능성에 가치를 두고 있었다. 결국 애플의 프레임이 소비자들의 요구와 욕구에 더 잘 들어맞았고 애플이 시장을 지배했다.

적절하지 않은 프레임을 적용하면 충격적인 결과를 낳을 수 있다. 1930년대에 소련은 식물유전학 이론인 리센코학설Lysenkoism을 따랐다.[8] 그 프레임은 식물학이 아니라 마르크스-레닌주의에 기반을 둔 것이었다. 공산주의 이론에 따르면 같은 계급의 구성원은 서로 연대하여 살고 자원을 얻기 위해 경쟁하지 않아야 하기 때문에 농작물을 서로 가까이 심을 수 있다는 것이 기본 수칙 중 하나였다.

경제학에서 공산주의자의 프레임을 채택하여 농업에 적용한 것은 완전히 정신나간 짓이었지만 국가 지도자는 이를 농업정책의 근간으로 삼았다. 이 프레임을 제안한 트로핌 리센코Trofim Lysenko는 스탈린losob Stalin의 후원을 받았다. 리센코의 주장에 의문을 제기한

과학자는 해고, 수감, 추방, 또는 처형되었다. 러시아의 위대한 생물학자 니콜라이 바빌로프Nikolai Vavilov는 리센코의 주장을 비판했다는 이유로 사형 선고를 받았다. 그래서 리센코학설의 결과는 어땠을까? 경작 면적을 100배로 늘렸는데도 농작물이 죽거나 썩어서 수확량이 감소했다. 적절하지 않은 프레임의 적용은 비극적인 기근으로 이어졌고 수백만 명의 목숨을 앗아갔다.

프레임이 잘 맞지 않으면 다른 프레임을 사용하거나 새롭고 더 나은 프레임을 개발할 수 있다. 새롭게 개발된 프레임이 세상을 바꾸는 놀라운 성과를 만들어내기도 했다. 다윈Charls Dawin의 진화론은 종교를 벗어나서 생명의 기원을 설명했다. 마찬가지로 뉴턴Isaac Newton의 물리학은 수세기 동안 공간에서 물체의 움직임을 설명했으나, 시간이 지나면서 뉴턴의 이론으로 설명할 수 없는 현상들이 발견되었다. 아인슈타인Albert Einstein은 오랫동안 변하지 않는다고 간주한 시간이 실제로는 상대적이라는 것을 보여주면서 물리학의 프레임을 바꾸었다.

과학에서는 프레임이 명시적이고 연구자들이 결론에 도달하기 위해 가설을 세우고 이를 실험을 통해 증명하는 과정을 기록하기 때문에 과학은 프레임의 가치를 확인하기 가장 쉬운 영역이다. 하지만 인류가 방대한 도전에 직면해 있는 오늘날에는 어떤 프레임을 적용해야 하는지를 알아차리기가 쉽지 않다. 모든 영역에서 프레임의 영향력을 이해해야 하며, 문제를 해결하려면 다르게 접근해보아야 한다. 우리가 매우 난감한 딜레마에 빠졌을 때, 그 딜레마가 개인·공동체·국가·문명 등 어떤 수준에 있든 간에 그 딜레마에 대응하는 핵심 능력은 우리 내면에, 즉 프레임을 형성하는 인간의 고유한 능력에 달려 있다.

하지만 우리는 더 나아져야 한다. 이 책에서 그 방법을 확인해보자.

거기에 없는 것을 본다

지난 수십 년에 걸쳐 인지심리학과 의사결정 이론에서 이루어진 혁명적인 변화로 인해 심성모형이 인간이 살아가고 생각하는 방식의 중심에 놓이게 되었다. 프레임 형성은 보통 잠재의식의 수준에서 발생한다. 하지만 좋은 결정을 해온 사람 또는 매우 중요한 결정을 해야 하는 위치에 있는 사람은 이미 형성된 프레임과 프레임의 재구성 능력을 인식하고 있다. 이러한 인식은 그들이 보는 선택지와 그들이 취하는 행동에 영향을 준다.

벤처 투자가가 투자 가능성을 면밀히 조사할 때, 군 장교가 수행할 작전을 찬찬히 들여다볼 때, 엔지니어가 기술적인 문제를 해결하려고 할 때 먼저 쟁점 사항에 대한 프레임을 형성해야 한다. 풍력발전 단지를 어느 곳에 건설할 것인지 또는 태양발전 단지로 대체하는 게 좋을지 결정해야 한다면? 우리가 정보를 수집하는 것은 의

사결정 과정의 일부분에 불과하다. 그보다 중요한 것은 그 상황을 어떻게 평가하는가, 즉 어떻게 프레임을 형성하는가다.

프레임 형성은 중대한 일을 처리해야 할 때만 필요한 것이 아니다. 프레임 형성은 모든 일상에 영향을 준다. 우리는 마음속에 늘 세상을 설명하는 모형을 가지고 있어야 한다. 파트너와 더 잘 지내려면 어떻게 해야 할까? 상사에게 깊은 인상을 주려면 어떻게 해야 할까? 더 건강하려면 삶을 어떤 방식으로 재조정해야 할까? 더 부유해지려면 어떻게 해야 할까? 이런 종류의 질문에 답하기 위해서는 반드시 프레임을 만들어야 한다. 프레임은 생각을 단단히 뒷받침하여 우리가 지각하는 것과 생각하는 방식에 영향을 준다. 프레임을 눈에 보이게 해서 신중하게 선택하고 적용하는 방법을 배우면, 우리의 삶과 우리가 살아가는 세상을 발전시킬 수 있을 것이다.

간단히 요약하면, 인지 능력의 기본 특징에서 더 나은 결정을 하기 위해 사용할 수 있는 실용적인 도구로 프레임을 바꾸어나갈 수 있다.

인간의 마음은 프레임을 사용해서 가장 중요한 측면을 파악하고 다른 부분은 필터로 거른다. 그렇게 하지 않으면 삶의 복합적이고 복잡한 모든 측면을 이해할 수 없을 것이다. 마음속으로 세상을 모형화함으로써 우리는 세상을 관리하고 실행 가능한 수준으로 유지할 수 있다. 이런 의미에서 프레임은 현실을 단순화한다. 이때의 단순화란 핵심 부분에 생각을 집중하는 방식으로 이루어진다.

프레임은 하나의 경험을 통해 학습하고 일반적인 규칙을 찾아내서 (아직 발생하지 않은 상황을 포함하여) 다른 상황에 적용할 수 있게 도와준다. 프레임은 관찰하지 않은 것, 심지어는 관찰할 수 없는 것에 대해서도 어느 정도 알 수 있게 해준다. 아무런 데이터가 존재하지 않는 무언가를 상상해보라. 프레임은 거기에 없는 것을 보게 해준다. 우리는 '만약에 그렇다면?'이라는 질문을 던져서 여러 가지 결정이 어떤 결과를 낳을지 예측할 수 있다. 바로 이 능력 덕분에 다른 세계를 머릿속에 그려보고, 이를 통해 개개인의 성과와 사회적인 진보를 이룰 수 있었던 것이다.

인간은 오랫동안 하늘을 보아왔고 날고 싶어했다. 지금도 여전히 그렇다. 물론 새처럼 날고 싶다는 것은 아니다. 그런데 데이터가 아무리 많고 처리 능력이 뛰어나도 1903년의 라이트 형제처럼 수많은 자전거 부품을 가지고 비행기를 그려보기는 어렵다. 이를 위해서는 심성모형, 즉 프레임을 사용해야 한다. 같은 맥락에서 인간은 피부를 절개하지 않고 몸 속을 보는 꿈을 꾸어왔고, 지금은 그렇게 하고 있다. 물론 육안으로 보는 것은 아니고 X선을 사용한다. 여기에도 새로운 개념화, 즉 1895년에 발견되어 뢴트겐선Röntgen ray으로 알려진 전자기파의 사용 방법에 대한 프레임이 필요했다.

일상적으로 사용하는 것 중에 일부는 최초의 프레임을 변경해서 (때로는 익살맞게 바꾸어서) 나온 결과물이다. 전화기는 처음에 원거리에서 음악을 듣는 방법으로 고안됐고, 사람들은 다이얼을 돌려 연주를 들었다. 축음기는 메시지를 전달하기 위해 고안됐고, 회사 대표가 오디오 메모를 홈이 파인 실린더에 실어 멀리 있는 관리자에게 보냈다.[9] 이런 기술은 사용법을 확 바꾸고 나서야 유행했다. 토머스 에디슨Thomas Edison은 1900년대 초기에 영화가 강의실을 대체할 것이라고 생각했다. 에디슨의 상상은 100년이 지나 줌Zoom이 새로운 학교가 되고 나서야 현실이 되었다.[10]

'프레임 형성framing'이라는 용어는 사회과학 연구에서 제대로 확립되었다. 심리학자 대니얼 카너먼Daniel Kahneman과 아모스 트버스키Amos Tversky는 결과를 묘사하는 방식에 따라 결정이 어떻게 달라지는가에 관해 설명하면서, 이를 '프레임 효과framing effect'라고 칭했고 추론 과정에서의 결함이라고 기술했다.[11] 이 책에서는 프레임 형성이라는 같은 용어를 사용하지만 무언가를 어떻게 배치하는가에 관해서가 아니라, '심성모형을 신중하게 활용하여 결정을 하기 전에 선택지를 꺼내는 행동'이라는 의미로 접근한다. 상황에 대한 프레임을 잘못 형성하면 결정에 문제가 생길 수는 있지만, 프레임 형성은 인간이 가진 가치 있는 역량이며 인간이 세상을 이해하고 재구성할 수 있게 해준다. 프레임이 없다면 한 개인으로든, 한 종족으로든 지금과 같은 존재가 될 수 없었을 것이다.

프레임 재구성의 사례를 패러다임 전환, 즉 특정 영역에 널리 퍼진 개념이나 실천적 행위의 근본적인 변화로 이해하려는 유혹에 빠질 수 있다. 1962년에 과학철학자 토머스 쿤Thomas Khun은 패러다임 전환이 과학의 진보를 이끌어낸다고 주장했다.[12] 하지만 이러한 비교는 정확하지 않다. 모든 패러다임 전환은 코페르니쿠스 Copernicus의 태양중심설이 프톨레마이오스Ptolemaeos의 지구중심설을 뒤집은 사건처럼 프레임을 재구성한 사례다. 하지만 모든 프레임 재구성이 패러다임 전환은 아니다. 프레임 재구성은 비교적 자주 발생한다. 프레임 재구성은 세상에 대한 사회적 개념을 바꾸고 개인의 삶에서도 작지만 의미 있는 변화를 훨씬 더 자주 이끌어낸다. 각각의 사례에서 프레임을 성공적으로 재구성하면 더 나은 결정으로 이어진다.

프레임을 사용하는 것이 복잡하고 어려운 일처럼 보일 수도 있다. 실제로도 숙련된 기술이 필요하다. 그런데 인간은 놀라울 정도로 프레임을 능숙하게 사용한다. 비록 스스로 인식하지 못한다 하더라도 인간은 수만 년 동안 프레임을 사용해왔다.

프레임은 개개인의 관점을 넘어서는 인지적 템플릿template(형판)이지만 관점이라고 생각해도 무방하다. 이탈리아의 건축가 필리포 브루넬레스키Filippo Brunelleschi가 1420년경에 원근법을 사용해서 그림을 그리기 전까지 화가들은 세상을 평평하게 그렸고, 대상의 상대적 중요성에 따라 위치를 결정했다. 브루넬레스키에게서 단서를 얻은 뒤로 화가들은 실제로 보이는 대로 사물의 깊이를 묘사하고 장면을 그리는 방법을 배웠다.[13] 이런 변화의 전후 그림을 비교해보면 새로운 프레임으로의 전환이 가져오는 힘을 깨달을 수 있다.

모든 인간은 프레이머다. 인간은 일상적인 것부터 엄청난 것까지 모두 예측한다. 우리는 이 방법으로 일종의 마음속 시간여행을 끊임없이 하고 있다. 물론 프레임 형성에 더 능숙한 사람이 있다. 그렇지만 누구나 프레임 형성 능력을 개선할 수 있고 반드시 개선해야 한다.

제약 사항을 고려하며 상상하기

프레임은 두 가지 과제를 잘하도록 돕는다(이는 2장에서 자세히 살펴볼 것이다). 첫째, 새로운 상황이나 바뀐 상황에서 프레임을 선택하는 능력 덕분에 새로운 선택지를 가질 수 있다. 두 번째도 첫 번째만큼 중요한 것인데, 익숙한 상황에서 생각에 집중하게 해서 인지적인 부하를 줄여준다. 이는 적합한 결정에 도달하는 데 엄청나게 효율적인 방법이다. 이를 성공적으로 수행하기 위해서는 세 가지 요소, 즉 인과적으로 생각하고, 조건부적으로 사고하며, 특정 목표에 관한 상상에 제약을 가하고 이를 재단하는 역량이 필요하다. 각각의 구성 요소를 차례차례 논의해보자.

3장에서는 인과성을 살펴볼 것이다. 인간은 인과관계라는 렌즈를 통해 세상을 본다. 이로써 우리는 세상을 이해할 수 있고, 행동에 따른 결과를 예측하고 이득이 되는 행동을 반복한다. 인과 추론은 인지의 근간이다. 아이들은 성장하면서 인과적으로 생각하는 법을 배우고, 인과관계를 생각한 덕분에 우리 사회가 계속 진화할 수 있었다. 인간은 인과 추론 엔진이다.

세상이 복잡하다 보니 인과 추론이 잘못될 때도 종종 있다. 두 개 골 안에 있는 1.4킬로그램의 스펀지 같은 지방과 단백질 덩어리로 그 복잡한 모든 것을 이해하기는 어렵다. 그래서 과학적인 방법을 사용해서, 예를 들면 특별한 춤을 추면 비가 올 수 있다와 같은 인과적 결론으로 갑작스레 옮겨가는 것을 방지한다. 그렇지만 어디에서나 원인을 찾으려는 경향 덕분에 중요한 것을 얻는다. 다시 말해 인과적 사고는 세상을 이해하고 일정 수준에서 우리의 통제하에 둘수 있는 도구가 된다는 것이다.

심성모형의 두 번째 요소는 조건부적으로 사고하는 것으로 4장에서 자세하게 논의할 것이다. 조건부적 사고는 현실에 대한 대안, 즉 세상의 구성 요소 중 일부가 바뀌었을 때 가상의 세상을 상상하는 것을 말한다. 인과관계와 마찬가지로 인간은 항상, 그리고 자연스럽게 조건부적으로 생각한다. 조건부적 사고를 함으로써 인간은 '지금 그리고 여기'에서 벗어날 수 있다. 그래서 우리는 바로 앞에 놓인 현실세계에 갇혀 있지 않고 마음의 눈으로 새로운 것을 발명할 수 있다.

조건부적 사고는 인류의 진전에 필수적이다. 우리는 조건부적 사고를 통해 존재하지 않는 것을 마음속에 그려서 실제 세상을 이해하고 세상이 어떻게 달라질 수 있는지 상상해볼 수 있다. 이렇게 하기 위해서 사용하는 것이 what-if 질문이다. 상상이라고 해서 의미 없는 몽상을 얘기하는 것이 아니다. 상상은 행동으로 옮기기 위한 필수적인 징검다리이며, 결정을 하기 위한 준비를 도와준다. 상상과 시각화를 할 때, 때때로 조건부적 생각의 결과를 상기하고 평가한다. 아이들이 가상 놀이를 할 때, 과학자들이 실험을 설계할 때 이렇게 한다.

조건부적 사고로 우리가 사는 세상을 개선할 수 있다 하더라도 너무 비현실적인 영역으로까지 가는 것은 바보 같은 짓이다. 5장에서는 프레임 형성의 세 번째 구성 요소, 제약의 역할을 소개할 것이다. 적절한 제약으로 상상을 조절해서 조건부적 사고가 실행 가능한 수준에서 작동하면 실제 행동을 이끌어낼 수 있다. 프레임 형성은 바람을 타고 여기저기 떠다니는 풍선과 같은 허황된 생각을 하는 것이 아니다. 분명한 한계 안에서 상상해보는 것이다. 조건부적 사고는 주어진 경계 안에서만 유용하다.

제약은 심성모형을 일관되게 묶어주는 접착제와 같이 작동해서, 구조적이고 신중한 방법으로 what-if에 대해 생각할 수 있게 해준다. 이전에 타이어를 교체한 적이 없다고 해도 펑크 난 타이어에 갑자기 중력에 반하는 작용이 일어나 타이어가 멀쩡해질 것이라는 생각을 하지 않는다. 대신 트렁크에서 카잭과 렌치를 꺼내서 어떻게 해야 할지를 그려본다.

인지의 세 개 차원, 인과적 생각, 조건부적 사고, 제약조건은 프레임 형성의 근간으로 눈에 보이는 것을 넘어서서 멀리 바라보게 해주는 도구다.

프레임을 바꿔야 할 때도 있다. 특히 문제의 맥락이 바뀌었을 때 그렇다. 6장에서는 우리가 가진 프레임을 샅샅이 살펴보고 상황에 더 잘 들어맞는 프레임을 찾아내는 능력을 살펴본다. 물론 특정 영역에서 이미 사용하고 있는 프레임을 용도에 맞게 고쳐서 다른 영역에 적용할 수도 있다. 다시 말해 새로운 맥락이나 목적에 맞게 프레임을 수정하여 적용 범위를 신중하게 확장하는 것이다.

인간은 경험을 쌓아가면서 마치 피아노 연주자가 자신만의 레퍼토리를 가지고 있는 것처럼 프레임 목록을 발달시키고 필요할 때 적절한 프레임을 내놓을 수 있게 된다. 뛰어난 음악가는 이전에 들어본 적이 없는 곡을 들어도 조성, 박자, 리듬, 화음을 곧바로 찾아낼 수 있다. 이것이 즉흥연주의 정수다. 음악은 장르에 따라 크게 다르고, 장르마다 나름의 규칙이 있다. 그래서 피아노 연주자가 쇼팽에서 레이디 가가로 옮겨가는 것은 상당히 어렵다. 하지만 프레임 재구성은 삶에서 그러하듯 음악에서도 가능하다.

하지만 여러 프레임 중에서 고를 때는 제약이 있다. 적합한 프레임이 존재하지 않는 경우도 있다. 그러면 완전히 새로운 프레임을 고안해내야 한다. 우리는 그렇게 새롭게 만든 프레임을 성공적으로 적용해서 세상을 바꾼 사람들에게 찬사를 보낸다.

7장에서는 더 나은 프레이머가 되는 방법을 살펴본다. 프레임을 형성하는 방법을 배우려면 다양한 프레임을 받아들일 수 있어야 한다. 이를 위해 세 가지 전략을 제안한다. 본인의 레퍼토리를 확장하고, 이른바 인지적 수렵채집이라 부르는 과정을 통해 호기심을 키우고, 그래도 잘 안 될 경우 미지의 세계에 대한 생각으로 뛰어오를 수 있는 용기를 가져야 한다.

8장에서는 공동체, 국가, 문명에서 프레임 형성의 중요성을 논의한다. 목표는 다원주의다. 세상을 동질적인 방식으로 바라보려고 하기보다는 다름을 발전시키고 널리 알려야 한다. '인종에 눈을 감는다'는 적절하지 않은 생각으로 추진력을 얻을 것이 아니라, 세상에는 '다양한 인종이 있다'는 것을 인정하도록 장려해야 한다.

다른 프레임의 존재를 부정하는 프레임은 절대로 용납해서는 안 된다. 심성모형의 균일성은 인간의 진보를 가로막는다. 균일성을 추구하면 현재를 넘어서는 무언가를 볼 수 없기 때문에 과거에 갇혀 있는 자동 로봇보다 현명해질 수 없다. 인간이 가진 다양한 프레임이 공존할 수 없다면 인간은 공존할 수 있을까?

프레임 형성의 진정한 영웅은 궁전에 살지 않고, 큰 회사를 경영하지 않으며, 훌륭한 대학에서 강의를 하지도 않는다. 그 영웅은 우리 주위에 있다. 사실은 우리다. 개인에게도 프레임 형성은 삶의 모습을 만들어준다는 점에서 중요하다. 인류에게 중요한 것은 우리가 집단적으로 소유하고 있는 풍부한 심성모형이며, 함께 모여서 하나의 관점으로 접근해야 앞에 놓인 도전을 해결해나갈 수 있다고 주장하는 전문가도 있다. 하지만 실상은 반대다. 인간의 힘은 프레임의 차이와 무수히 많은 시각으로 세상을 바라보는 능력에서 나온다. 폭넓은 프레임을 이용할 때에만 생존에 필요한 독창적인 해결책을 고안해낼 수 있다.

기계와 군중

프레임 형성의 가치와 영향력을 믿기 어려워지고 있다. 세계 곳곳에서 인류의 인지 능력에 대한 확신을 잃어가고, 심성모형의 역할을 인정하지 않는 해결책에 의지하고 있다. 한쪽에는 기계를 신봉하는 사람들이 있고, 다른 쪽에는 군중을 통한 거친 절차를 따르지 않는 정의justice와 손쉬운 답을 받아들이는 사람들이 있다.

사실을 받아들이고 추론에 가치를 두는 초합리주의자는 전자를 대표한다.[14] 이들은 오직 데이터와 알고리즘을 사용해서 수많은 문제를 풀어야 하고 인간의 프레임 형성을 건너뛰고 인공지능으로 가야 한다고 생각하는 경향을 보인다. 이들은 컴퓨터가 사람보다 똑똑해지는 순간인 특이점을 기다리는 소수의 괴짜들이 아니다.[15] 사람들이 할 수 없을 것처럼 보이는, 객관적이며 이성을 초월한 결정을 내리기 위해서는 기술이 필요하다고 생각하는 사람들이 늘어나고 있다. 이들은 인간은 모든 판단을 기계에게 맡겨버리고 그저 권좌에 앉아 있기만 하는 존재에 지나지 않는다고 확신한다.

델리로 운전해서 가야 한다면? 베를린에서 범죄에 맞서 싸우려면? 우한에서 식료품을 배달하려면? 그에 맞는 알고리즘이 있다. 기술이 발전하면서 지금까지 인간이 다루기 어려웠던 사회적 병폐를 해결하기 위해 인공지능을 사용해야 한다고 생각하는 사람이 많아졌다. 이들이 바라는 것은 인공지능이 작금의 비이성적인 어둠에서 인류를 구해주어 이성의 승리를 보장하는 것이다. 이런 생각을 지지하는 사람들은 인간의 의사결정권을 빼앗아서 컴퓨터에 장착할 수 있는 인공지능의 잠재력에 환호한다.

정서주의자emotionalist도 목소리를 높이고 있다. 이들의 주장은 정반대다. 인류는 과도한 합리성, 과도한 데이터 의존성, 냉담하고 무자비하며 분석적인 추론으로 인해 고통받고 있다고 주장한다. 이들은 인류의 핵심 문제가 열정이 너무 많은 것이 아니라 너무 적은 것이라고 생각한다. 인간이 직감이나 본능을 충분히 사용하지 않기 때문에 이런 문제가 발생한다는 것이다. 이들은 비슷한 생각을 하는 사람들이 모인 공동체의 결속, 공동체에 속하지 않은 타인과의 분명한 구분과 경계 형성을 추구한다. 이들은 정서적인 근원에 호소하여 인간을 인간답게 하는 핵심 요소로 비합리성을 받아들여야 한다고 주장한다.

이런 현상은 개발도상국뿐만 아니라 산업화된 민주국가에서도 진영을 가리지 않고 나타난다. 특히 오랜 시간을 들여 증거를 충분히 검토하기보다 단호한 결정을 선호하는 우익의 포퓰리스트와 연관되어 있다. 이들에게 통치 행위는 느낌이고, 리더십은 정서이며, 결정은 옳고 그름을 판단하는 타고난 감각에서 나온다. 그런데 좌익에서 활동하는 사람들도 자신의 세계관에 대한 비판을 묵살하거나 자신의 의견에 동의하지 않는 사람들을 배척하고 싶을 때 이런 현상을 보인다.

인공지능의 영향력이 점점 증가하는 새로운 시대임에도, 수세기 동안 이어져온 이런 기본적인 논쟁은 여전히 진행 중이다.[16] 지금도 이성과 정서, 인공적인 것과 자연적인 것, 심사숙고하는 생각과 직관적 본능 간의 긴장이 우리의 삶을 정립하고 사회를 통치하는 방법에 영향을 준다. 완벽한 대칭을 구현한 파리의 공원을 보면 합리성, 질서, 증거의 삶을 옹호한 1600년대 프랑스의 철학자이자 수학자인 르네 데카르트René Descartes의 영향력이 떠오른다.

데카르트로부터 한 세기가 지난 다음 장자크 루소Jean-Jacques Rousseau는 감정과 직관에 대한 신뢰, 그리고 답을 찾기 위한 내적 자아의 탐색이라는 접근법을 주장했다. 루소는 "내 인생에서 지금까지 행한 악행은 모두 반추의 결과였다. 그리고 약간의 선행은 충동의 결과였다"라고 서술했다.[17] 격렬하게 분노를 표출하는 것도 인간성의 표현으로 용납되는 눈치, 열정, 욕구의 세상이다. 특별한 질서 없이 자연의 모습을 닮은 영국과 미국의 도시 내 공원을 보면 나도 모르게 루소의 관점에 고개가 끄덕여진다.

같은 방식의 이분법이 20세기에도 나타났다. 프레드릭 테일러 Frederick Taylor는 과학적 경영에 관한 이론에서 기업 활동의 모든 측면을 수량화했다. 경영자는 초시계와 클립보드로 무장한 채 작업 현장을 누비고 다니며 생산성을 향상해야 한다고 역설한다. 하지만 '끝없는 도전과 용기Straight from the Gut'라는 부제의 자서전을 출간한 입심 좋은 GE의 잭 웰치Jack Welch의 명성과 함께 그 시절은 막을 내렸다.[18]

의사결정 과정에서 선후 관계가 분명하며 사실에 기반한 합리적인 생각을 거부하고 정서를 기꺼이 받아들인다면, 어느 정도 정확한 느낌을 가지고 있다는 의미다. 모든 것을 논리적인 숫자나 공식으로 바꿀 수는 없다. 하지만 이러한 접근으로는 문제를 해결할 수 없고, 그저 미화하는 수준에 머물 뿐이다. 달리 말해 해체할 수는 있지만 구성할 수는 없다. 지난 반세기 동안 심리학자와 행동경제학자는 직관이 주도한 결정이 대부분 우수하지 않다는 증거를 엄청나게 축적해왔다. 직관을 사용하면 올바르게 행동하고 있다는 느낌은 받을지언정 맞닥뜨린 도전을 헤쳐나가는 데 필요한 전략을 내놓기는 어렵다.[19]

한편 인공지능이 인간보다 더 나은 결정을 해서 일자리를 가져갈 수 있을지도 모르지만, 컴퓨터와 알고리즘이 프레임을 형성하지는 못한다. 인공지능은 질문에 대답하는 데는 매우 우수하지만, 프레이머는 질문을 제기한다. 컴퓨터는 존재하는 세상에서만 작동하지만, 인간은 프레임으로 구성한 상상 속의 세계에서도 살아간다.

컴퓨터가 찬사를 받는 영역인 보드게임의 단점을 살펴보자. 이와 관련해서는 이 분야에 능숙한 사람들조차 잘못된 교훈을 얻곤 한다.

2018년 구글의 딥마인드DeepMind가 알파제로AlphaZero를 공개했다.[20] 알파제로는 규칙을 제외한 다른 정보를 입력하지 않고 온전히 자체적으로 체스, 바둑, 쇼기(일본 장기)에서 이길 수 있는 방법을 학습하는 시스템이다.[21] 알파제로는 단 9시간 만에 4,400만 회의 체스 경기를 수행해서 세계 최강의 체스 프로그램인 스톡피시Stockfish를 무너뜨렸다. 그랜드 마스터와의 경기에서도 새로운 전법으로 사람들을 놀라게 했다. 체스 전문가들은 지난 1세기 동안 말이나 포진과 같은 기본 개념과 전략의 중요성에 대해 어느 정도 일치된 의견을 구축해왔다. 그런데 알파제로는 포진보다는 기동성을 중요시하고 말을 희생하는 데 주저함이 없는 놀라운 전법을 사용함으로써 체스에서 완전히 새로운 전략을 구상한 것처럼 보였다.[22]

하지만 거기까지였다.

인공지능 시스템은 아무것도 구상할 수 없다. 심성모형을 만들 수 없는 것이다. 자신의 행동을 일반화하거나 설명하지도 못한다. 알파제로는 우리에게 그리고 스스로에게 블랙박스일 뿐이다. 말이나 돌의 움직임을 보고 '포진'이나 '희생'이라는 개념을 발전시킨

것은 인공지능이 아니라 인간이다. 알파제로의 행동에 대한 프레임을 만들어서, 행동을 설명 가능하게 하고 일반화해서 적용하는 것도 인간이다. 인공지능의 성과를 추상화하면서 점점 영리해지는 것은 인간이다. 인공지능은 스스로 교훈을 얻고 적용할 수 없다.

합리주의자나 정서주의자 모두 인간 인지의 고유한 특징을 정확하게 파악하고 있다. 하지만 양쪽 모두 막다른 길에 다다른 상태다. 어느 쪽도 문명에 대한 도전에 적절한 답을 제공하지 않고 있으며, 양쪽의 통합으로 기대할 만한 것도 없다. 불안정한 토대 위에 두 접근법을 합쳐봐야 실질적인 진전에 대한 희망은 없고, 깨지기 쉬운 긴장감만 남을 것이다.

결정적으로 인간의 선택이 위의 두 가지에 국한되지 않는다는 점이 중요하다. 비인간화된 특이점과 엄청난 포퓰리즘의 폭격 사이에서 결정을 내려야 할 필요가 없으며, 차선책으로 둘을 융합하여 무언가를 만들려고 노력할 필요는 없다. 인간은 원하는 대로 사용할 수 있지만 지금까지 간과해왔던 역량인 프레임 형성 능력을 가지고 있다. 심성모형을 갈고닦아 적용하고 재구축하는 능력 덕분에 기계의 의견을 따르거나 군중의 뜻을 받아들이지 않고도 문제를 해결할 수 있는 것이다.

다시 레지나 바질레이로 돌아가보자. 바질레이는 거대한 도전 앞에서 갈림길에 서 있었다. 항생제의 사례에서 확인할 수 있듯이 결정의 결과, 대안 탐색 실패, 무작위 행동과 같은 인간이 가진 취약성의 대부분은 자체적으로 형성되었다. 인간은 스스로 지금의 문제에 빠진 것이다. 좋은 소식은 인간이 스스로를 구해낼 수 있다는 것이다. 물론 새로운 사고방식이 필요하다.

내면에서 시작되지 않은 것

옥스퍼드대학은 '아워 월드 인 데이터Our World in Data'라는 프로젝트를 운영한다.[23] 이 프로젝트에서는 삶의 모든 측면을 탐색해서, 이름에서 볼 수 있듯이 데이터를 통해 분석한다. 유아 사망률 통계는? 당연히 있다. 전 세계 GDP는? 물론 있다. 빌 게이츠Bill Gates는 이 프로젝트의 데이터에 찬사를 보냈다. 자신의 재단을 통해 이 프로젝트를 후원하는 빌 게이츠는 종종 차트를 리트윗한다. 그런데 이들이 쏟아내는 무지갯빛의 선그래프나 막대그래프를 바탕으로 무언가를 판단하기란 정말이지 쉬운 일이 아니다.

세상이 멈출 수 없을 정도로 빠르게 개선되고 있다는 것을 거의 모든 지표에서 확인할 수 있다. 전쟁은 거의 일어나지 않고, 질병은 줄고, 문맹률은 개선되고, 물은 깨끗해지고, 경제상황은 좋아지며, 사람들은 행복해지고, 기대수명은 늘어나고 있다. 그런데 코로나19가 이런 경향에 흠집을 냈다. 물론 일시적일 것이다. 좀 더 먼 미래로 눈을 돌리면 시간이 지나고 발전이 진행됨에 따라 지금의 일시적 하락은 자연스레 사라질 것이다.

인간의 생각의 진화는 이 모든 영역이 개선되는 데 핵심 역할을 해왔다. 현실세계에서 변화가 나타나기 전에 먼저 생각이 완전히 탈바꿈했다. 이 모든 변화는 세계가 스스로 이루어낸 것이 아니다. 인간이 세상에 대한 프레임을 형성하고 그 프레임을 재구성하면서 문명이 진보해왔다.

하지만 밝은 미래를 보여주는 낙관주의에 함정이 있을 수 있다. 낙관주의를 지향하는 사람들은 미래가 어떻게 진전될지 추정한다. 그런데 문제는 분석방법에 숨어 있다. 인류의 진보가 동반하는 문제점은 창조라는 달콤한 과실이 파괴의 원천이 될 수도 있다는 것이다. 그것이 첨단무기 경쟁이든, 이상 기후든, 세계적으로 악화되는 양극화든 우리는 이에 대응하기 위해 더 나은 프레임을 형성해야 한다.

인류의 진보가 가져오는 장점을 극찬하는 두꺼운 책들로 책장의 가운데가 가라앉을 지경이다. 하지만 유발 노아 하라리Yubal Noah Harari가 『호모 데우스Homo Deus』에서 예언한 부유하고 불멸의 삶을 영위하는 비상한 천재는[24] 결국 프랜시스 후쿠야마Francis Fukuyama가 『역사의 종말The End of History』에서 말하는 부자이면서 안전하고 행복한 최후의 인간처럼 조롱당할 것이다.[25] 세상을 좀 더 현실적이고 책임감 있게 바라보면 상황은 점점 악화되리라는 걸 알 수 있다. 인류에게 닥친 가장 어려운 도전은 이미 지나간 것이 아니라 앞으로 다가올 것이다.

과거에는 대부분 개인이나 공동체의 생존이 중요한 도전이었다. 그리고 해결책도 분명했다. 굶주림을 해결하기 위해서 수렵채집을 하고, 은신처를 위해서 집을 짓고, 전쟁을 하기 위해서 군대를 일으킨다. 많은 경우에 즉시 적용할 수 있는 프레임이 있었다.

프레임 형성은 결정을 개선하기도 했지만 약점을 드러내기도 했는데, 바로 진실에 대한 단일 프레임이 존재한다는 믿음이다. 15세기 에스파냐의 종교재판에서 소비에트의 집산주의에 이르기까지 수많은 사례에서 인류는 단일 프레임을 만들고 강요해왔다. 그런데 놀랍게도 실패에서 얻은 것이 별로 없다. 인간은 여전히 획일적인 사고를 하고 있으며 과거의 실패가 프레임이 하나였기 때문이 아니라 프레임 자체에 문제가 있었다고 스스로에게 강변한다.

그로 인해 지금 우리는 역사적으로 매우 불안정한 상태에 처해 있다. 인류의 운명은 우리에게 닥친 도전을 새로운 방식으로 생각해보는 법을 배울 수 있는가에 달려 있다. (기후부터 팬데믹까지) 자연의 위기와 (새로운 형태의 부족주의부터 폭력적인 탄압에 이르기까지) 인류의 위기는 믿음에 대한 인지적 도약의 수준이 아니라 인간이 지금까지 잘해온 것의 두 배 이상을 해내야 해결될 수 있을 것이다. 그것은 바로 제약을 가하고 상상한 것을 적용해 새로운 해결책을 만들어내고 장기적인 결과를 제대로 예측하는 것이다.

우리는 자선행위와 일상의 독재, 과학과 비과학, 사실과 가짜 뉴스가 공존하는 분열과 역설의 시대를 살고 있다. 빈민가에서 보이는 국제우주정거장, 다른 행성을 개척하기 위한 로켓, 철창에 갇힌 이민자의 아이들을 떠올려보라. 원시인과 트랜스휴먼transhuman(과학기술을 이용해 몸속의 일부를 변형하거나 몸속에 전자기술을 삽입해 뛰어난 능력을 갖게 된 인간 - 옮긴이) 그리고 개dogs와 신gods을 생각해보라.

일반적으로 환경에 적응하지 못한 종은 멸종한다. 인간은 적응에 필요한 모든 것을 가지고 있지만 제대로 사용하지 않아서 소멸하는 첫 번째 종이 될 것이다. 다른 선택지가 없어서가 아니라 올바른 선택을 하지 못했기 때문이다.

프레임 형성은 출구를 제공한다. 인간은 인지 능력을 사용하여 심성모형을 세우고 결과를 잘 그려내고 대안을 제대로 선택하는 방식으로 적응할 것이다. 그러기 위해서는 모든 측면에서 분리된 인지적 자유가 어느 정도 있어야 한다. 인간은 생존과 번영에 필요한 것을 가지고 있다는 사실을 깨닫고 책임감, 용기, 상상을 바탕으로 프레이머로서의 역할을 받아들여야 한다.

2장
프레임 형성

Framing

심성모형은 인간이 하는 모든 일,

심지어 인식하지 못하는 것에도

영향을 끼친다.

2017년 10월 15일 일요일, 알리사 밀라노Alyssa Milano는 LA에 있는 집 침대에 앉아서 뉴스를 읽고 있었다. 영화 제작자 하비 와인스타인Harvey Weinstein에 대한 폭로로 인터넷이 떠들썩했다. 1980년대 시트콤의 아역 스타로 이제 40대가 된 배우 알리사 밀라노는 뉴스에 나온 모든 이름을 알고 있었다. 할리우드에서 성희롱은 특별한 일이 아니다. 그 유명한 '캐스팅 카우치casting couch'(할리우드에서 영화 제작자가 캐스팅을 빌미로 부적절한 행위를 요구하는 것을 빗대어 이르는 표현 – 옮긴이)는 추악한 관행이다. 하지만 이번 경우는 달랐다. 이 사건들은 원하지 않는 접촉이 아니라 신체적 폭행이었다. 그중 수십 건은 단순히 무시한 것이 아니라 적극적으로 은폐한 것이었고, 그 기간도 수십 년에 이른다.[1]

알리사 밀라노는 친구에게서 여성들이 트위터에 폭로하면 많은 사람에게 문제의 규모를 알릴 수 있을 것이라는 메시지를 받았고, 그 생각에 동의했다. 밀라노는 항상 높은 도덕적 기준으로 판단해왔다. 15세에 이미 유명 인사였던 그녀는 에이즈 피해자와의 우연한 접촉이 안전하다는 것을 주장하기 위해 TV 토크쇼에서 HIV 양성인 소년과 키스를 했다. 2013년에는 남편과의 섹스 동영상으로 보이는 파일을 인터넷에 유출했으나, 실제로는 선정적인 영상이 아니라 시리아의 분쟁 상황을 설명하는 2분 분량의 뉴스였다. 인도주의에 대한 일종의 낚시성 링크였다.

트위터를 이용하겠다는 발상은 완벽하게 통했다. "트위터를 이용하면 많은 사람의 생각을 들을 수 있고, 이 소름 끼치는 사람이 아니라 희생자와 생존자에게 관심을 돌릴 수 있다."[2] 알리사 밀라노 역시 25년 전에 영화 촬영 세트에서 폭행을 당했지만 이를 공개적으로 언급한 적은 없었다.[3] 그녀는 트위터에 다음과 같이 적었다. "성희롱이나 성폭력을 당한 적이 있다면, 이 트윗에 미투라고 댓글을 달아주세요." 트위터 창을 닫은 밀라노는 꿈나라에 있는 세 살짜리 딸을 보면서 잠이 들었다.

다음 날 아침 일어났을 때 어제 올린 트윗에 무려 3,500개에 달하는 댓글이 달려 있고 계속 증가하는 것을 보면서 깜짝 놀랐다. 트윗의 내용은 정말 눈 깜짝할 새에 전 세계에 퍼지고 있었다. 그날에만 #미투 해시태그가 달린 글이 1,200만 개가 넘었다. 기자한테 연락이 오기 시작했고, 곧 전 세계적인 현상이 되었다.[4]

미투운동은 많은 의미가 있었지만, 가장 강력한 부분은 바로 프레임이다. 성폭력은 숨겨야 할 것이 아니라 공개해야 하는 것으로 사람들의 인식을 완전히 바꿔놓았다. 트위터에서의 선언은 권한 이양과 해방의 원천이 되었다. 미투는 그동안의 낙인을 뒤바꾸었다. 피해 여성은 더 이상 수치스러워하지 않아도 되며, 그 수치심은 폭력을 가한 남성의 몫이어야 하는 것이다.

미투운동 전에는 성폭력에 관해 이야기하면 여성을 희생자로 보기보다는 여성이 안일했거나 어느 정도 동의했거나 일정 부분 잘못이 있다는 시선이 있었다. 사람들은 '왜 그 사람의 집에 갔는가?'

'왜 상대방을 자극할 수 있는 옷을 입고 있었나?' 같은 질문을 던지 곤 했다. 그런데 새로운 프레임이 형성되면서 여성은 전 세계에 자 신들을 지지하는 수많은 사람과 함께 힘을 보여줄 수 있다는 것을 알게 되었고, 자신들의 피해를 증언할 수 있었다.

새로운 프레임은 그 사안을 단지 다른 방식으로 생각하게 한 것 이 아니라 결정과 행동에 대한 새로운 가능성을 열어주었다.

세상의 지도 그리기

성희롱에 대응하는 방식이든 과학자가 항생제의 분자구조를 그 려보는 방법이든 프레임은 복잡한 세상을 이해할 수 있게 만들어준 다. 인간의 생각은 프레임으로 가득하고, 그것이 바로 인간이 생각 하는 방식이다. 프레임은 간단할 수도 있고 복잡할 수도 있다. 정확 할 수도 있고 모호할 수도 있다. 훌륭할 수도 있고 해로울 수도 있 다.[5] 어쨌거나 프레임은 현실의 일정 부분을 담아내고 있으며, 따라 서 상황을 설명하고 그에 집중해서 결정할 수 있게 해준다.

군주제와 마찬가지로 민주주의도 프레임이다. 기업 환경에서 린 제조lean manufacturing나 OKR(목표 및 핵심 결과 지표로, 인텔에서 시작해서 구글로 이어진 성과관리 기법)[6]도 프레임이다. 종교도 세 속적 인본주의처럼 프레임이며 법 역시 정의를 구현한다는 개념을 지닌 프레임이다. 인종적 평등도 인종차별주의처럼 프레임이다.

다양한 목적으로 사용되는 프레임은 인간이 추론하는 토대다. 지난 수십 년 동안 철학과 신경과학 같은 다양한 영역에서 인간의 프레임 형성에 관한 연구를 진행해왔다(영역에 따라 사용하는 용어는 템플릿, 추상화, 표상, 도식 등으로 다르다).

최근에는 인간이 심성모형을 사용하여 생각한다는 아이디어가 자연과학과 사회과학에서 널리 받아들여지고 있다. 하지만 20세기 초까지만 해도 인간의 사고에 대한 고민은 대부분 철학자의 몫이었다. 다만 마음의 신비한 방식에 대한 지그문트 프로이트Sigmund Freud의 관심은 예외적인 사례였다. 2차 세계대전이 진행되는 동안 에른스트 카시러Ernst Cassirer와 루드비히 비트겐슈타인Ludwig Wittgenstein 같은 철학자는 인간의 마음이 상징과 언어에 기반을 둔다고 생각했다.[7] 이는 인간의 인지에 관해 좀 더 합리적으로 이해하기 위한 시도였으나, 경험적 자료에 근거하지 않은 이론에만 머물렀다.

2차 세계대전이 끝난 후 경험과학은 인간의 마음으로 관심을 돌렸다. 연구의 중심이 철학에서 심리학으로 이동했고, 심리학은 특히 뇌의 인지적 처리 과정을 들여다보기 시작했다. 초기에는 심리학자들이 인지적 처리 과정을 엄격한 논리적 작용에 비유했으나, 연구 결과로 이를 입증하지 못했다. 1970년대에 이르러서 심성모형이라는 개념이 인간의 추론이 형식 논리가 아니라 현실에 대한 시뮬레이션과 같은 방식으로 작동한다는 개념과 함께 호응을 얻기 시작했다. 즉 인간은 발생할 수 있는 사건을 상상하여 이후에 발생할 수 있는 행동들을 평가한다는 것이다.[8]

이 관점은 심리학과 인지과학 분야에서 수많은 연구 결과를 통해 확인되었다. 실시간으로 실험 참가자의 뇌 활동을 시각화할 수 있는 fMRI(기능성 자기공명영상) 덕분에 신경과학도 최근에 그 대열에 합류했다. 예를 들어 우리가 미래를 계획할 때 활성화하는 뇌 영역은 공간인지 및 3차원 사고를 담당하는 영역과 관련이 있다. 그야말로 의도적이고 목적이 있는 꿈을 꾸는 것이다.[9]

이러한 연구가 진행되면서 인간이 생각하는 방식에 대한 이해가 서서히 변화했으며, 인지의 기본 구성요소로 심성모형을 가리켰다. 우리가 보고 아는 것, 느끼고 믿는 것은 세상을 바라보는 방식에서 시작한다. 우리는 사건의 발생 원인, 이후 어떻게 전개될 것인지, 우리의 행동은 사건의 진행에 어떤 영향을 주는지 등에 관한 우리 믿음의 작동방식을 바탕으로 세상을 이해한다. 프레임은 상상이나 창의성 자체가 아니라, 상상과 창의성을 발현하게 해주는 것이다.

사람들은 대부분 어떤 결정을 할 때 본인의 심적 상태에 관해 별달리 생각해보지 않는다. 그 이유는 우리가 내리는 대부분의 결정이 어떤 셔츠를 입을지, 샐러드에 어떤 토핑을 올릴지 등과 같이 그다지 중요하지 않기 때문이다. 하지만 더 중요한 결정을 할 때는 심성모형이 개입하여 결정 과정에 영향을 준다. 상당수의 심성모형은 프레임을 인식하고 프레임에 관해 신중하게 생각해보면서 함께 발전한다.

프레임의 중요성은 프레임이 무엇인지가 아니라 무엇을 촉진하는지에 있다. 프레임은 우리의 생각을 중심으로 형성되기 때문에 강력한 영향력을 발휘한다. 프레임이 잘 작동할 때 우리는 본질적인 부분을 제외한 나머지에 신경 쓰지 않는다. 이 현상을 혹시 프로그램의 버그라고 오해할 수 있지만, 프레임의 분명한 특징이다. 프레임은 인지적 처리 과정에서 우리를 거대하고 효율적인 지름길로 안내하며 결정을 위한 심적 공간을 만들어준다. 프레임 덕분에 선택지 탐색이 쉽고 빠르게 이루어진다. 세상을 어떻게 그려야 하는지 그리고 그 안에서 어떻게 행동할 수 있는지를 간결하게 만들고, 확고히 해주며, 확대해준다.

프레임은 인간을 제약에서 벗어나게 해주기도 한다. 선택은 현실의 여러 측면 중 강조하고 싶어하는 측면에 근거해서 이루어진다. 인간은 대안 프레임을 신중하게 고민하는 덕분에 그저 본능을 따르는 동물이나 지시사항을 이행하는 기계를 넘어설 수 있는 것이다. 여러 시점에서 세상을 바라보면 이해의 폭을 넓힐 수 있으며 더 나은 해결책을 얻는다. 프레임을 선택하는 것은 최종적으로 결정에 이르는 경로를 선택하는 것과 같다. 실제적인 의미를 확인해보기 위해 지도를 살펴보자.

지도는 심성모형의 물리적 표상이다. 지도는 공간을 상세히 그리고 위치를 특정한다. 프레임과 마찬가지로 지도는 구체적인 목적을 충족시킨다. 우리가 가진 요구사항에 따라 결정을 내려야 할 때 프레임을 선택하는 것처럼, 지도를 선택할 때 세상을 이해하고 그 안에서 행동하는 방식에 따른 결과를 고려한다. 그리고 지도를 통해 우리가 지각한 것을 구체적인 형태로 구현한다.[10]

우리는 두 개의 차원으로 구성된 직교 좌표계에 가장 익숙하다. 이 방식은 외견상 객관적이라는 이점을 가지고 있다. 상호 간 모든 거리는 정확하고 각각의 위치는 고유한 지점을 가지고 있다. 직교 좌표계를 통해 장소에 대한 감각을 얻고, 스스로를 원하는 위치에 놓을 수 있으며, 그 지점에서 바라보는 세상을 상상할 수 있다. 하지만 표현하지 못하는 다른 특징이 많다. 하나만 보자면, 지도는 보통 평평해서 해발고도를 반영하기 쉽지 않다(그래서 등고선이나 색깔을 사용한다). 따라서 사물이 위치한 곳을 확인할 때는 정말 좋지만, 그 위치까지 도달하는 시간을 계산할 때는 그다지 유용하지 않다. 지도는 프레임처럼 특정 상황에서는 유용하지만 모든 상황에 들어맞는 것은 아니다.

런던이나 도쿄의 한 장소에서 다른 장소로 이동할 때는 직교 좌표계를 사용하고 싶지 않을 것이다. 이때는 교통지도가 훨씬 더 유용하다. 교통지도는 복잡한 도시를 노선과 역을 중심으로 색깔로 구분해 표시하기 때문에 버스나 전철 노선이 교차하는 곳을 찾기 쉽다. 교통지도는 사람들이 적절한 경로를 선택할 수 있게 해주는 그야말로 고도의 생략을 이용한 위대한 작품이다. 하지만 교통지도를 가지고 도시 곳곳을 찾아가기란 상당히 힘들 것이다.

예를 들어 런던의 지하철 지도는 역과 경로를 찾기 쉽게 하려고 거리는 무시해버린다. 지도에서 인접한 두 역이 실제로는 1킬로미터 이상 떨어져 있을 수도 있다. 그리고 대부분의 교통지도는 목적지에 도달하는 데 소요되는 시간을 알려주지 않는다. 역과 역 사이의 거리가 실제 거리와 비례하지 않기 때문이다. 교통지도에서는 가독성을 위해서 거리는 표시하지 않는다.

지형도topographical map 역시 제작하는 방식이 수십 가지다. 2차원 평면에 지표면을 나타내는 방법이 무척 다양하기 때문이다. 방법에 따라 장단점이 있다. 경도와 위도가 서로 직각이 되게 표시하는 메르카토르 도법Mercator projection을 사용한 지도를 보면 중심에서 멀어질수록 왜곡이 심해진다.[11] 그래서 면적이 오스트레일리아의 4분의 1도 안 되는 알래스카가 지도에서 오스트레일리아보다 더 커 보인다. 크기는 정확하게 보여주지만 형태를 왜곡하는 지도도 있다. 늘 그렇듯 교환적 득실관계가 있는 것이다.

그래서 '가장 좋은 지도는?'이라는 질문은 추상적인 수준에서는 아무런 의미가 없다. 지도를 사용하는 맥락과 목적에 따라 답이 달라지기 때문이다. 프레임도 마찬가지다. 그 자체로 올바른 프레임이라는 것은 없다. 상황과 의도에 따라 달라진다. 특정 프레임을 골라서 적용하고 나면 선택의 가능성이 열린다. 프레임을 적용하지 않은 상황에서는 행동을 동반하지 않는 논쟁만 끝없이 이어질 뿐이다. 프레임을 선택하고 적용하는 프레이머가 되는 것은 결정과 행동의 초석을 다지는 것이다.

미국에서는 프레이머라는 용어가 역사 교과서에 나오기 때문에 익숙하다. 이 용어는 헌법을 기초한 사람(당시에는 남성을 의미했다)을 지칭한다. 이들이 프레이머라고 불린 이유는 정부라는 프레임을 설계했기 때문이다. 미국 헌법이 정부의 제도와 절차를 정의하고 권한의 범위를 정하는 프레임이라는 점에서 이 용어는 매우 적합하다. 미국 헌법은 1787년 여름, 여러 가지 정부 형태를 두고 두 진영이 수개월간 격렬한 논쟁을 지속한 끝에 나온 결과다.

연방제 지지자는 강력한 권한을 가진 대통령, 확고한 법치주의, 주의 권리를 제한하는 강력한 중앙집권적인 정부 형태를 주장했다. 그들의 프레임은 강대국으로 발전할 수 있는 강력한 국가를 건설하는 데 필요한 부분에 초점을 두었다. 위에서 아래로 권력이 이양되는 '연방federal'이었지, 권력이 각 구성 요소로부터 나온다는 '연합confederation'이 아니었다. 이와는 대조적으로 반연방주의자는 약한 정부, 분권화된 통치체제, 개인의 권리 보장, 좀 더 직접적인 민주주의를 원했다. 이들의 프레임은 우선적으로 강력한 지역별 민주주의를 구축하여 외부의 위협으로부터 서로서로를 지켜줄 수 있는 힘을 합치는 데 초점을 맞추었다.

지도에서 그렇듯이 두 가지 프레임 모두 그 자체로는 열등하지 않다. 장단점이 있고 상황에 따라 적절한 프레임이 있을 것이다. 지금까지도 민주공화국을 운영하는 방법에 관한 논쟁에서 두 가지 심성모형은 핵심 논쟁거리로 남아 있다. 2세기가 지난 후 대서양을 넘어서 유럽 국가에서도 EU를 데모스demos(강한 정부)와 데모이 demoi(좀 더 분권화된 정부) 중 어떤 형태를 지향해야 하는지에 관한 논쟁에서 비슷한 프레임이 사용되고 있다.[12]

　다수의 프레임이 경쟁할 때 생산적인 논의로 이어질 수 있고 다양한 선택지를 추출해낼 수 있다. 하지만 적용 가능한 프레임이 하나 이상 존재할 때(이런 경우가 자주 발생한다), 그 상황에 적합한 프레임을 선택하기란 쉽지 않다. 프레임을 적용하는 목적과 맥락을 상세하게 이해해야 하기 때문이다.

잘못된 프레임 형성이 불러온 불운

　프레임을 잘못 형성하면 비극적인 결과로 이어질 수 있다. 전문가와 결정을 하는 위치에 있는 사람들이 두 번의 팬데믹을 다룬 방법을 보면 적합한 프레임을 선택하는 것이 얼마나 중요한지 알 수 있다.

　2014년 봄 서아프리카에서 에볼라 바이러스가 발발했을 때, 전문가들은 유행을 멈출 방법을 찾아달라는 요청을 받았다. UN 산하의 세계보건기구World Health Organization, WHO와 국경없는의사회

Medicins Sans Frontieres가 이와 관련된 작업을 시작했다. 두 단체의 전문가들은 바이러스와의 전쟁에서 가장 중요한 무기가 데이터라는 것을 알고 있었다. 그런데 두 단체는 같은 데이터를 가지고 있었으나 정반대의 결론을 도출했다. 분석에 결함이 있었던 것이 아니라 바이러스의 발생 맥락과 향후 확산 가능성에 대해 다른 관점을 가진 프레임을 사용해서 상황을 평가했기 때문이었다.[13]

WHO의 모델은 역사에 근거한 프레임이었다. 에볼라 감염 사례가 비교적 많지 않다는 것에 근거해서, 2014년 상황이 지역 수준에서 감염을 억제했던 과거 사례와 유사하다고 추론했다. WHO는 제한적인 수준의 감염을 예측해서 국제적으로 과감한 조치를 취하지 않아도 된다고 조언했다. 이와 반대로 국경없는의사회는 발병 상황에 대한 공간적인 관점을 취했다. 바이러스가 3개국의 국경에 산재되어 있는 서로 멀리 떨어진 마을로 빠르게 확산되고 있다는 사실을 토대로 제시된 자료보다 훨씬 더 많이 퍼져 있을 것이라는 결론을 내렸고, 즉각적이고 철저한 대응을 주문했다.

위기를 개념화하는 또 다른 방식은 긴장감에 초점을 맞추는 것으로, 위기의 발생에 집중할 수도 있고 확산에 집중할 수도 있다. 2014년 에볼라 바이러스 사례에서는 감염병이 폭발적으로 확산하여 전 세계적 재앙이 될 위험이 있었다. 이미 수백 명이 사망했고, 수억 명의 목숨이 위태로웠다. 초기 논쟁에서는 WHO가 이겼고, 그 결과 지역적인 조치만 시행했다. 하지만 에볼라가 빠르게 확산하면서 국경없는의사회가 제기한 최악의 상황이 발생할 가능성이 있다는 주장이 지지를 받았다. 전 세계적으로 공포가 밀려왔으며 이 바이러스에 피어볼라Fearbola(Fear와 Ebola의 합성어로 에볼라에 대한 공포를 표현하는 신조어)라는 별명이 붙었다(당시 부동산 개발 업자로 리얼리티쇼에서 명성을 얻은 트럼프는 서아프리카에서 미국으로의 직항편이 없음에도 불구하고 그곳에서 미국으로 향하는 비행편을 막지 않았다는 이유로 오바마 대통령을 싸이코라고 불렀고 트위터에 "그들을 여기에 들이지 마라!"라는 글을 올렸다).[14] 정부가 비상조치를 취하고 나서야 상황을 통제할 수 있었고, 결국 위기가 진정되었다.

이제 2020년으로 빠르게 옮겨와보자. 연초에 신종 코로나 바이러스가 공중보건 당국의 레이더에 포착되었을 때, 어떤 식으로 전개될지가 명확하지 않았다. 그때까지 일곱 개의 코로나 바이러스가 높은 감염률과 치사율로 인간에게 영향을 준다고 알려져 있었다. 일부는 흔한 감기 증상을 동반한다. 사스SARS(2002~2004에 아시아에서 발병)나 메르스MERS(2012년에 중동에서 발병)와 같이 잠복기가 길고 증상이 훨씬 더 심각한 데다 10~35퍼센트의 치사율을 보이는 바이러스도 있었다. 하지만 이전 에볼라 바이러스의 사례처럼 인류는 코로나 바이러스를 견뎌왔고 제압해왔다.[15]

아마도 이러한 이유로 인해서 개별 국가들이 코로나19 바이러스를 발견했을 때 어느 정도로 심각하게 대처해야 하는지 명확한 결정을 내리지 못했을 것이다. 중국은 우한을 봉쇄하고 독재국가에서만 가능한 것으로 보이는 전례 없는 조치를 취했다. 이탈리아에서는 바이러스가 퍼졌다는 사실을 알아차리기도 전에 이미 급속도로 감염이 진행되었다. 그 시기에 롬바르디의 병원은 환자로 가득 찼고, 의사들은 눈물을 흘리며 고령층 환자가 덜 고통스럽게 사망할 수 있도록 진정제를 주사할 수밖에 없었다. 그렇게 해서 젊은 연령대의 환자들에게 사용할 수 있는 의료자원을 확보할 수 있었다.[16]

2014년의 WHO와 국경없는의사회와 마찬가지로 모든 국가가 같은 데이터를 가지고 문제를 풀어나갔다. 에볼라 사례처럼 초기의 코로나19 대응 프레임이 이후에 머릿속에 그려볼 수 있는 선택지, 취할 수 있는 조치, 초동 단계 대처에 영향을 주었다. 특히 영국과 뉴질랜드의 대응은 프레임에 따라 어떻게 다른 결과로 이어지는지를 보여주었다.

뉴질랜드는 코로나19를 사스와 비슷한 것으로 간주하는 프레임을 형성하고 '제거' 방식을 취했다. 뉴질랜드는 사스의 피해를 입지 않았으나, 정부 당국자는 사스의 피해가 있었지만 탄탄한 질병-모니터 체계와 정책을 발전시켜온 타이완이나 대한민국과 같은 국가의 보건 담당자와 긴밀히 협의를 진행했다. 그러고는 코로나19 발생 초기에 보건당국은 현 위기를 재난 상황으로 설정하고, 봉쇄정책을 실시해서 국경을 잠그고 모든 접촉자를 추적 조사했다. 저신다 아던Jacinda Ardern 총리가 늑장 대응보다 과잉 대응이 낫다고 결정한 것이다. 아던 총리는 3월 대국민 담화에서 "현재 102명의 확진자가 있습니다. 중요한 것은 이탈리아도 확진자 수가 100여 명일 때가 있었다는 것입니다"라고 말했다.[17]

반면 영국은 코로나19를 계절성 독감처럼 취급하는 프레임을 형성하고 '완화' 전략을 취했다. 보건당국은 바이러스의 확산은 어느 정도 불가피한 측면이 있으며, 결국 집단면역을 달성할 수 있을 것이라고 가정했다. 정부는 확산 초기에 검사와 접촉자 추적 조사를 포기했고, 대규모 관중이 참여하는 이벤트를 금지하고 학교 문을 닫는 등의 조치를 유럽의 다른 국가들보다 늦게 취했다. 당국자는 결국 바이러스가 국민의료서비스National Health Service를 마비시킬 수 있다는 예측 결과를 확인하고 나서야 국가 봉쇄를 시작했다.[18] 6월 초 뉴질랜드의 총리 아던은 코로나 청정 국가를 선포한 반면, 영국에서는 약 5만 명의 코로나19 관련 사망자가 발생했다.[19] 이는 전 세계에서 가장 높은 비율이었다.[20]

두 개의 국가, 같은 데이터, 같은 목표, 다른 프레임, 다른 조치의 결과는 매우 달랐다.

프레임은 어디로 가고 싶은지를 알려주지만, 방향 설정은 우리가 직접 해야 한다. 프레임은 우리가 여전히 지휘권을 가지고 있다는 의미로 우리를 안심시켜주지만, 한편으로 주눅 들게 하기도 한다. 프레임은 가치 있고 필수적이면서 강력하고 다목적으로 사용되지만, 결국 프레임을 선택해야 하는 것은 우리다.

새로운 세계 그려보기

프레임은 없는 것을 상상하게 해준다. 이는 인간이 가진 엄청난 능력이다. 무언가를 직접 관찰하지 못하는 데는 여러 가지 이유가 있을 것이다. 정보를 수집할 시간이 없거나 노력을 하지 않거나 정보 수집 자체가 불가능할 수도 있다. 이렇게 존재하는 것을 직접 보지 못할 때, 심성모형이 그 빈 공간을 채워줄 수 있다. 프레임은 상상을 통해 결론에 도달하는 능력을 배가해주고 즉각적으로 떠오르는 것을 넘어서서 좀 더 일반적이고 추상적인 아이디어를 수용하게 해준다. 프레임은 이렇게 인간의 인지 능력을 통해 그저 머릿속으로만 생각했던 것을 행동으로 옮길 수 있게 해준다.

프레임이 빈 공간을 채우는 방식을 이해하기 위해 달 착륙 사례를 살펴보자. 1969년 여름 아폴로 11호의 달 착륙은 인류의 엄청난 업적이었다. 하지만 우주비행사가 달의 표면에 착륙할 수 있었던 것은 굉음을 내는 새턴 V 엔진이나 새로운 디지털 컴퓨터가 아니라 프레임을 사용하여 없는 것을 볼 수 있는 능력 덕분이었다.

당시 지구와 달 사이의 32만 킬로미터가 넘는 거리를 순항하는 방법을 아는 사람은 아무도 없었다. 그래서 NASA의 전문가는 상상을 통해서 우주공간의 항행에 대한 심성모형과 실제로 항행할 수 있는 도구를 만들어야 했다. 우주공간에서 방위는 의미가 없기 때문에 나침반은 아무 소용이 없었다. 마찬가지로 엔지니어도 온도가 낮고 공기가 없는 진공 상태의 우주에서 작동하는 모터를 제작해본 경험이 없었다. 그래서 엔진의 작동방식에 대한 심성모형에 근거해서 대기권을 넘어서서 우주공간에서도 작동할 수 있는 로켓을 만들었다. 과학자들은 실험 비행으로 마음속에서 생각해낸 것을 검증할 수 있었다.

달에 '작은 발걸음'을 내디딘 닐 암스트롱Neil Armstrong은 움푹 들어갈 줄 알았던 표면이 딱딱해서 깜짝 놀랐다. 38세의 선장은 우주선 승무원과 지상 통제팀에게 무선으로 말했다. "표면은 고운 가루를 뿌려놓은 것 같다. 나는 그저 아주 작은 발걸음을 내디딘다. 아마 8분의 1인치 정도 될 것 같다." 하지만 그 순간은 아폴로 11호의 탐사에서 엄청난 사건이었다. 수십만 킬로미터 밖에 떨어져 있는 지구에 있는 모든 사람이 수개월 또는 수년 전부터 우주비행사를 달에 보내고 다시 데려오는 데 무엇이 필요한지 이해하기 위해 프레임을 성공적으로 적용했던 것이다.[21]

이전에 한번도 경험한 적이 없는 것을 그려보는 능력은 자연스럽게 생기지 않는다. 아폴로 11호를 발사한 다음 날, 〈뉴욕타임스New York Times〉는 원 기사를 낸 지 49년 만에 그야말로 최고의 '정정' 기사를 내보냈다. '1920년 1월 13일'의 기사에서는 로켓이 진공 상태에서 작동할 수 있다는 생각을 철저히 무시했으며, 고등학교에서도 매일매일 쌓을 수 있는 지식조차 가지고 있지 않다며 과학자들을 조롱했다. 이번에 〈뉴욕타임스〉는 스스로를 조롱하는 글을 게재했다. "추가 조사와 실험으로 17세기 뉴턴의 발견을 확인했고 이제 로켓이 대기권을 넘어서서 진공 상태에서도 작동할 수 있다는 것이 확실하게 밝혀졌다. 〈뉴욕타임스〉는 지난 오류에 대해 심심한 유감을 표한다."[22]

프레임을 사용하여 (아직) 없는 것을 보는 것은 과학에서는 일반적인 현상이다. 1846년에 연구자들은 행성운동 모형과 이웃 행성인 천왕성 관찰 데이터에 근거하여 8번째 행성인 해왕성의 존재를 예측했다. 천문학자가 망원경으로 해왕성의 위치를 추정했고, 심성 모형으로 예측한 바로 그 위치에서 해왕성을 찾았다.

아주 작은 소립자인 힉스 입자Higgs boson도 마찬가지다. 1960년대에 물리학자들은 양자와 입자 물리학 프레임으로 힉스 입자의 존재 가능성을 제기했다. 충분한 데이터를 수집하고 이들의 주장을 검증하는 데 50년의 시간과 약 12조 달러를 투자한 거대 강입자 충돌기Large Hadron Collider가 필요했다. 그리고 마침내 힉스 입자를 예측할 수 있었다.[23] 2020년에 과학자들이 아인슈타인의 상대성 이론 프레임을 적용하여 하나의 블랙홀이 다른 블랙홀 주변에서 마치 춤을 추는 것처럼 빛을 뿜어낸다고 예측했다. 수십억 광년 떨어져 있는 블랙홀은 시간당 1조 개의 태양을 만들 수 있는 가열 물질을 말한다. 블랙홀은 아직 관찰하지 못한 것을 묘사하기 위해서 프레임이 어느 정도 정확해야 하는지를 보여준다.

없는 것을 보는 것은 다른 영역에도 적용된다. 경영관리에서 이른바 블루오션 전략은 미개척한 시장을 공략하는 것으로, 기업에서 반드시 활용해야 하는 전략이다. 블루오션 전략은 프레임의 특성을 신중하게 활용해서 경영자가 시장의 빈 공간을 시각화하고 시장과 제품에 대한 선택지와 대안을 제시할 수 있게 도와준다. 인시아드 INSEAD 경영대학원 교수 W. 찬 김W. Chan Kim과 르네 모보르뉴Renée Mauborgne가 상상한 블루오션 전략은 그 유용성이 증명되었다. 일본의 비디오 게임 회사 닌텐도는 이를 활용해 시장의 빈 공간을 찾아서 닌텐도 DS와 Wii를 시장에 출시해 성공했다.[24]

프레임은 세상을 이해해 설명하고, 없는 것을 보며, 선택지를 추출해내고, 결정에 영향을 주는 역할을 한다. 프레임은 인지적인 스위스 군용 칼이고 프레임 형성은 비유적으로 그리고 문자 그대로 별에 도달할 수 있게 해주는 포괄적이고 다양한 용도를 가진 도구다. 하지만 어떻게 프레임을 상황에 적용해야 하는가? 그리고 심성 모형은 정확히 어떻게 결정으로 이어지는가?

프레임 안에 머무르기

프레임을 적용하는 것은 간단하지 않지만, 그렇다고 해서 고도의 지능이 필요한 일도 아니다. 프레임을 잘 적용하려면 엄밀한 사고와 경계를 설정한 상상력을 적절히 조합해야 한다. 이어지는 장에서 프레임을 성공적으로 작동시키는 방법을 살펴볼 것이다. 그전에 프레임의 주요 특징이 함께 작동하고 서로를 강화하는 방법을 먼저 들여다보자. 이를 위해 중대한 혁신 사례로 잘 알려진 '비행'을 검토해보자.

1903년 12월 17일 차가운 바람이 부는 아침에 노스캐롤라이나 키티호크 해변에서 오빌 라이트Orville Wright와 윌버 라이트Wilbur Wright 형제는 가문비나무, 모슬린, 자전거 부품으로 만든 두 개의 날개를 가진 비행기에 번갈아가면서 상체를 싣고 조종을 했다. 이들은 300미터도 날지 못했다. 가장 긴 비행시간은 단 59초에 불과했다. 하지만 이는 혁명의 신호탄이었다. 1909년에 비행기가 영국 해협에서 약 34킬로미터를 날았다. 라이트 형제가 비행을 시작한 지 1세기가 지난 후 코로나19의 영향을 받기 전 기준으로 매년 45억 명의 승객이 하늘을 날았다.

라이트 형제는 수년 동안 비행에 미쳐 있었다. 오하이오주 데이턴에서 자전거 가게를 운영하던 그들은 정규 교육에서 물리학을 배운 적이 없었다. 하지만 꼼꼼하고 체계적이어서 기술에 관련된 논문은 손에 넣는 대로 모두 읽었고, 새가 하늘을 나는 원리를 상세하게 연구했다. 공기역학적 상승에 대한 기본 모형을 이해했고, 이를 바탕으로 글라이더를 만들고 비행에 성공했다. 또한 비행체의 설계가 비행에 어떻게 영향을 주는가에 관해서도 상세하게 기록했다. 독일 항공의 개척자 오토 릴리엔탈Otto Lilienthal의 측정 결과에서 부정확한 점을 발견했을 때는 직접 풍동 시험장치를 만들어 성능 검사를 재실시했다. 공기 역학의 프레임을 엄격하게 따른 덕택에 두 가지 핵심 내용을 초기에 파악할 수 있었다.

첫 번째는 안정성이 아니라 제어가 핵심이라는 것이다. 그들은 자전거 전문가였다. 자전거는 본질적으로 안정적이지 않지만 움직이기 시작하면 운전자가 균형을 잡고 제어할 수 있다. 마찬가지로 비행기도 비행체의 조종사가 제어하고 균형을 잡을 수 있을 것이다. 이를 토대로 두 번째 내용을 파악했다. 열정적인 비행사들은 경사로를 달려 뛰어내리거나 절벽에서 뛰어내리는 방식으로 상승 비행을 시도했다. 라이트 형제의 라이벌인 새뮤얼 랭글리Samuel Langley는 가정용 보트에서 투석기로 발사하는 방식을 사용하는 '위대한 비행장'을 만들었다. 하지만 이 방식도 충분한 속도를 내기 어려웠다. 그래서 라이트 형제는 문제를 재정의해서 비행기를 띄울 정도로 강한 바람이 부는 장소를 찾았다. 1900년에 지역별로 바람의 속도를 기록한 국립기상청 자료를 찾아보고, 실험 장소를 바람이 꾸준하게 시속 24~32킬로미터로 부는 키티호크로 정했다.

공기 역학 프레임은 양력을 생성하기 위한 날개의 곡면부터 새의 날개 뒤틀림wing-warping에 근거한 회전 설계까지 모든 단계에서 라이트 형제에게 도움이 되었다. 하지만 이들이 성공하는 데 핵심 역할을 한 세 번째 통찰은 바로 프로펠러였다.

이전에는 배에서 사용된 프로펠러를 본떠서 비행기의 프로펠러를 설계했다. 문제는 물의 밀도가 공기에 비해 100만 배 정도 크다는 것이다. 배의 프로펠러는 물의 표면을 누르고 밀어내면서 추진력을 만들어낸다. 반면 공기는 압축할 수 있기 때문에 라이트 형제는 비행기 프로펠러의 작동방식을 다시 고민해보기로 했고, 공기역학 프레임을 통해 답을 얻었다.[25] 오빌의 후일담에 따르면, "프로펠러는 단순히 나선형 코스로 이동하는 비행기의 날개임이 분명했다".[26] 라이트 형제는 프로펠러의 깃에 볼록한 형태를 넣어 날개처럼 양력을 만들었다.

최근 연구 결과에 따르면, 라이트 형제가 만든 프로펠러의 효율은 80퍼센트가 넘었으며, 이는 다른 경쟁 제품에 비해 훨씬 더 나은 수치다. 동력 비행을 하려면 엔진의 힘을 전진 운동으로 변환해야 한다는 것을 알고 있던 라이트 형제는 대기 속도를 충분히 확보해서 양력으로 전환하고 비행기가 뜰 수 있게 했다. 일련의 연속적인 인과관계다. 다른 항공기 제작자들은 가장 강력하고 효율적인 엔진을 설계하는 데 집중했다. 반면 라이트 형제는 인과관계가 훨씬 더 길게 이어지며 엔진은 그 구성 요소 중 하나에 불과하다는 것을 이해하고 있었다.

이들은 길이, 두께, 경사도, 모양에 따른 다양한 프로펠러를 떠올렸다. 비행기의 프로펠러는 배의 프로펠러처럼 만들어서는 안 된다. 사전에 형성된 개념은 제한점이 너무 많기 때문에 거기에서 벗어나는 것이 중요하다. 상상력을 자극해서 고려해볼 만한 선택지를 늘려야 훌륭한 해결책을 찾을 가능성을 높일 수 있다.

하지만 적극적인 상상에는 단점도 있다. 너무 많은 디자인을 생각하면 모든 가능성을 확인하는 데 상당한 시간이 필요하다. 따라서 탐색 공간을 넓힐 필요도 있지만 중요한 선택지에 효율적으로 집중하는 방법 또한 찾아야 한다. 바로 라이트 형제가 취한 방법이다. 최초 비행을 상상할 때 가장 가능성이 높은 형태의 프로펠러로 선택지를 좁힌 다음, 각 선택지를 자세히 살펴보고 시험해보았다.

라이트 형제는 프레임을 적용할 때 원하는 결과를 가져올 수 있는 다양한 선택지를 찾은 다음 가장 가능성 있는 선택지를 선별했다. 이러한 아주 효율적인 과정 덕분에 세계 최초의 동력 비행 경쟁에서 성공을 거둘 수 있었다. 이들의 성과는 완전히 새로운 것을 생각해내서가 아니라 가장 적합한 것으로 확인된 프레임을 노련하게 적용했기 때문에 가능했다. 라이트 형제는 천재가 아니라 프레이머의 표본이었다. 이들은 인과관계를 분명하게 생각하고, 대안을 떠올리며, 물리법칙에서 찾은 제약조건을 적용했기 때문에 성공에 이르렀다. 인과성, 조건부적 사고, 제약조건, 이 세 가지는 프레임을 형성하는 데 필수적이다.

라이트 형제의 이야기는 프레임 자체가 해결책이 아니라 해결책을 찾는 도구임을 말해준다. 프레임의 사용은 본능적인 것이 아니라 신중하게 생각해봐야 하는 것이다. 스위치를 누르는 것처럼 즉각적이고 자동적이 아니라 시간이 걸리고 결단을 해야 하는 것이다. 프레임의 형성은 인간의 생각을 선택지를 이해하고 상상하며 평가하는 방향으로 이끄는 과정이다.

가치와 세계관

프레임은 가치평가를 가능하게 해준다. 프레임은 선택지를 평가해서 좋은 선택과 나쁜 선택의 차이를 상세히 기술하게 해주는 도구다. 목적에 따라 상상을 어느 정도 제한하면 평가 가능한 가치를 볼 수 있다. 물론 프레임이 가치를 대체할 수 있는 것은 아니다. 우리의 요구를 충족시켜주는 프레임도 있고 그렇지 않은 프레임도 있다. 프레임은 우리가 여러 선택지를 판단할 때 사용하는 도구다. 프레임이 있기 때문에 우리의 목표와 가치를 행동으로 연결할 수 있는 확실한 방법을 찾을 수 있는 것이다.

프레임 덕분에 목표를 향해 나아갈 수 있고 더 넓은 세계관을 형성할 수 있다. 인지적 렌즈로 세상을 바라보면 개개인의 추론이 점차 좀 더 일반적인 관점으로 바뀐다. 2010년에 에티오피아에서 진행된 실험을 보면, 관점의 변화를 통해 미래를 스스로 개척해나갈 수 있다고 생각하게 만들 수 있었다. 이런 생각을 통해 저축이 늘어났고 교육에 더 많은 투자가 이루어졌다. 이는 프레임을 변경해서 이득이 눈에 보이도록 만들 수 있으며, 심성모형이 경제 발전에 강력한 영향을 준다는 것을 시사한다.[27] 정반대로 누군가가 지구가 평평하다는 프레임을 고수한다면, 여러 개의 과학 프레임에 부딪힐 것이다. 그러고는 결국 시간이 지나면서 그는 평평한 지구 프레임을 폐기하거나 과학에 대한 회의론자로 변할 것이다.

한 걸음 더 나아가보자. 프레임은 세상에 대한 관점을 넓혀나가는 방식으로 세상을 형성한다. 이에 관한 적절한 사례로 금융시장에서 옵션가격 책정을 들 수 있다. 옵션가격 책정에 폭넓게 사용되는 수학적 프레임인 블랙숄즈Black-Scholes 모형은 옵션가격을 프레임이 예측한 가격 쪽으로 밀어붙여서 금융기관이 그 프레임을 사용하도록 유도함으로써 결과적으로 옵션가격을 프레임이 예측한 가격과 매우 가까워지도록 만든다.[28] 일종의 '자기충족적 예언self-fulfuilling prophecy'의 측면이 있다. 프레임을 더 자주 사용할수록 프레임 사용의 필요성이 더 확실하게 입증된다.

금융시장만이 아니다. 주어진 프레임을 고수할수록 프레임의 타당성이 증가한다. 그 프레임이 인권이든 자선사업이든 금본위제든 혐오적 인종차별주의든 말이다. 예를 들어 인종차별주의 프레임에서는 흑인과 백인이 다르다고 전제하기 때문에 분리 평등 원칙separate-but-equal(주거, 학교 등은 흑·백인을 분리하지만 시설은 흑인과 백인의 차별을 없앤다는 방책 – 옮긴이), 아파르트헤이트법apartheid laws(인종에 따라 사회적인 여러 권리를 차별하는 정책 – 옮긴이), 편향된 인공지능 시스템으로 이어지고, 결과적으로 인종차별주의 프레임을 더 강화한다. 인권 프레임도 마찬가지다. 국가가 인권 재판소를 구축하고 초등학생에게 인권 교육을 실시하면, 이는 인권 프레임을 더 강화하는 결과를 낳는다. 환경 의식도 오염 방지법 수립과 재생에너지 보조금 지급을 촉진해서 환경에 관한 생각은 단단하게 자리잡는다. 긍정적이든 부정적이든 위의 사례들은 결국 일단 스며든 프레임을 제거하기가 얼마나 어려운지, 프레임 형성의 강력한 영향을 분명히 보여준다.[29]

프레임의 역할은 더 나은 결정을 하게 만드는 것을 넘어선다. 선택하는 과정에서 가치를 부여하도록 도움으로써 세계관에 영향을 주고 더 나아가 현실세계를 형성하게 해준다. 따라서 특정 상황에서 우리가 선택하는 프레임에 따라 많은 것이 달라질 수 있다는 것은 분명해 보인다.

적합한 프레임 선택하기

프레임을 적용하는 것은 비교적 구조화된 과정으로 인과성, 조건부적 사고, 제약에 의해 방향이 정해진다. 하지만 적합한 프레임을 선택하기란 매우 어렵다.

프레임 목록이 풍부하면 목록이 작거나 비슷한 프레임만 있을 때보다 적합한 프레임을 찾기 쉬울 것이다. 컨트리 뮤직과 같은 특정 장르에만 능숙한 음악가를 떠올려보자. 그는 상황에 맞든 아니든 매번 감상적인 멜로디만 흥얼거리고 싶어할 것이다. 반면 레퍼토리가 다양한 음악가는 그 순간에 잘 들어맞는 노래를 찾을 가능성이 더 높다.

하지만 풍부한 목록만으로는 충분하지 않다. 개별 프레임의 특성을 이해하고 장단점을 파악해야 한다. 그러지 않으면 어느 프레임이 목표와 현재 맥락에 잘 들어맞는지 알 수 없다.

생각과 감정을 다양하게 표현하는 방법과 어떤 이야기가 상황에 가장 잘 어울리는지 알고 있는 훌륭한 연설가를 생각해보자. 사람들은 에이브러햄 링컨Abraham Lincoln의 게티스버그 연설Gettysburg Address, 전쟁의 공포에 휩싸인 영국인에게 윈스턴 처칠Winston Churchill이 했던 "피, 수고, 눈물, 땀" 연설, 마틴 루서 킹 주니어Martin Luther King Jr.의 "나는 꿈이 있습니다" 연설을 기억한다. 그들의 연설이 적합한 시점에 적합한 단어를 사용해서 사람들의 마음을 정확하게 건드렸기 때문이다. 이는 프레임과 매우 비슷하다. 프레임 그리고 프레임들 간의 구별되는 특징을 잘 알면 프레임을 더 잘 활용할 수 있을 것이다.

하지만 적합한 프레임을 선택할 때 첫 번째 어려움은 인지적 편향으로 인해 이전에 사용했던 프레임을 고수한다는 것이다. 인간은 마치 '망치를 들고 있을 때는 못만 보인다'는 속담에 나오는 일꾼과 같은 존재다. 그렇다고 해서 이미 사용한 적이 있는 아주 익숙한 프레임을 고수하는 것이 모두 나쁘다는 뜻은 아니다. 사실 효과가 입증된 프레임을 고수하는 것은 생각의 양을 줄여주면서 여전히 좋은 결과를 낳는 현명한 전략이다. 같은 프레임을 계속 적용하면 그 프레임에 더 능숙해져 숙련도가 증가하고 더 좋은 결과로 이어질 것이다.

하지만 익숙한 심성모형을 따르면 대안을 선택해서 관점을 바꾸는 능력이 떨어진다. 유명한 벤처 투자가 유진 클라이너Eugene Kleiner는 "프레임 안에 있을 때는 그림을 보기 어렵다"라고 했다.[30] 환경이 바뀔 수 있고, 목표가 진화할 수 있으며, 실제로는 다르지만 이전에 맞닥뜨린 것과 비슷해 보이는 상황을 마주할 수도 있다. 각각의 사례에서 확실하다고 생각한 프레임의 적합도가 떨어질 수도 있다. 그때가 바로 좀 더 종합적인 검토를 거쳐 더 나은 프레임을 찾아보아야 하는 시점이다. 시간과 노력을 투자해 유심히 살펴보면 더 나은 프레임은 원래 가지고 있던 목록에서 찾을 수도 있지만 때에 따라서는 목록을 벗어나서 찾을 수도 있다.

새로운 프레임을 선택하는 것은 시간을 많이 소모하는 도전적 과정이라서 꼭 필요할 때만 시도해야 한다. 문제는 연습을 한다고 해서 더 나아지지 않는다는 것이다. 해답은 연습을 지속적으로 반복하는 것이 아니라 다른 시도를 해보는 데에 있다. 더 나은 프레임을 찾는 것은 가치 있는 일로서 상당한 수준의 인지적 투자를 해야 하며, 실패의 위험은 있으나 보상은 크고 오래 지속된다.

읽기와 같이 일상적이고 친숙한 일을 생각해보자. 표면적으로 읽기는 문자와 단어에 저장된 것을 추출하는 기술일 뿐이다. 그런데 더 자세히 들여다보면 읽는 방식이 읽기의 결과를 좌우한다는 것을 확인할 수 있다. 조용하게 읽는 것과 크게 소리 내어 읽는 것을 비교해보면 같은 내용에 대해 두 개의 다른 프레임이 다른 목적으로 적용된다는 것을 분명히 알 수 있다.

유럽에서 서기 1000년 즈음까지 읽기는 대부분 수도원이나 교회, 또는 여럿이 모인 자리에서 크게 소리 내어 읽는 방식으로 진행되었다. 읽기의 주요 목적은 모임에 참여해서 신을 찬양하는 것이었다. 11세기에 이르러서야 조용히 읽기라는 읽기의 다른 프레임이 출현했다. 이 프레임으로 이전과는 전혀 다른 목적을 수행할 수 있었으며, 읽기는 더 이상 같이 하는 경험이 아니라 개인적인 경험이 되었다. 또한 조용히 읽기 프레임을 적용하면 읽는 속도를 원하는 대로 조절할 수 있었고, 어떤 구절을 다시 읽거나 읽기를 멈추고 생각에 잠길 수도 있었다. 여럿이 모여 크게 소리 내어 읽는 것과 달리 개인적으로 조용히 읽으면 내용에 대해 오래 생각할 수 있다. 이는 생각을 자극하고, 독립적인 생각으로 이어져 새로운 아이디어를 촉진한다.

조용히 읽기는 밤새 소리 내어 크게 읽기를 대체하지는 못한다. 두 가지 프레임 모두 오랫동안 공존해왔는데, 부분적인 이유로 읽기의 기술을 들 수 있다. 초기의 책과 원고에 쓰인 글은 문장의 끝에 마침표가 없었고 띄어쓰기도 제대로 안 되어 있어 마치 끝없는 철자열처럼 보였다. 그래서 읽는 것 자체가 매우 어려웠으며 조용히 읽기란 거의 불가능했다. 그런 글은 여러 명이 모여서 크게 읽을 때 읽기가 더 쉬웠는데, 그 이유는 그중 일부가 이전에 그 글을 읽은 적이 있을 가능성이 있기 때문이다. 이들은 단어를 읽고 억양을 넣는 방법을 기억해서 같이 읽는 사람들을 이끌어주었을 수 있다. 책을 쓴 방식이 맥락을 만들었고, 그 맥락에서 읽기의 프레임을 선택한 것이다.

11세기경에 혁신적인 사건이 발생했다. 띄어쓰기와 기본적인 구두점을 사용한 책이 출간되기 시작한 것이다. 그래서 책을 읽기가 훨씬 쉬워졌는데, 특히 조용히 읽기를 할 수 있었다. 이제 누군가의 안내가 없어도 스스로 책을 읽을 수 있게 된 것이다. 이렇게 읽기의 프레임을 바꾼 결과는 엄청났다.[31]

1500년대에 마틴 루터Martin Luther가 성경을 접근하기 어려운 라틴어에서 게르만인이 사용하는 일상의 언어로 번역해서 성서를 개인적으로 읽고 그 의미를 곰곰이 생각해보는 기독교의 새로운 전통을 세웠다. 조용히 읽기에 새로운 목적이 부여되면서 조용히 읽기는 이제 교인 개인이 성서에 접근할 수 있는 수단이 되었다. 증가하는 수요를 감당하기 위해 구텐베르크Johannes Gutenberg의 인쇄기가 수백만 권의 성경을 토착어로 찍어냈고, 띄어쓰기와 구두점 덕분에 조용히 읽기를 선호하는 새로운 세대가 즐길 수 있었다. 맥락과 목적이 바뀜에 따라 프레임도 바뀌었다. 그리고 유럽 사회에 새로운 프레임이 더 잘 맞았다. 조용히 읽기는 개인적인 생각과 독창성을 향상해서 세상의 모습을 바꾸었다.

변화가 항상 엄청난 결과를 가져오는 것은 아니지만, 프레임의 전환은 거의 모두 특별했다. 프레임 전환은 반드시 원인이 있어야 일어나는 일은 아니다. 잘 알고 있고 확실하다고 생각하는 영역에서 벗어날 때 프레임 전환이 이루어진다. 하지만 우리는 프레임 전환에 저항하고 억제하려는 충동을 느끼기 때문에 우리가 앞으로 나아가는 일은 아주 드물게 일어난다.

프레임 문제

프레임 형성은 기계가 모방할 수 없는 인간만이 가진 핵심 특징이다. 컴퓨터와 알고리즘이 프레임을 형성할 수 없다는 것은 새로운 개념이 아니다. 1969년에 인공지능의 아버지 중 하나인 스탠퍼드대학의 존 매카시John McCarthy는 동료와 함께 「인공지능의 관점에서 본 철학적 문제들」이라는 제목의 논문을 발표했다. 당시 비교적 최신 분야인 인공지능이 부딪힌 문제 중에 매카시가 '프레임 문제'라는 별명을 붙인 것이 있었다.[32]

매카시가 언급한 프레임은 이 책에서 설명하는 프레임과는 다르지만 서로 관련되어 있다. 그는 당시 수학, 논리학, 컴퓨터 코드에서 지식의 상태를 표상할 필요성에 관해 논문을 썼다. 그는 1970년대 부터 1990년대까지 책, 학회 발표 그리고 박사학위 논문에 이르기 까지 모두 프레임 문제를 다루었다.

매카시가 논문을 출간한 지 15년 정도 후에 철학자이자 인지과 학자인 대니얼 데닛Daniel Dennett은 폭넓은 의미에서의 인지적 프레 임이라는 아이디어에 매료되었는데, 여기서의 인지적 프레임은 의 사결정 분야와 이 책에서 아이디어를 사용하는 방법에 조금 더 가 까운 것이다. 데닛은 「인지 바퀴Cognitive Wheels」라는 제목의 글에서 세 개의 생생한 시나리오로 이 아이디어를 발전시켰다.[33]

데닛은 스스로를 지키라는 단 하나의 명령이 입력된 로봇을 상상 해보라고 했다. 예비 배터리가 있는 방에 폭탄이 설치되어 있다는 것을 알게 된 로봇은 방의 위치를 파악하고 수레에 있는 배터리를 찾는다. 그리고 나서 수레를 그 방에서 꺼내어 배터리를 수거할 계 획을 세운다. 계획대로 실행했으나 폭탄이 터진다.

로봇은 폭탄은 수레에 있다는 사실을 알았지만 배터리가 실린 수 레를 꺼내면 폭탄이 터진다는 것은 알지 못했다. 데닛은 "처음부터 다시 시작하자"라고 쓴다.

데닛은 "설계자가 해결책은 명확하다고 말했다. 다음 로봇은 행 동이 의도하는 의미 이외에 부작용도 파악하도록 만들어야 한다. 그렇게 하려면 계획을 수립할 때 사용한 설명에서 그 의도를 추론해야 한다"라고 썼다. 그래서 두 번째 시나리오에서는 로봇이 배터리와 수레에 다가갔을 때 잠시 멈추고 계획의 의도를 떠올려본다. 수레를 움직인다고 해서 그 방의 색이 바뀌지 않고, 수레를 움직이면 바퀴가 돌아간다는 것을 의미하고, 수레를 움직이면…… 하면서 추론을 한다. 그리고 폭탄이 터진다.

"설계자는 관련된 의도와 무관한 의도의 차이를 가르치고, 무관한 의도는 무시하게 만들어야 한다고 말했다." 이번에는 로봇이 그 공간 밖에서 마치 햄릿처럼 깊은 생각에 잠긴 채로 응시한다. "뭐든 해봐!" 하고 설계자가 소리쳤다. 로봇이 응수했다. "지금 무시해도 될 수천 개의 무관한 것들을 가려내느라 엄청 바쁩니다. 가려내는 작업을 끝내면 곧바로 무시해야 하는 것을 목록으로 만들게요." 그 순간에 폭탄이 터진다.

데닛의 세 가지 시나리오에는 프레임의 핵심 구성 요소가 담겨 있다. 첫 번째 시나리오에서 로봇은 기본적인 인과관계를 파악하지 못했다. 두 번째 시나리오에서는 조건부적 연관성을 빠르게 떠올리지 못했다. 세 번째 시나리오에서는 제약조건을 너무 많이 설정해서 생각이 멈춰버렸다. 데닛이 제안한 대로 기계는 방대한 양의 논리로 계산하고 엄청난 데이터를 처리할 수 있지만, 프레임을 만들어내지는 못한다.

데닛이 세 가지 시나리오를 제시한 이후 인공지능 분야에서도 많은 변화가 있었다. 이제는 더 이상 인간이 기계에 추상적인 규칙을 입력할 필요가 없다. 기계학습이나 딥러닝과 같은 최근에 가장 인기 있는 방법을 보면, 시스템이 방대한 양의 데이터로부터 부분적인 자가 최적화를 수행한다. 비록 과정은 다르다 하더라도 여전히 어려운 작업이다. 엄청난 양의 데이터로 훈련하고 있음에도 불구하고 로봇이 시한폭탄과 같은 새로운 상황을 맞닥뜨리면 어찌할 바를 모를 수 있다.

효과적인 행동 계획을 세우기 위해 심성모형을 통해 현실세계의 핵심을 포착하는 과정인 프레임 형성은 인간은 할 수 있으나 기계는 할 수 없다.

일상화된 갇힌 생각

자기계발서를 보면 여러 가지 제약에서 벗어나는 창의적인 사고를 권장하면서 독자들에게 틀을 벗어나는 생각을 하라고 요구한다. 사실 경영관리 쪽에서는 상투적인 문구가 되어버렸다. 이 표현은 9개 점 문제로 불리는 경영심리학 실험에서 나왔다. 이 문제는 오래전에 만들어졌으나 1960년대에 영국의 경영학자 존 아데어John Adair에 의해 널리 알려졌다. 1914년 미국에서 출간된 『퍼즐백과 Cyclopedia of Puzzles』에 포함된 문제로, 1930년대에 창의성에 관한 심리학 실험에서 사용되었다. 그리고 월트디즈니 내부에서 경영기법의 일부로 사용되었고, 지금도 이와 관련된 논문이 출간되고 있다.

9개 점 문제는 3×3의 9개 점을 펜을 떼지 않고 4개의 선으로 연결하는 것이다. 점을 보면 사각형을 떠올리게 되는데, 문제의 유일한 해결책은 그 암묵적인 경계선을 넘어서서 그리는 것이다. 그래서 틀(사각형)을 벗어나는 생각이라고 한다. 요점은 기존의 심성모형에서 벗어날 때 해결책이 쉽게 드러난다는 것이다.[34]

9개 점 문제는 있는지도 모르는 선택지를 찾는 데 매우 유용하다. 비유적으로 볼 때, '틀에서 벗어나는 생각'은 근본적으로 잘못된 표현이다. 인간은 프레임을 사용하지 않을 수 없다. 항상 프레임을 사용하기 때문에 프레임에 신경을 끌 수 없다. 단지 사용할 프레임을 선택하고 그 프레임을 얼마나 제대로 사용하는지가 중요할 뿐이다. 프레임을 벗어나서 생각한다 하더라도 그럴 만한 가치가 있을지 의문이다. 프레임은 경계를 설정한다. 경계가 없으면 환상에 빠져서 실질적인 선택지가 수면 위로 떠오르지 못한다. 대니얼 데닛의 로봇처럼 시한폭탄이 우리 눈앞에 있을 때, 신이 개입하길 바란다. 그래서 갑자기 폭탄 처리 전문가가 등장하거나 자신에게 폭탄을 해체하는 능력이 생기기를 바란다. 이런 선택지는 틀에서 벗어나는 생각이지만, 실제 효과가 있을 가능성은 거의 없다.

프레임 형성이 유용한 이유는 바로 구조화되고 목적이 있으며 일정 정도 제약이 있는 상태에서 마음이 거닐 수 있게 해주기 때문이다. 그 틀이 바로 마법과 같은 것이다.

9개 점 문제는 자체적으로 많은 것을 보여준다. 사실 해결책은 여러 가지다. 통처럼 감싸거나 접거나 토막으로 자를 수도 있다. 아니면 4차원 공간에서 문제를 푸는 상상을 할 수도 있다. 그렇게 하면 안 되는 것인가? 누가 그렇게 말하는가? 우리는 어떤 제약을 적용하든 그건 또 다른 틀이 되고 그걸 넘어서기 위해 심사숙고해야 한다고 배워왔다. 모든 문제에서 생각의 틀을 완전히 벗어나는 무모한 해결책을 상상해볼 수는 있지만, 그렇다고 해서 문제를 풀 수 있는 것은 아니다. 실행 가능한 선택, 즉 실질적인 답을 제공하지 않기 때문이다.

그래서 상상을 어느 정도 제한해야 한다. 머릿속으로 만든 틀을 벗어나서 선을 그려 9개의 점을 연결하는 방법을 떠올리는 '아하 순간aha moment'에 도달하려면, 접거나 자르는 방법을 고려하지 않고 2차원의 종이 위에서 생각하도록 제한해야 한다. 9개 점 문제는 제약이 필수적이다. 틀을 벗어나서 생각하는 사례가 아니라 오히려 프레임 형성의 사례. 인간의 심성모형을 고려하고, 적합한 제약을 선택해서 대안을 떠올려보아야 한다. 그래서 정확한 프레임 선택과 적합한 제약 적용의 중요성을 상기시켜주는 유용한 사례다.

현실세계에서는 항상 틀 안에 갇혀 있는 느낌이 든다. 이것이 바로 프레임을 사용해서 새로운 가능성을 열어야 하는 이유이기도 하다. 유명한 사례 하나를 살펴보자. 2008년 전 세계적인 금융위기가 한창일 때 미국의 대응 방식에 영향을 준 프레임을 보자. 미국은 당시 최고 경제정책 입안자가 이러한 재난 준비로 대부분의 경력을 쌓아온 사람이었다는 점에서 매우 운이 좋았다. 하지만 그는 결정적 순간에 대안적인 틀 안에서 생각했고, 의심 어린 시선을 받았다.

3장

인과성

Causality

인간은 인과-유추 엔진이다.
인간은 종종 틀리지만 틀리는 게
항상 나쁜 일은 아니다.

"여전히 이걸 멈추게 할 수 있다." 벤 버냉키Ben Bernanke는 그때 했던 생각이 떠올랐다. 2008년 9월 16일 화요일 저녁, 그는 연방준비은행에 있는 그의 사무실에서 서성거리다가 큰 창문 앞에 멈춰섰다. 컨스티튜션가에 꽉 막힌 차들과 내셔널몰National Mall에 있는 느릅나무의 어두운 실루엣을 내려다보았다. 전날도 너무 힘들었지만, 더 안 좋은 일이 닥칠 것 같은 느낌이 들었다.

연방준비은행 총재에 취임한 지 2년 차인 버냉키는 위기의 한가운데에 서 있었다. 하루 전 서브프라임 모기지의 불량 채권으로 휘청거린 대형 투자은행 리먼 브라더스Lehman Brothers가 파산을 선언했다. 이로 인해 시장은 폭락했다. 그리고 그날 저녁 더 큰 위협이 나타났다.

월가의 모기지 담보 증권을 보증한 보험회사인 AIG도 무너졌다. 서브프라임의 잔해가 사방으로 스며들고 있었다. 버냉키는 하루 종일 부시 대통령과 국회에 AIG 자체를 구하려는 것이 아니라 경제를 살리기 위해서 AIG에 구제금융을 제공해야 한다고 설명했다. 버냉키는 창가에 서서 연준이 시장에 자금을 직접 공급할지 깊은 고민에 빠졌다.[1]

사람들은 인과관계를 바탕으로 경제를 이해해왔다. 그런데 그동안 적용했던 프레임이 항상 잘 들어맞았던 것은 아니다. 1600년대 후반에 뉴턴이 관성과 중력의 원리를 제시했을 때 시장의 경쟁에 이 원리를 적용했다. 1700년대 중반에 프랑스에서는 의사를 꿈꾸었던 경제학자들이 학파를 이루고 스스로를 중농주의자physiocrat라고 불렀다. 이들은 신체의 순환 시스템에서 혈류와 같이 돈의 흐름을 이해했다. 두 가지 모두 상황의 복잡성을 세대로 간파하지 못했지만, 어느 정도는 기여했다.[2]

20세기에 새롭게 등장한 세대는 경제를 기계공학에 대한 안목을 갖고 수학 모형으로 그려냈다. 그중 하나가 벤 버냉키다. 그는 학계에서 뒷전으로 취급하던 금융위기와 시장의 공황 상태를 연구하는 데 일생을 바쳤다.

버냉키의 주요 연구 결과를 보면, 1929년의 시장 붕괴가 대공황으로 이어진 이유는 붕괴 자체가 아니라 중앙은행의 부적절한 대응 때문이었다. 중앙은행은 통화 공급량을 억제하여 가격을 낮추었고 이는 물가 하락으로 이어졌다. 그 결과 작은 은행 수천 개가 파산했고, 개인 예금은 사라졌다. 경기 후퇴 정도로 끝날 수 있었던 것이 10여 년에 걸친 대공황으로 이어진 것이다.[3] 버냉키는 이와는 정반대의 대응이 필요하다고 인식했다. 시장에 자금이 흘러넘치게 하는 것이다. 그는 2002년 연설에서 헬리콥터에서 돈을 뿌린다는 비유를 써서 이를 설명했고, 그 이미지가 강하게 남아서 '헬리콥터 벤'이라는 별명을 얻기도 했다.[4]

9월의 어느 날 저녁, 버냉키는 다른 정책입안자들과 본인의 걱정이 다르다는 생각이 들었다. 다른 정책입안자들은 특정 회사들에 특혜를 주는 것이라는 프레임을 형성하고 구제금융 지원이 마치 위험한 경영 방식을 용인하는 것으로 보이지 않을까 우려했다. 하지만 버냉키의 생각은 달랐다. 그의 심성모형은 가용 가능한 자본과 시스템에 대한 신뢰 그리고 경제의 건전성 간의 인과관계에 집중하고 있었다. 은행의 모기지 손실은 금융시장 전체에 비하면 하찮은 것이었다. 수천억 달러의 손실은 월가에서 그저 나쁜 하루에 불과했다. 문제는 이런 사건이 시스템에 대한 신뢰를 떨어뜨린다는 것이다. 이로 인해 은행이 상호 간 신용 공여를 제한하면 그야말로 엄청난 혼란이 벌어질 수 있다.

버냉키의 머릿속에는 복잡하고 미묘한 은행 간 대출 시스템이 계속 떠올랐다. 은행의 신뢰가 무너지면 일반인과 기업에까지 영향을 끼칠 것이다.[5] 사실상 그 영향은 이미 시작되고 있었다. 미국의 가장 큰 체인점인 맥도날드가 은행의 신용 공여 제한으로 월급을 지급하지 못할 수도 있었다.[6] 그리고 은행의 현금인출기에 현금이 부족할 수도 있다는 심각한 문제도 있었다.[7]

자신의 연구를 떠올려보면서 헬리콥터 벤은 개별 회사의 파산이 아닌 시스템 차원에서 신용 경색 문제에 접근했다. 그렇게 프레임을 형성한 덕분에 아이디어를 얻은 버냉키는 은행으로부터 불량 자산을 사들여 대차대조표에서 지워버렸다. 그러면 은행은 깨끗한 상태에서 대출을 해줄 수 있다. 즉 시스템에 자금을 퍼붓는 것이다. 2008년부터 2015년 사이에 연방준비은행의 대차대조표는 9천억 달러 상당의 안전한 국채에서 4조 5천억 달러 상당의 위험 자산으

로 치솟았음을 보여주었다.[8]

그런데 효과가 있었다. 금융위기는 고통스러웠지만 시스템 붕괴로 이어지지는 않았다. 버냉키는 인과관계에 대한 이해를 기반으로 프레임을 형성했고 다른 사람들이 보지 못한 방식으로 경제를 바라보았다. 시장의 불확실성 한가운데에서 인간의 추론을 통해 시스템을 이해할 수 있었고, 인간의 선견지명으로 시스템을 예측할 수 있었고, 인간의 손으로 시스템을 제어할 수 있었다. 그리고 필요에 따라 인간의 손으로 헬리콥터에서 돈을 뿌렸다.

템플릿과 추상화

우리는 원인과 결과의 렌즈로 세상을 본다. 이 렌즈 덕분에 우리는 예측할 수 있고, 일이 돌아가는 방식과 다음 순간에 닥칠 일을 확신할 수 있다. 그리고 먹이를 사냥하거나 나무에 오르거나 돌을 던지거나 길을 건너거나 다리를 놓거나 헌법을 작성하는 등의 계획도 수립할 수 있다. 태어나서 가장 먼저 배우는 것이 인과관계이며, 그 덕분에 인간은 생존할 수 있다.

인간은 모든 곳에서 인과관계를 인식한다. 인과관계가 실제로 존재하지 않을 때도 있다. 이를테면 주식가격이 태양 폭풍solar storm과 연계되어 있다고 잘못 인식하거나 세제를 마시면 코로나19를 치료할 수 있다고 생각하는 사람들이 있기는 하다. 하지만 행위와 결과 간에 발생 가능한 관계를 고려할 수 없고 그 관계를 설명할 수 없다면, 인간은 살아가기 위해 어디에서 출발해야 하는지 알기 어렵다. 인과성 덕분에 현실을 이해하고 결정으로 인한 결과를 예측한다. 그래서 인과관계는 프레임 형성의 필수 구성 요소다.[9]

원인과 결과는 모든 생명체에 깊숙이 내재되어 있다. 연못에서 발견되는 작디작은 단세포생물인 연두벌레는 조잡한 수준의 광 수용기를 가지고 있다. 수용기에 광자가 도달하면 빛의 방향으로 움직이라는 신호를 보낸다. 이 과정에서 연두벌레는 의식적인 결정을 하지 않는다. DNA에 그 반응이 부호화되어 있어 스스로 움직이는 것이 아니라 그저 빛을 따라가는 것이다. 물론 다른 생명체와 마찬가지로 연두벌레가 자극에 반응하면서 자극과 반응을 인과적으로 연결한다는 데에는 의심의 여지가 없다.

마찬가지로 포유류도 겉으로 보기에 무의식적으로 자극에 반응한다. 실험실에서 태어난 원숭이는 실제로 파충류를 본 적이 없지만 검은 고무로 만든 모조 뱀을 만났을 때 두려워한다.[10] 그림으로 보여줄 때도 위협적이지 않은 물체에 비해 뱀을 더 빠르게 인식한다. 미취학 아동들도 마찬가지다.[11] 인간은 세상에 대한 몇 가지 본능적인 인과 모형을 가지고 태어난다. 심지어 아기들도 물건을 떨어뜨리면 수직으로 낙하할 것이라고 예측한다.[12]

고등동물의 경우 인식한 원인에 대한 반응이 항상 내재되어 있는 것은 아니다. 개는 발을 내밀면 먹이를 받는다는 것을 배울 수 있다. 그래서 먹이를 줄 것 같으면 발을 내민다. 발과 먹이 간의 인과관계를 파악하면 개의 행동에 영향을 줄 수 있다.

인간은 경험으로부터 인과관계를 추출한다. 깊게 고민하지 않고 늘 그렇게 한다. 사자의 으르렁거리는 소리, 타오르는 불씨, 배우자의 칭찬 등 우리 주변에서 인식하고 있는 인과 구조에 반응하여 정제된 결정을 내린다. 인과관계에 초점을 맞추면 생명체가 먹이를 찾고 포식자를 피하고 짝짓기 파트너를 찾는 데 도움이 된다.

이것이 바로 아주 작은 연두벌레부터 세렝게티 초원의 가젤과 시험 공부를 하는 학생들에 이르기까지 모든 생명체가 인과성을 기반으로 행동하는 이유다(물론 인과관계라는 냉정한 현실을 부정하고 빈둥거릴 수도 있다). 인과 구조를 활용하는 방법을 잘 아는 생명체는 인과관계에 근거해 행동함으로써 대개는 인과관계를 별로 신경 쓰지 않는 생명체보다 더 잘 살아간다.

벤 버냉키의 추론도 인과적이었다. 그러나 버냉키의 프레임과 대부분의 유기체가 인과 구조에 반응하는 방법 간에는 근본적인 차이가 있다. 대부분의 동물은 침팬지와 같이 인간과 매우 가까운 경우에도 직접적으로 관찰할 수 있는 인과적 관계에만 초점을 맞춘다. 이들이 명확하지 않고 당면하지 않는 인과성을 상상하기는 어렵다. 개가 발을 내밀면 먹이를 준다는 것을 이해한다고 해도 주변을 도는 것처럼 마음을 끄는 행동으로도 먹이를 얻을 수 있다는 것을 추론하지는 못한다. 즉시적 경험을 통해 인과적 관계를 지속적으로 배워야만 한다. 개도 침팬지처럼 추상적인 프레임 형성을 할 수 없어서 먹이를 얻은 이유가 발을 내밀어서가 아니라 친근한 행동을 했기 때문이라는 사실을 알지 못한다.

이와는 대조적으로 인간은 추상적인 개념을 생성하고 인과적 추론으로 프레임을 만들 수 있는 능력을 습득해왔다. 이러한 심성모형은 재사용이 가능한 템플릿을 제공하여 세상을 인과적으로 이해할 수 있게 해준다. 이를테면 뜨거운 숯에 손을 대면 화상을 입는다는 것을 인식할 때, 그 경험을 일반화해서 타고 있는 물체의 색깔에 상관없이 뜨거운 것에 손을 대면 안 된다는 것을 배울 수 있다.

인간이 지금 그리고 여기에서 좀 더 일반적인 인과적 템플릿으로 추상화할 수 있는 능력을 가진 것은 엄청난 이점이다. 이런 템플릿은 훨씬 더 다양하게 사용될 수 있다. 또한 새로운 환경에 적용할 수 있기 때문에 유연하고 대체 가능하다. 그 덕분에 인간은 이전에 관찰한 적이 없는 인과관계를 추론할 수 있다. 예를 들면 뜨거운 스토브에서 버터가 녹는 것과 불타는 용광로에서 아연이 녹는 것 간의 관계를 연관시킬 수 있다.

인과적 템플릿은 특정 도구를 획득하고 그 도구가 다른 방식으로 사용될 수 있다는 것을 깨닫는 것과 같다. 그러지 않으면 환경이 바뀌거나 새로운 환경을 만날 때마다 백지 상태에서 새롭게 원인을 추론하고 예측해야 한다. 인과적 템플릿이 있어서 적응 가능한 구조를 사용할 수 있다. 완벽하게 작동하지 않을 수 있지만 맨땅에서 출발하는 것보다는 확실히 더 낫다.

인과 프레임은 특히 신속하게 결정해야 하는 상황에서 학습 속도를 빠르게 해서 시간을 절약해준다. 템플릿이 없다면 가능성이 있는 결정에 대한 공간을 단계별로 찬찬히 탐색해야 하기 때문에 소중한 시간을 흘려버릴 수 있다. 2장에서 언급한 대니얼 데닛의 폭탄에 집착하는 로봇이 자신이 가진 지식을 일반화하지 못해 가능성이 있어 보이는 모든 인과관계를 고민하는 상황과 유사하다.

적응 가능성과 학습 속도라는 두 가지 장점은 융통성과 효율성을 제공한다. 하지만 무엇보다도 중요한 이점은 추상화 능력이다. 추상화 덕분에 인간은 낮은 수준의 인과성에 반응할 필요가 없다. 식물이나 단순한 동물처럼 낮은 수준의 인과성에 반응하면 현재에 묶이고 만다. 인간은 그 이상을 생각할 수 있다. 추상화는 인지적 도약을 가능하게 한다. 이를 통해 구체적이고 맥락이 있고 관찰 가능한 것에 매여 있는 인과적 사고에서 벗어날 수 있다. 프레임 덕분에 새로운 상황을 마주할 때마다 시행착오를 감수하면서 실험해볼 필요가 더 이상 없다.

인간의 조상은 인과 템플릿으로 형성한 프레임 덕분에 큰 이득을 얻었다. 이들은 한 종류의 동물을 사냥할 때 효과적인 것이 다른 종류의 동물 사냥에도 효과가 있다는 것을 깨달았다. 인과 템플릿으로 생각한 덕분에 사냥도 포식자의 위협을 회피하는 것도 더 능숙하게 할 수 있었다. 인간의 조상 중 이러한 능력을 발달시킨 무리가 자연선택과 문화적 소통을 통해 퍼져나갔고, 인과 추론은 우리 모두가 공유하는 특징이 되었다.

인간만이 이러한 특징을 가진 것은 아니다. 소수의 동물, 특히 까마귀가 제한적이긴 하지만 추상적 수준에서 인과 추론 능력이 있다는 것이 연구를 통해 알려졌다. 까마귀들은 계획과 거래를 할 수 있다. 특히 이솝 우화에서처럼 조약돌을 항아리에 떨어뜨려 물을 마실 수 있다.[13,14] 그래서 다른 종류의 새는 저녁상에 오르는 반면 까마귀는 학술지를 장식하고 있기도 하다.[15] 하지만 인과관계를 발견하고 일반화하며 다른 사람과 추상적인 수준에서 소통하는 능력은 동물과는 비교가 불가능한 인간의 특징이다. 초기 인류는 작은 거주지를 만들었고 현대인은 빌딩숲을 만들었다. 반면 비버는 나무로 댐을 만들었지만 수천 세대에 걸쳐 위대한 비버의 업적을 기릴 만한 단 하나의 대저택도 만들지 못했다.

인간이 일반화하는 능력, 더 높은 수준의 사고 능력, 더 높은 수준의 추상화 능력을 잃는다면 인간의 야망과 탁월함도 사라질 것이다. 인간도 비버와 마찬가지로 이미 알고 있는 방법만 사용할 뿐 무언가를 시도해보거나 가지고 있는 지식을 새로운 차원으로 발전시키지는 못할 것이다. 이런 인간의 삶은 고요하고, 역사도 미래에 대한 비전도 없을 것이다.

인지와 문화

인간은 진화적으로 이렇게 결정적인 이점을 어떻게 가지게 되었을까? 인간의 뇌가 가장 큰 것도 아니고 신경세포가 다른 포유류와 근본적으로 다른 것도 아니다. 해답은 인간의 인지, 즉 생각을 처리하는 과정에 있다.

인간은 패턴을 인식하는 데 능숙한데, 이런 능력은 특히 시각에서 두드러진다. 패턴 인식의 핵심은 구체적인 것의 일반화다. 나무와 숲을 구분하는 게 중요하다는 격언이 떠오르는데, 그것이 바로 시각 자극이 쏟아져 들어올 때 인간의 뇌가 하는 일이다. 뇌는 눈이 볼 수 있는 것을 넘어서서 인간의 마음에 현실세계를 구축한다.

오래전 인류의 역사에서 인간의 조상 중 일부는 좁지만 유용한 감각 영역에서 더 크고 좀 더 개념적인 영역으로 추상화하는 쪽으로 자신의 능력을 수정해나갈 수 있었던 것이 분명하다. 그 결과 광범위하고 포괄적으로 사용할 수 있는 도구들을 만들었고, 더 넓은 범위의 서식지에 적응할 수 있었으며, 의사소통의 진화에도 도움이 되었다. 지금까지 알려진 바에 따르면, 당면한 위협이나 먹이의 존재와 같은 온전히 현재의 문제를 두고 서로 소통하는 동물은 많다. 이와 달리 인간은 추상화하는 능력 덕분에 문법 언어를 발달시킬 수 있었고, 친족을 넘어서서 그리고 시공간을 가로질러 서로 협력할 수 있게 되었다.

최근 몇 년 동안 프레임의 성공 이면에 있는 요인을 확실하게 보여주는 획기적인 연구가 진행되었다. 특히 스티븐 핑커Steven Pinker 와 마이클 토마셀로Michael Tomasello는 이와 관련해 프레임의 역할을 강조한다. 하버드대학의 신경과학자인 핑커는 그의 찰랑거리는 은발만큼이나 독특한 아이디어를 가진 박학다식한 학자이며, (은발이 단정하고 잘 정돈되어 있는) 플로리다 출신의 토마셀로는 듀크대학에서 강의하고 있다.

핑커는 추상적으로 생각하는 데 필요한 가장 중요한 요소로 인지 기능을 사용하는 능력, 문법 언어의 발달, 아이디어를 공유하는 사회적 성향을 꼽는다. 그는 추상적인 설명을 이해하고 기억하고 전달하는 과정에서 특히 은유의 역할을 강조한다. 핑커는 2010년에 발표한 「적재적소의 인지 능력The Cognitive Niche」이라는 제목의 논문에서 은유는 "추상적 아이디어를 구체적인 시나리오와 쉽게 연결하는 인간의 능력이다"라고 기술했다.[16,17]

은유는 프레임을 표현하는 방법으로 볼 수 있다. 구체적 상황을 인과관계를 통해 보여주고 이를 추상화해서 다른 영역에 적용하는 것이다. 인간은 은유로 생각하고 소통함으로써 프레임 형성 기술을 단련하고, 그 반대도 마찬가지다.

토마셀로는 핑커와 달리 '적재적소의 문화cultural niche'의 중요성을 강조한다. 그는 복잡하고 고차원적인 인과적 사고는 효과적인 협력에 대한 요구로부터 출발했다고 주장한다. 수천 년 전 생태학적 압력으로 인해 인류의 조상은 인간만이 가지고 있는 독특한 방식으로 협력했다. 이런 방식으로 협력하려면 복잡한 사회적 상호작용을 추상적으로 표상해야 하는데, 이를 통해 공동의 목표를 위한 개별 구성원의 행동을 조직화할 수 있다.[18]

다시 말해 우리는 서로의 의도, 더 나아가 다른 사람이 나에게 무엇을 기대하는지 이해해야 협력하고 서로에게서 배울 수 있다. 인간은 협력과 이해를 토대로 언어와 문자 그리고 이후에 학교 교육이나 도제 교육과 같은 것을 구축했다. 추상적 관계를 표상하는 능력은 일단 개발하고 나면 인과 프레임의 핵심이 된다.

토마셀로는 어린아이, 침팬지, 유인원을 대상으로 인간이 가진 기능의 기저를 이해하기 위한 연구를 진행했다. 일련의 연구에서 침팬지와 1~2세 정도의 아이를 비교했더니, 침팬지는 어린아이가 하는 것 중의 일부를 할 수 있지만 사회적 협력은 하지 못했다.

토마셀로는 어린아이와 침팬지에게 선물이 담긴 튜브를 주었다. 그런데 그 튜브는 양쪽 끝을 동시에 당겨야 열 수 있었다. 18개월 정도의 아이는 누군가와 협력해야 선물을 꺼낼 수 있다는 것을 이해하고는 무엇을 해야 할지 모르는 것처럼 보이는 잠재적인 협력자의 주의를 끌었다. 이런 행동은 침팬지는 할 수 없는 일이다. 인과관계를 어렴풋이 알 수도 있지만 추상적인 수준에서 인과적 표상은 가능하지 않았다. 침팬지는 다른 침팬지의 생각을 이해하거나 그들과의 관계에서 자신의 역할을 바라보지 못한다. 토마셀로는 인간이

가진 인과 표상 능력은 사회의 구성원이 되면서부터 발달했다고 주장한다.[19]

최신 연구를 보면, 지난 2세기 동안 인류가 겪은 급격한 기술 발전을 구체적 상황을 추상적 원리에 연결하는 능력(핑커가 말한 적재적소의 인지 능력)이나 지식을 사회 구성원과 공유하는 능력(토마셀로가 말한 적재적소의 문화)만으로는 설명하기 어렵다. 인류는 두 가지 장점을 결합해서 발전해왔다.[20]

인류 역사에서 기술 발전의 토대인 바퀴의 설계를 여러 세대에 걸쳐 최적화할 수 있었다는 것을 보여주는 연구 결과도 있다. 바퀴 설계의 역사에서 사람들은 경사로를 내려가는 간단한 바퀴의 성능을 바퀴살에 부착하는 무게추의 위치를 조정하여 개선해왔다. 한 사람이 시도하고 나면 그다음 사람이 그 과정을 이어받아 성능을 개선하는 식이었다. 5세대에 걸쳐 성능을 개선한 결과, 개별 구성원은 기저의 원리에 대해 아무것도 모르고 있었음에도 불구하고 최적 성능의 71퍼센트에 이르는 성과를 낼 수 있었다.[21]

이는 매우 복잡한 인간의 기술은 한 명의 천재가 만들어낸 결과가 아니라, 사회의 구성원이 오랜 시간에 걸쳐 전달하는 개선 사항이 누적되면서 이루어낸 것이라는 주장(토마셀로가 말한 적재적소의 문화)과 맞닿아 있다. 그리고 원시사회, 심지어 문자 사용 이전의 사회에서 어떻게 복잡한 도구를 만들 수 있었는지를 설명하는 데 도움이 된다. 그런데 문화 내에서 시행착오를 통한 학습은 그

속도가 너무 느려서 지난 2세기 동안 인류가 이룩한 놀라운 속도의 기술적 변화를 설명하기 어렵다. 이를 설명하려면 핑커의 적재적소의 인지 능력 역시 필요하다.[22]

인과 추론은 대안을 탐색하는 방식에 영향을 주며, 훨씬 더 효율적으로 탐색할 수 있도록 해주기도 한다. 예를 들면 바퀴 연구에서 인과 추론 덕분에 가장 가능성이 높아 보이는 시도에 주의를 기울일 수 있었고, 여러 세대에 걸쳐 문화 내에서의 학습을 가속화했다.[23] 라이트 형제가 첫 번째 비행을 한 지 60년 만에 아폴로 프로그램을 수행할 수 있었던 것은 물리적 세계에 대한 프레임과 인과 템플릿 덕분이다.

물론 인간이 인지와 문화라는 양 측면을 처음에 어떻게 결합했는지는 모른다. 하지만 인류의 조상은 이미 1만 4천 년 전에 정착하여 농사를 짓기 시작할 때부터 추상적인 인과 추론을 사용했다. 이들은 수만 년 동안 매년 수확한 종자를 먹지 않고 저장해두었는데, 그렇게 한 이유는 다음 해에 종자를 심어 곡식과 채소를 키울 수 있다는 것을 알고 있었기 때문이다. 파종과 수확은 체계적인 농업이 시작되었으며 유목민의 삶이 끝났다는 것을 의미했다. 그리고 이때까지 인간이 인과 템플릿을 개발해왔다는 것을 보여주었다. 인류의 조상은 농부인 동시에 프레이머였다.[24]

물론 그 이후로도 인과 추론은 계속 진행되어왔다. 고대철학, 논리학의 시작, 이성과 탐구의 시대, 계몽주의, 과학혁명, 20세기에 발생한 지식의 대규모 확장, 이 모든 것은 인간이 정교한 인과적 프레이머가 되었다는 사실에 기초하고 있다. 우리가 보는 모든 곳, 우리가 하는 모든 일, 우리의 모든 아이디어는 인과적 심성모형의 도움으로 이루어진다.

설명할 수 있어야 한다

세상을 추상적인 인과 템플릿으로 바라볼 때 가장 큰 이점은 설명이 가능하다는 것이다. 물론 적합한 설명을 찾아낼 수 있는지는 별개의 문제다.

1840년대에 오스트리아 빈 종합병원에 근무하는 젊은 산과 의사 이그나즈 제멜바이스Ignaz Semmelweis는 분만 과정에서 이상한 점을 발견했다. 산과 병동에서 의사가 아이를 받은 산모가 산욕열로 사망한 비율이 산파가 아이를 받은 산모의 사망 비율보다 5배나 높게 나타난 것이다. 임산부도 이러한 차이를 알고 있었다. 그래서 더 많이 배우고 더 전문적인 수련을 받은 의사가 아닌 산파를 배정해달라고 병원 의료진에게 사정할 정도였다. 제멜바이스는 다른 모든 것을 무시하고 데이터만 분석하면서 그러한 차이가 발생한 원인을 파악하려고 노력했다.

그는 임산부가 출산할 때 산파는 옆에서, 의사는 등쪽에서 아이를 받는다는 것을 알게 되었다. 그래서 의사도 옆에서 아이를 받게 했으나 별다른 변화가 없었다. 그는 환자가 사망할 때마다 복도를 걸어가면서 종을 울리는 사제들이 병동 내의 다른 환자에게 공포감을 주는 것은 아닌지 궁금했다. 하지만 그러한 의식이 중단되었을 때도 사망률은 그대로였다. 그러던 어느 날, 부검 도중에 손가락을 베인 의사가 산욕열 증상으로 사망했다는 사실을 알게 되었다. 그것은 대단히 중요한 사실이었다. 산욕열이 전염될 수도 있는 질병이라는 것을 의미했기 때문이다. 의사는 부검을 하지만 산파는 하지 않는다. 제멜바이스는 그 차이에 주목했다.

제멜바이스는 임산부의 죽음이 산모와 접촉한 의사의 손에 묻은 사체의 병균으로 인해 발생했다고 추론했다. 그래서 의사에게 아기를 받기 전에 손을 씻게 했다. 의사들은 염화 처리한 석회수로 손을 씻었고, 산욕열 발생 비율이 확연히 감소했다. 제멜바이스는 더 나은 결정을 해서 생명을 구하는 프레임을 찾아냈던 것이다.

그 프레임은 여러 측면에서 인과성을 보여주었다. 첫째, 제멜바이스는 그 질병이 사망으로 이어지며, 전염될 수 있다는 것을 알았다. 둘째, 손 씻기가 산욕열 발생율을 줄인다는 것을 알았다. 다만 산욕열의 유발 원인이 사체의 병균이라는 그의 추론은 모호하며 결함이 있었다. 산모가 아프게 된 원인은 사체의 병원균이 아니었다. 산욕열을 유발하는 박테리아가 의사의 손에 남아 있었고 건강한 산모에게 전해졌던 것이다. 제멜바이스가 제안한 손 씻기는 적절했으나 그의 인과 프레임은 잘못된 것이었다.

그 프레임은 효과적이었지만 인과관계를 정확하게 설명하지 못했다. 결국 제멜바이스는 동료 의사를 설득하지 못했고 이는 비극적 결과로 이어졌다. 그는 자신이 제안한 방법이 효과적임에도 조롱을 받자 화가 났다. 그는 1865년에 신경쇠약으로 쓰러졌고 동료들은 그를 구슬려 정신병원에 입원시켰다. 제멜바이스는 뒤늦게 일이 어떻게 돌아가는지 깨닫고 정신병원에서 빠져나오려고 애썼지만 경비들은 정해진 절차대로 그를 다루었다. 때리고 구속복을 입혀 감방에 처넣은 것이다. 제멜바이스는 정신병원에 들어간 지 2주후 47세를 일기로 사망했다. 사망 원인은 경비와 실랑이를 벌이다 입은 상처가 세균에 감염되었기 때문이었다. 산과 병원의 후임자는 이상해 보이는 손 씻기 규정을 중단시켰고, 사망률은 다시 치솟았다.[25]

제멜바이스가 정신병원에 감금된 그해에 프랑스의 생물학자 루이 파스퇴르Louis Pasteur는 누에에게 피해를 입히고 프랑스의 실크 산업을 위협하는 기이한 질병의 원인을 조사해달라는 요청을 받았다. 이 과정에서 세균을 발견했고 '세균 이론'이라는 새로운 프레임이 탄생했다.[26] 비슷한 시기에 영국의 과학자 조지프 리스터Joseph Lister(남작, 의사, 왕립협회 회원, 양털 모양 구렛나루 소유자)는 상처에 감는 붕대를 살균 소독하여 감염을 줄이는 실험을 하고 있었다. 그는 2년 후 파스퇴르의 프레임에 근거해서 의학 저널 〈랜싯

Lancet〉에 살균 소독의 효과에 관한 논문을 시리즈로 게재했으며, 모든 외과의사에게 손을 씻어야 한다고 권고했다. 이 학술지의 창립 멤버인 리스터는 자세한 설명을 제공하여 제멜바이스가 하지 못한 것을 이루었다. 오늘날 그는 '현대 수술의 아버지'로 추앙받고 있으며 그의 이름은 구강세척제 브랜드 리스터린Listerine에 남겨져 우리에게 전해지고 있다.[27]

이그나즈 제멜바이스의 비극은 더 나은 결정으로 이어지는 심적 프레임만으로는 충분하지 않다는 것을 보여준다. 설득력 있는 인과적 설명이 반드시 필요했고, 제멜바이스는 그 점에서 실패했다. 실패한 이유로 여러 가지를 생각해볼 수 있다. 그의 설명이 너무 급진적으로 들렸을 수 있다. 파스퇴르와 리스터가 논문 출간 제도를 이용하여 근거를 축적해온 반면, 제멜바이스는 그런 근거를 제시하지 못했기 때문일 수도 있다. 헝가리 출신인 제멜바이스가 오스트리아 제국의 엘리트 의사들 틈바구니에서 충분히 존중받지 못했을 수도 있다. 이유가 무엇이든, 그들의 이득이 무엇이든 간에(제도적 급진주의자인 제멜바이스를 위로할 뿐이다), 이 사례를 통해 새로운 프레임을 수용시키기 위해서는 설득력 있는 설명이 동반되어야 한다는 것을 확인할 수 있다.

인과 프레임을 성공적으로 적용하기 위해서는 설명 가능성이 필수적이다. 설명 가능성은 인간의 존재와 경험에 의미를 부여한다. 특정 현상을 이해한다는 것은(세상의 한 부분을 이해한다는 것은),

대단히 만족스러운 일이다. 파스퇴르와 리스터뿐만 아니라 제멜바이스도 자신의 생각을 설명할 필요성을 느꼈다는 점에 주목해야 한다. 인과적 설명을 반드시 제공해야 한다고 생각할 때, 필요에 따라 그 방법을 발명해내기도 한다. 신경과학자 마이클 가자니가Michael Gazzaniga의 실험이 대표적이 사례다. 심각한 뇌전증 발작을 치료할 때 일반적으로 뇌의 두 반구를 연결하는 신경섬유를 절단하는 수술을 시행하는데, 가자니가는 이 수술을 받을 사람을 대상으로 실험을 진행했다. 그는 이 실험 참가자의 우뇌에 '걷다'와 같은 글자를 제시했다.

실험 참가자에게 일어서서 걷기 시작한 이유를 묻자 그는 "콜라를 가져오고 싶어서요"라고 대답했다. 뇌의 좌우측 연결이 끊어져 있기 때문에, 왼쪽 뇌(추론 기능 담당)는 오른쪽 뇌가 본 것에 대해 아무런 단서를 가지고 있지 않았다. 하지만 무언가 이유가 있기 때문에 행동을 한다는 것은 알고 있어서, (가자니가의 용어로) '좌뇌 통역사'가 그 틈을 빠르게 채웠고 그 명령을 수행한 이유를 만들어 냈다.[28]

학습, 개체, 그리고 제어

인과 프레임에 반영된 설명 가능성은 일반화는 물론 더 나아가 학습도 도와줄 수 있다. 이는 인과 프레임이 가진 독특한 특징이며 비교적 최근에 발견된 사실이다. 우리는 보통 정보를 받을 때 학습한다. 하지만 인과적 설명을 해야 할 때는 정보를 전하고 설명하는 사람도 배운다.[29] 최근 이 분야에서 설명에 대한 새로운 접근으로 주목받고 있는 프린스턴대학 심리학과 교수 타니아 롬브로조Tania Lombrozo의 연구를 통해 이를 살펴보자.

롬브로조는 학부생일 때 설명에 대한 논의가 심리학에서 사회학, 철학에 이르기까지 자신이 찾아본 모든 분야에 등장한다는 것을 알게 되었다. 얼핏 당연해 보이지만, 설명 자체에 대한 근본적인 질문은 과학의 영역에서 깊은 수준의 학문적 관심을 받지 못해온 것이 사실이다. 예를 들어 '어떤 것은 설명해야 하지만 다른 것은 그럴 필요가 없다고 하는 이유는 무엇인가?' '설명은 어떻게 목표를 달성하게 하며, 어떻게 잘못된 방향으로 이끄는가?' 롬브로조의 연구는 심리학과 철학에서 설명에 관한 지식의 빈틈을 채워준다.

여기에 딱 들어맞는 사례가 '설명을 통한 학습'에 관한 롬브로조의 연구다. 성인에게 외계 행성에서 온 두 종류의 로봇, 그롭스glorps와 드렌츠drents의 삽화를 보여주었다. 두 로봇은 색깔, 신체 형태, 발 모양이 달랐지만 실험 참가자들에게 이에 관해 알려주지 않았다. 참가자 중 절반에게는 그롭스나 드렌츠의 특징을 묘사할 것을, 나머지 절반에게는 둘의 차이를 설명할 것을 요구했다(로봇은 귀여운 모양을 하고 있었고, 색깔이나 신체 형태는 로봇의 범주를 설명해주지 못했으나 발의 형태로 알 수 있었다).

실험 결과 로봇을 어떻게 구분했는지 설명한 참가자가 특징을 묘사한 참가자에 비해 과제를 훨씬 더 잘 수행했다. 그 뒤로 여러 차례 진행한 실험에서도 비슷한 결과가 도출되었다. 심지어 어린아이들을 대상으로 실험을 진행했을 때도 인과적으로 추론했을 때, 즉 설명했을 때 과제를 더 잘 수행했다.[30]

프레임 형성의 맥락에서 살펴보자. 세상을 인과 프레임으로 설명하면 그 과정에서 더 많이 배우고 더 깊고 정확하게 통찰할 수 있다. 그리고 세상을 다른 사람에게 설명할 때 세상 자체를 더 잘 이해하게 된다. 이러한 방법을 교육과 육아에 직접 적용할 수 있다. 아이들에게 그저 답을 알려주지 말고 자신의 추론을 설명하게 해보자 (진화적인 이점도 있을 것이다. 설명을 하면 설명을 하지 않았을 때보다 세상에 관해 더 많이 더 빠르게 배울 가능성이 높다).

이러한 이점은 그저 그룹스와 드렌츠를 구분하는 정도에 머무르지 않는다. 우리는 아주 어릴 적부터 체계라는 개념을 만들어왔고, 별에 존재하는 신의 형태와 종의 분류를 정립해왔다. 아이들은 장난감 차, 인형, 레고 블록, 핼러윈 캔디를 분류하고 재정리하는 데 많은 시간을 보낸다. 그러한 분류와 재분류는 추상화와 일반화 능력에 기초한다.

추상화하는 방법을 모른다면 우리가 경험하는 개별 상황은 매번 새롭게 보일 것이고 우리의 행동을 안내할 수 있는 일반적인 규칙은 존재하지 않을 것이다.

하지만 인과 프레임에 기반한 설명 가능성은 세상에 체계를 마련하는 것보다 훨씬 더 큰 결과를 가져왔다. 그리고 인간의 역량, 책임감, 제어의 근간이기도 하다.

인간의 역량이라는 개념은 인간은 선택권이 있고 그 선택권을 행사할 수 있다는 뜻이다. 이 세상에서 인간은 객체가 아니라 주체다. 인간에게는 행동하는 능력이 있다. 인간의 역량은 인과적 프레임을 형성하는 능력에 달려 있다. 이는 자유의지가 객관적으로 존재한다는 주장도, 인간의 선택이 사회구조의 영향을 받지 않는다는 주장도 아니다. 단지 우리 행동이 결과를 가져올 때만, 다시 말해 선택이 현실을 형성하는 방법을 예측할 수 있을 때에만 실제로 선택할 수 있다.

연구 결과를 보면 인과성과 인간의 역량이라는 개념은 직접적으로 관련되어 있다. 1980년대에 도쿄에 위치한 코마자와대학의 심리학과 교수 코이치 오노Koichi Ono는 실험 참가자들에게 여러 가지 방법으로 당길 수 있는 레버가 달린 기계를 보여주었다. 그리고 보상을 줄 것이지만, 무작위로 제공된다는 것은 알리지 않았다. 그랬더니 실험 참가자들은 자신이 어떻게 행동해야 보상을 '유발'하는지에 대한 복잡한 설명을 생각해내고 다시 보상을 받기 위해 그 행동을 계속했다. 이 연구는 사람들이 인과관계를 사용하여 설명하고 싶어할 뿐만 아니라 자신이 이해한 인과관계가 자기 자신과 자신의

행동에 직접적으로 연결되기를 강력하게 원한다는 것을 분명히 보여주었다.[31]

프레임은 역량과 함께 책임감도 부여한다. 인간은 자신의 행동을 선택할 수 있고 결정을 내리기 때문에, 그에 따른 비난을 받을 수도 있다. 선택은 책임을 동반한다. 누군가 내 머리에 총구를 들이대어 어쩔 수 없이 돈을 넘겨주는 것은 죄가 되지 않지만 은행을 터는 것은 죄가 된다. 몽유병 때문에 자면서 자기도 모르게 길을 건넌다고 해서 처벌받지 않지만 고의로 보행자를 들이받으면 처벌로 이어진다. 책임감은 역량의 이면이고 선택의 핵심 조건이다.

인간의 역량과 책임감은 외부와 단절된 상태에서 나타나지 않는다. 한 사람이 다른 사람의 결정에 영향을 줄 수 있다면, 자신을 넘어서는 통제력을 행사할 수 있다. 처음에는 직관에 반하는 것처럼 보일 수 있겠지만, 인간이 역량에 관한 감각을 가지고 있다는(그래서 책임감도 있다는) 주장은 인간에 대해 생각하고 통제력을 행사하기 위한 핵심적인 전제 조건이다. 예를 들어 일부 정부는 넛지 Nudge 부서를 설치해서 사람들의 행동에 영향을 주려고 한다. 그중 하나로 전기 사용량을 이웃과 비교해서 보여주는 방법으로 전기를 절약하게 하는 것을 들 수 있다. 사람들은 역량과 책임감을 모두 가지고 있기 때문에 다른 사람들의 영향을 어느 정도 받는다. 만약 역량을 가지고 있지 않다면, 다른 사람의 관점에 영향을 주려는 시도 자체가 정말 무의미할 것이다.

사회구조는 개개인의 역량을 형성하며, 개개인의 역량에 의해서 형성된다. 그래서 프레임은 인간이 살고 있는 사회구조에 영향을 준다. 이것이 바로 프레임이 세상과 우리 자신을 이해하는 방식의 기초가 되는 이유다.[32]

회의론과 지혜

인과적 사고는 인류 진보의 필요 조건이다. 인과적 사고는 의지에 맞추어 현실을 보게 한다. 인과 추론이 얼마나 자주 틀리는지를 생각해보면 인과 템플릿의 가치는 실로 놀라울 정도로 크다. 부모는 아이에게 겨울에 감기에 걸리지 않으려면 모자를 쓰고 장갑을 껴야 한다고 성화다. 그런데 정말 모자나 장갑으로 계절성 독감 바이러스를 억제할 수 있는가? 제멜바이스 그리고 오노 교수가 진행한 실험의 참가자들은 부적절한 인과 연결의 희생자다. 그리고 이런 일은 자주 생긴다. 우연히 동시에 발생한 일의 원인을 밝혀냈다고 생각할 수도 있다. 또는 원인과 결과라고 생각하는 것을 설명하는 다른 종류의 근본적인 기제가 있을 수도 있다. 그러면 인과관계의 화살표가 반대 방향으로 바뀔까?

예를 들어 매일 아침에 수탉이 울면 해가 뜬다는 것을 알게 되었다고 하자. 시간이 지나면서 구체적인 사건(수탉의 울음)을 통해 인과적 연결을 만들어 일반적인 규칙(해가 뜨게 한다)을 확립할 수 있다. 연합으로 생각해보면 틀리지 않다. 게다가 농장에서 산다면 그 연결은 전혀 문제가 되지 않는다. 그런데 어느 슬픈 날 수탉의 영혼이 이 풍진 세상을 떠나 하늘나라에 있는 닭의 집으로 가버렸다. 그다음 날 수탉의 울음소리는 나지 않았지만 해는 뜬다. 분명히 무언가 다른 방식으로 이루어지고 있었던 것이다.

우리가 가진 인과 프레임 중 일부에 결함이 있다는 것은 그다지 놀랄 일이 아니다. 우선, 우리는 원인과 결과가 실제로 어떻게 연결되어 있는지 우리가 알아야 할 모든 것을 알지 못한다. 예를 들어 1820년대에 첫 번째 증기기관차가 운행을 시작하기 전에, 전문가들은 시속 25킬로미터 정도의 빠른 속도로 달리면 승객들이 질식할 수 있고 빠른 속도로 인해 눈이 흐려질 수 있다고 우려를 표했다.[33]

물론 승객에게 별 문제는 없었다. 이런 예측을 하게 했던 그 인과 모형은 너무 초보적이었고, 핵심적인 과학적 요소와 인간의 신체가 적응하는 방법에 관한 이해가 부족했다. 그러나 현실에서 모형의 결함이 드러나고 공기와 시력에 관해 더 많은 것을 알게 됨에 따라 더 적절한 모형으로 대체해 속도의 영향을 평가했다. 이는 수탉의 울음이 해가 뜨게 만든다는 모형을 지구가 공전하기 때문에 해가 뜬다는 모형으로 대체한 것과 매우 유사하다. 세상에 관해 배우고 그에 맞추어 심성모형을 조절해야 한다고 해서 프레임이라는 아이디어를 비난할 것이 아니라 프레임을 형성해보는 방법을 개선하라고 독려해야 한다.

우리는 삶의 많은 부분에서 알고 있다고 생각했지만 실제로 알지 못하는 것을 수정한다. 과학적 접근법에서는 지식에는 한계가 없으며 정기적으로 우리가 이해하는 것을 점검하고 더 잘 이해하기 위해 기존의 지식을 대체하거나 수정해야 한다고 가정한다. 다시 말해 이는 우리의 인과 프레임은 항상 불완전하다는 것을 보여준다.[34] 조금은 우울하게 들릴 수 있지만, 운동선수가 일등으로 결승점을 통과한 후 샴페인을 터뜨리는 것과 같은 일은 프레이머에게 허락되지 않는다.

인과 프레임을 형성하는 과정에서 거듭해서 실패를 경험하다 보니 인과 추론의 전체적인 과정이 소용없다고 생각하는 사람이 많다. 그래서 데이비드 흄David Hume의 견해에 동조하는 것으로 보인다. 1700년대 스코틀랜드의 철학자는 인과적 사고에서 드러나는 명백한 결함을 설명해주었다. 경험주의 철학자인 흄은 모든 지식이 경험으로부터 나온다고 생각했다. 그는 인과관계는 논리적으로 정당화할 수 없으며 귀납 추론은 우리를 호도한다고 주장했다. 항상 해가 떴다고 해서 내일도 뜨는 것은 아니다.

같은 맥락에서, 인과관계에 대해 선의의 경계심을 가지고 있는 전통적 통계학자들은 오랫동안 데이터로부터 인과적 추론을 수행하지 말아야 하며, 사건을 상관관계 또는 우연의 일치로 보아야 한다고 주장해왔다. "상관관계는 인과관계가 아니다"라는 표현은 그들의 슬로건이고 강의 첫날에 학생들에게 가르치는 신조이기도 하다. 인과관계에 대해서 그들은 입을 다문다. 컴퓨터과학에서 '인과혁명'의 아버지라 불리는 주디어 펄Judea Pearl은 "그들은 인과관계에 대한 질문을 금지한다고 선언했다"라고 설명한다.[35]

흄의 인과적 회의론은 적어도 부분적으로는 오해에서 비롯되었다. 그는 여기서 말하는 프레임 형성에 대해 전혀 반대하지 않았다. 아마도 실용적인 이유로 프레임을 인정했을 가능성이 매우 크다. 프레임 형성은 인간의 운명을 향상시켜왔고 인간은 프레임 형성에 능숙하기 때문에 이를 지속하는 것은 당연하다. 흄은 인과 추론이 인간이 흔히 하는 것이라서 우리의 생각을 벗어나서 인과관계를 객관적으로 증명할 방법은 없다고 했다. 통계학의 소장 학자와 양적 연구를 수행하는 사회과학자는 이제 자신들의 입장을 누그러뜨리고, 펄의 인과혁명을 받아들이고 있다.

하지만 인과관계에 대한 다른 종류의 비판점이 제기되었다. 이는 인과관계 자체에 대한 거부감이 아니라 인과적 설명을 위한 1차적 원천으로 프레임 사용을 거부하는, 1장에서 설명한 두 가지 극단적인 입장, 초정서주의자와 초합리주의자에게서 비롯된 것이다.

초정서주의자는 인과 프레임 형성을 거부한다. 이들은 인과 프레임으로는 무언가를 규명하기 어렵고 그래서 굳이 필요하지 않다고 생각한다. 사실 상황을 파악하는 것이 그렇게 어렵지는 않다. 그리고 결정을 할 때 완전히 하나에 꽂혀서 정신없는 상태로 하기보다는 자신의 견해가 옳다고 생각하면 그대로 밀고 나가는데, 그런 확실함이 믿음을 가져온다. 직관은 무언가 명확하지 않을 때 나아갈 길을 보여준다.

이들의 주장에도 일리가 있다. 상황에 따라 정서와 직감이 결합한 직관적 결정이 유용할 수도 있다. 하지만 결과의 측면에서는 한계가 분명하다. 직감과 정서에 의존하면 인과 프레임을 형성할 수 있는 능력은 아예 배제하게 된다. 마치 공기역학적으로 설계된 차체에 엔진이 없는 경주용 차와 같다. 인과 프레임을 무시하고 정서에 따라 결정을 하면 기분이 좋을지는 모르지만, 이렇게 하면 인간이 가진 가장 강력한 도구인 인지적 능력을 버리는 것이다.

한편 초합리주의자는 정반대의 입장에서 인과적 사고를 포기한다. 인과적 사고는 이에 능숙하지 않은 인간에게만 맡겨놓기에는 너무 중요하다는 것이다. 이들은 모든 것을 기계에 맡기는 것이 정답이라는 관점을 가지고 있다. 그래서 경찰은 알고리즘을 사용해서 순찰 계획을 세우고, 법원은 알고리즘으로 보석을 허가하고, 교도소는 알고리즘으로 가석방을 결정하고, 학교는 알고리즘으로 성적을 내고, 상인은 알고리즘으로 사기꾼을 찾는다. 인공지능이 인간보다 인과관계를 더 잘 파악할 수 있고 편향을 제거할 가능성이 높기 때문이다.

이들에게는 인공지능이 인과적 연관성을 이해하고 인과 템플릿으로 작동할 수 있다는 증거가 있는 것처럼 보인다. 게임을 보면 인 공지능이 알고리즘을 사용하는 방법을 알 수 있다. 여기서 말하는 게임은 인공지능이 세계 챔피언을 이긴 체스나 바둑과 같이 고전적 인 보드 게임이 아니다. e스포츠와 같이 더 복잡한 환경으로 우리의 시선을 돌려보자.

디펜스 오브 디 에인션츠Defense of the Ancients, DotA는 여러 사람이 동시에 참여하는 온라인 비디오 게임으로 다섯 명이 팀을 이루어 전투를 벌이며 다른 팀의 기지에 있는 주요 구조물을 파괴하고 적 을 도륙하는 방식으로 진행된다. 이 게임에서는 복잡한 전략적 결 정, 장기간의 계획 수립, 팀원 간의 협력이 요구된다. 세계적으로 유 행하는 게임으로 국제대회가 개최되고 있으며 올림픽 정식 종목으 로 채택해야 한다는 이야기가 나오고 있다. 상위권 팀의 연간 상금 액은 4천만 달러에 달한다.[36]

2019년 오픈AIOpenAI에서 샌프란시스코의 연구소가 개발한 시 스템이 도타 유니버스Dota universe를 놀라게 했는데, 이 시스템은 도 타 2Dota 2의 최강 유저를 궤멸시켜버렸다.[37] 표면적으로는 이 시 스템이 인과관계를 알고 경험을 통해 일반화하며, 추상화를 사용하여 인과 템플릿을 새로운 환경에 적용할 수 있는 것으로 보인다. 하지 만 좀 더 자세히 살펴보니, 마치 오즈의 마법사가 커튼 뒤에 있는 사 람이었던 것처럼 그 안에 사람이 숨어 있었다.

이 시스템은 '심층강화학습deep reinforcement learning'을 사용한다.

스스로를 상대로 수백만 번 게임을 하면서 시행착오를 거쳐 가장 최적의 방식을 찾아내고 통계적인 '보상'으로 그 행동을 강화한다. 그러나 가장 핵심 영역인 보상에 대해서는 시스템이 자체적으로 학습하지 못하고 인간이 수동으로 직접 입력해야 한다.[38]

예를 들어 오픈AI 개발자는 도타 2 덕후로부터 유저가 세 개의 길목에서 이루어지는 전투를 머릿속에 그려야 한다는 정보를 얻고 시스템에 그 개념을 입력했다. 이렇게 해서 게임의 단계에 따라 보상 기능이 다른 전략에 우선하도록 구성했다. 다음으로 봇bot이 이기적으로 전투를 치를 수 있기 때문에 봇들 간의 팀워크를 만들어내야 한다는 것을 알게 되었다. 이 '초매개변수hyper-parameter'를 수동으로 조정하는 방식으로 봇은 하나의 유닛으로 움직이는 방법을 배웠다.[39] 인공지능 시스템은 잘 작동했고, 봇은 인간을 잔인하게 살해했다. 다만 그렇게 하기 위해서 사람이 키보드를 눌러 인과 프레임을 입력해야 했다.

극단적인 합리주의자라고 떠벌리는 사람들도 인과 프레임을 거부하기는 어렵다. 이들이 인간을 능가하는 시스템을 구축한다고 해도, 그 시스템은 인간이 인과 프레임을 주입해야 작동할 수 있기 때문이다. 마찬가지로 세상을 좀 더 정서적으로 보아야 한다고 촉구하는 사람들도 결정을 위한 선택지의 범위를 지나치게 줄여서 스스로에게 해를 끼친다. 이를 방지하기 위해서는 인과 템플릿을 가진 심성모형의 개발을 거부할 게 아니라 오히려 포용해야 한다.

체계와 결정

인과 프레임으로 세상을 설명하려면, 이 세상의 모든 것을 지배하는 인간보다 더 큰 힘이 있다고 인정해야 한다. 그것은 신의 힘은 아니라 하더라도 최소한 물리학의 법칙을 거스르는 무언가를 말한다.

그 반대로 모든 순간이 무작위로 발생하는, 특별한 패턴이나 의미가 없는 세상을 생각할 수 있다. 이를테면 T. S. 엘리엇T. S. Eliot의 서사시 「황무지The Waste Land」에서처럼 누구와도 아무것과도 연결할 수 없는 세상 말이다.[40] 하지만 이는 우주가 작동하는 방식이 아니다. 우주에는 원인, 이해력, 응집력이 존재한다. 초기의 천문학자들은 천체가 우주에서 항해한다고 생각했고 거기에서 규칙성을 찾았다. 우주를 말하는 코스모스cosmos는 고대 그리스어로 '체계'라는 의미다.

그렇다면 어떻게 하면 인과 템플릿에서 생각을 더 잘할 수 있을까? 문제를 고민할 때 적어도 인과 템플릿을 인식하고 적극적으로 활용하는 것이 해답이 될 수 있다. 잠시 멈추고 스스로에게 물어보자. '이 사건이 발생한 이유는 무엇인가? 사실이건 아니건 간에 지금 생각하고 있는 가정이나 설명은 무엇인가?'

이것이 바로 벤 버냉키가 2008년 9월 16일에 사용했던 그 방법이다. 그는 사무실 창문 앞에 서서 시장에 자금을 풍부하게 공급하는 방안을 고민했다. NASA 과학자들이 물리학에 근거한 인과 템플릿을 사용해서 아무도 가보지 않은 우주공간에 추진력의 원리를 적용할 수 있게 해준 그 방법이다.

인과적 사고가 틀릴 수도 있고 가끔은 끔찍하게 엉망일 수도 있지만 인간은 수천 년 동안 프레임 형성을 통해 우수한 방식으로 세상을 이해하고 대안을 찾을 수 있었다. 만약 프레임 형성을 억제한다면 인간을 인간답게 만드는 강력한 인지 기제가 훼손될 것이다. 오히려 프레임의 잠재력을 충족하기 위해서 또 다른 인지적 특성이 필요한데, 그것은 대안 세계를 상상하는 능력이다. 그리고 그러한 능력이 가장 필요한 곳은 바로 심성모형으로 지구온난화를 이해하려고 노력하는 곳이다.

4장
조건부적 사고

Counterfactuals

존재하지 않는 세계를 상상하면

지금 살아가는 세계를

초월할 수 있다.

1856년 8월 23일 아침, 뉴욕주 알바니에서 개최된 미국과학진흥회American Association for the Advancement of Science의 제8회 학술대회에 저명한 과학자들이 모였다. 31개 주에서 학회에 참여했고, 학회장은 최근에 발견된 결과로 떠들썩했다. 근처에 있는 더들리 전망대Dudley Observatory가 문을 연 것이 가장 큰 뉴스였는데, 이곳은 시·분·초를 정확하게 파악해야 하는 은행, 기업, 철도회사에 시간 제공 서비스를 판매하기 위한 목적으로 만들어졌다.

이 학회에서 논문의 여성 저자를 대신해 남성 학자가 발표한 논문이 있었고, 이 논문은 그 학회를 기념비적인 순간으로 만들었다.

스미스소니언협회Smithsonian Institution의 조지프 헨리Joseph Henry는 "과학에는 국경도 성별도 없다. 여성의 영역은 아름다움과 유용함에만 국한되지 않고 진실도 아우른다"라는 말로 발표를 시작했다. 지금은 익살맞은 성차별주의자의 말처럼 들릴 수도 있지만, 그것은 존경의 의미를 담은 표현이었다. 그는 짧은 인사말을 마치고 「태양 광선의 온도에 영향을 끼치는 환경Circumstances Affecting the Heat of the Sun's Rays」이라는 제목의 논문에서 유니스 푸트Eunice Foote가 수행한 실험을 설명하기 시작했다.[1]

푸트는 햇빛으로 뜨거워지거나 그늘에 가려졌을 때의 습하거나 건조한 공기를 비롯해 여러 종류의 공기 온도를 비교했다. 습한 공기는 예상대로 더 빠르게 가열되었다. 그런데 일상적인 공기와 탄산가스를 비교했을 때 놀라운 현상이 관찰되었다. 이산화탄소와 유사한 탄산가스가 더 높은 온도로 가열되었고 온도가 내려가는 데 더 오랜 시간이 걸렸다. 논문의 결론은 "대기 중의 탄산가스로 인해 지구의 온도가 상승한다"라는 것이었다. 푸트는 산업혁명의 한 가운데에서 미국과 유럽의 여러 도시가 공장이 내뿜는 회색 연기로 숨이 막히고 있을 때 지구온난화에 대한 경종을 울렸다.[2]

푸트의 연구는 19세기의 과학사에서 귀감이 되는 연구이자 인과관계에 관한 탐구였다. 그녀가 연구를 진행한 시점은 영국왕립협회 Britain's Royal Society의 존 틴달John Tyndall이 이산화탄소와 기후변화 사이의 연관성을 설명하여 역사책에 이름을 올리기 전이었다. 그 이후로 기후에 관한 연구는 점점 더 탄탄해졌고, 데이터는 점점 더 포괄적이 되었다. 그런데 21세기에도 여전히 기후변화 부정론자들이 존재하는 이유는 대체 무엇일까?

그 답은 대기 중의 탄소와 온도 상승 간의 인과적 연결이 충분하지 않다는 데 있다. 그중에서도 결정적인 질문은 인간에게 그 책임이 있는가다. 관련 데이터도 제한적인 설명밖에 내놓지 못하고 있다. 하키 스틱 그래프hockey-stick graph(하키 스틱 모양과 비슷한 곡선을 보이는 그래프로, 초반에는 평평한 상태로 하강하다가 변곡점 이후 급속도로 상승하는 형태를 지칭함 - 옮긴이)는 아무런 도움이 되지 않는다. 이를 해결하기 위해서는 다른 무언가가 필요한데, 그것이 바로 조건부적 사고로 무장한 심성모형이다.

조건부적 사고를 하면 가지고 있는 것과 그렇지 않은 것을 비교할 수 있다. 예를 들어 인간이 사는 행성과 인간이 살지 않는 행성을 비교할 수 있다. 그러나 지구는 단 하나밖에 존재하지 않기 때문에 실제로 실험을 진행할 수는 없다. 대신 상상할 수는 있는데, 바로 기후 모형을 사용해서 조건부적 시나리오를 구성하고 상상의 세계의 온도를 계산해서 기존의 자료와 비교하는 것이다.[3]

유니스 푸트가 자신의 논문을 발표한 지 132년 후의 여름에 기후 모형화 분야에서 기념할 만한 순간을 맞이했다. 이번에는 미국 상원의 에너지 및 천연자원 위원회US Senate Committee on Energy and Natural Resources 회의였다. 1988년 6월 23일, 워싱턴 DC의 기온이 섭씨 38도를 넘는 완전히 찜통 같은 날에 NASA의 과학자인 제임스 핸슨James Hansen은 세 가지 시나리오를 제시했다. 온실가스가 지금 상태를 유지하는 경우, 점진적으로 증가하는 경우, 갑작스럽게 늘어나는 경우. 세 가지 시나리오 모두 끔찍했다.[4]

그는 더위에 지쳤지만 완전히 몰입한 상원의원들에게 이렇게 말했다. "지구온난화의 영향은 이제 분명해져서 온실효과를 유발하는 원인이라고 할 수 있을 정도의 확신을 가지고 있다. 기후변화 시뮬레이션 결과를 보면 온실효과가 이미 일정 수준을 넘어서서 극단적인 결과가 발생할 확률에 영향을 주기 시작했다." 이전에도 기후변화를 보여주는 모형이 있었지만 이 정도로 심각한 상황이나 결과를 다루지는 않았다. 이는 곧 전 세계에 타전되었다. 상당히 진중하다는 평가를 받는 〈뉴욕타임스〉도 "지구온난화는 이미 시작되었다"라는 헤드라인으로 관심을 표명했다.

핸슨 연구팀은 세계 최고의 기후과학자와 응용수학자로 구성되었다. 이들 중에는 모형화의 중요한 부분을 담당하는 수학 전문가이자 논문의 제2저자인 이네즈 펑Inez Fung도 있었다. 펑은 유니스 푸트의 학문적인 계승자라고 할 수 있다.

푸트와 마찬가지로 펑도 그 분야를 핵심으로 전공하지는 않았다. 펑의 전공은 기상학이 아니라 수학이다. 1988년 기후 모형화 팀에서 유일한 여성이었다. 펑은 홍콩 출신으로 광둥어 억양을 조금 가지고 있었다. 대학 입학 면접에서 성적이 좋지 않은 이유를 묻는 질문에 불쑥 학교가 지루했다는 대답을 했는데, MIT에 합격했다.[5]

펑은 1979년에 핸슨 연구팀의 일원으로 기후변화를 분석하면서 데이터가 충분하지 않다는 것을 알게 되었다. 조건부적 사고에 근거한 데이터, 즉 지금 현재 지구의 상태를 보여주는 데이터가 아니라 앞으로 어떻게 될지에 대한 데이터를 사용해서 모형화를 수행해야 했다.

현재 버클리대학 기후과학과 교수로 재직 중인 펑은 한 인터뷰에서 "온도와 이산화탄소가 인과관계를 보여주지는 않는다"라며 "뉴욕시의 아이스크림 판매량과 살인율은 모두 여름에 상승한다"라는 비유를 들며 인과관계가 없는 상관관계일 뿐이라고 설명했다. "모형은 실제 시스템과 가장 가까운 추정치를 만들어낸다. 이를 통해 현상의 원인이 되는 과정과 원인이 아닌 과정을 구분할 수 있다. 이산화탄소 배출량이 바뀔 때 나타나는 변화를 예측할 수 있는 유일한 방법은 모형을 사용하는 것이다."

심혈을 기울여 모형을 만들어낸 덕분에 펑 연구팀은 지구와 유사한, 하지만 인간이 더 이상 이산화탄소를 배출하지 않는 상상 속의 행성을 만들 수 있었다. 인간이 가진 정교한 상상력이 없이는, 어떤 데이터나 기술도 그 자체만으로는 이러한 대안 세계를 보여줄 수 없다. 그런데 이렇게 상상하며 마음속에 그려보는 것은 아주 강력한 도구가 되어 우리가 기후변화를 계산하고 비교할 수 있게 해준다. 그리고 1988년 6월 어느 뜨거운 여름 날에 펑의 조건부적 모형을 사용하여 핸슨이 밝힌 대로, 인간이 지구온난화에 책임이 있다는 것을 확인할 수 있었다.

펑은 탄소 순환과 '이산화탄소 흡수계carbon sinks'라는 개념에 관해 폭넓고 획기적인 연구를 수행했다. 이산화탄소 흡수계는 광활한 대지와 바다가 대기 중의 이산화탄소를 끌어당기는 곳을 말한다. 이번에도 마찬가지로 데이터 자체가 아니라 조건부적 사고를 통해 연구를 진행했다.

대안 현실 상상해보기

우리는 세상이 어떻게 달라질 수 있는지에 대한 여러 가지 가능성을 살펴보고 몇 걸음 먼저 가보는 인생의 게임을 자주 생각해본다. 조건부적 사고는 우리를 둘러싼 현실을 넘어선 무언가를 보는 방법이다. '그렇게 될 수도 있었던 것' '그렇게 된 것' 그리고 '그렇게 될 수 있는 것'을 상상하는 능력이 없다면, 지금 그리고 여기에 '존재하는 것'에 영원히 갇힐 수도 있다.

조건부적 사고는 프레임 형성의 두 번째 구성 요소로, 자유분방한 공상과는 다르다. 지적인 저속한 농담도 아니다. 무작위적인 의식의 흐름이나 자유연상과는 달리 조건부적 사고는 초점이 분명하고 목적지향적이다. 그래서 조건부적 사고를 통해 세상을 이해하고 행동을 준비한다. 프레임에 포함된 인과관계를 이해해야 조건부적 사고가 가능하며, 무언가를 상상할 때 시간의 축에서 앞으로 또는 뒤로 움직일 수 있고 하나의 맥락에서 발생한 사건이 다른 맥락에서 어떻게 전개될지에 대해 생각할 수 있다.

조건부적 사고는 사실 매우 복잡한 과정이지만, 인간은 자연스럽게 조건부적 사고를 한다. 우리는 조건부적 사고를 함으로써 세상이 작동하는 방식의 빈틈을 메운다. 이는 가지고 있는 정보를 이해하는 동안 가지고 있지 않은 정보를 상상하는 방식으로 진행된다. 다음 문장을 살펴보자. "존은 왕이 되고 싶었다. 그는 비소를 구하러 나갔다." 잠시 동안 무언가 잘 연결되지 않는 것처럼 느낀다. 그래서 조건부적으로 사고해서 연결의 빈틈을 메우게 되는데, 이때 마음속으로 시뮬레이션을 해보면서 아마도 씁쓸한 미소를 지을 것

이다.[6]

조건부적 사고 덕분에 상황이 달라졌을 때 일이 어떻게 전개될지 상상할 수 있다. 2018년 월드컵 결승전에서 프랑스 축구팀이 크로아티아 팀을 상대로 득점했을 때, 프랑스의 공격수 앙투안 그리에즈만Antoine Griezmann이 27미터 거리에서 프리킥이 성공했음에도 불구하고 주심은 그의 골이라고 인정하지 않았다. 공식적으로 크로아티아의 수비수 마리오 만주키치Mario Mandžukić의 자책골로 기록되었다. 공은 수비수의 머리 위쪽을 스쳐 지나가면서 궤적이 바뀌었고 골키퍼의 손이 닿을 수 없는 곳으로 올라가면서 골망을 흔들었다.

주심은 판정을 내리기 위해 공이 만주키치의 머리에 닿지 않았다면 어떻게 되었을지 떠올려보았다. 머릿속으로 속도와 회전이 공의 궤적에 어떠한 영향을 주었을지 자신이 가진 지식을 사용해 가상의 궤적을 그려보았다. 그러고는 크로아티아의 골키퍼가 쉽게 공을 잡았을 것이라고 예측한 것이다. 만약 공이 수비수의 머리에 닿지 않았어도 골키퍼가 잡을 수 없다는 결론을 내렸다면 당연히 그리에즈만의 득점이라고 인정했을 것이다. 결국 주심이 조건부적으로 사고한 결과 득점자의 이름이 결정되었고, 만주키치는 매우 실망했다.[7]

조건부적 사고를 사용하여 인과 추론에 영향을 주는 일은 매우 흔하다. 2017년에 MIT와 다른 기관의 연구자들은 실험 참가자들에게 당구공이 당구대를 가로질러 튕겨나가는 것을 보여주고 반응을 살폈다. 연구자들은 공 하나가 다른 공에 부딪치면서 좁은 틈을 통과하거나 빗나가게 하고 참가자들이 그 장면을 볼 때의 눈 운동을 추적했다. 참가자들은 초점을 빠르게 옮기면서 당구공의 예상 경로를 시각적으로 상상했다. 다시 말해 조건부적으로 추론하여 어떻게 전개될지를 예측했다.[8]

NASA의 엔지니어가 달에 가본 적이 없었음에도 아폴로 11호가 달에 착륙한 순간 발생할 수 있는 (거의) 모든 상황을 예측했다는 것을 다시 떠올려보자. 그들은 이전 세대 과학자들의 발자취를 따르고 있었다. 무거운 물체가 가벼운 물체보다 더 빨리 떨어진다는 고대 그리스인들의 이론을 반박하기 위해 갈릴레오가 피사의 사탑에서 두 개의 물체를 떨어뜨린 일화는 매우 잘 알려져 있다. 하지만 지금은 실제로 갈릴레오가 물체를 떨어뜨린 적은 없고 조건부적 추론을 적용하여 머릿속으로 그렇게 해보았을 것이라고 생각한다.[9]

뉴턴의 사과, 아인슈타인의 시계(아인슈타인이 건물에 고정되어 있는 시계가 가리키는 시각과 움직이는 시계가 가리키는 시각이 다르다는 데서 착안하여 특수상대성이론을 내놓았다는 설이 있다 - 옮긴이), 슈뢰딩거의 고양이Schrödinger's cat(슈뢰딩거가 양자역학의 불완전함을 증명해 보이려고 고안한 사고 실험 - 옮긴이) 등 과학 연보를 보면 창작자가 통찰에 다다를 수 있게 해준 상상할 수 있는 대안 현실로 가득하다. 이들의 통찰은 중력에서 상대성 이론을 거쳐 양자이론에 이르기까지 세상에 대한 관점을 형성해왔다. 그리고 이러한 일은 과학에만 국한되어 있지 않다.

로마의 공화정에서 플라톤은 칼리폴리스Kalipolis라고 부르는 도시국가를 마음속으로 만들어 이상적인 형태의 정의가 작동할 수 있는 방법을 그려보고 평가했다. 물리적인 눈으로는 현재만 볼 수 있는 곳에서 마음의 눈으로 보면 가능성을 상상해낼 수 있다. '반사실 역사학counterfactual history'이라는 학문 분야에서는 역사의 연결고리가 다른 방향으로 휘둘렸다면 어떻게 전개되었을지를 조사하여 인간의 행위가 역사에 끼치는 영향을 심도 있게 이해하려고 노력한다. '일본이 진주만을 공격하지 않았다면?' 또는 '미국이 원자폭탄을 투하하지 않았다면?' 등과 같은 방식이다. 반사실 역사학의 가치에 대한 역사학자들의 의견은 진지한 통찰 또는 단순한 즐길거리로 양분되어 있다. 하지만 대안을 마음속으로 탐색하는 것은 상상력을 가동하여 실제 존재하는 것과는 다른 현실을 머릿속에 그려볼 수 있게 해준다.

대안 현실을 생각하는 일은 사실 상당한 수준의 인지적 처리와 폭넓은 종류의 기술을 필요로 한다. 조건부적 사고를 할 때는 심적 자원을 모두 가동해야 한다. 파킨슨병과 같은 뇌질환을 가진 사람들이 다른 인지적 과제보다 조건부적 사고에서 더 뒤떨어진다는 사실을 통해 이를 확인할 수 있다. 그들은 말하기나 추론에서는 전혀 어려움을 보이지 않지만 실제 존재하는 것에 대한 대안을 머릿속에 그려보는 일은 상당히 어려워한다.[10]

대안 현실을 상상하면 인과 추론, 즉 특정 효과에 대한 잠재적 원인을 검증할 수 있다. 그리고 조건부적 사고와 인과 추론은 서로를 강화시킨다. 인과관계가 없다면 의미 없는 사건으로 가득한 바다에서 익사할지도 모른다. 마찬가지로 조건부적 사고가 없다면 선택의 여지 없는 존재의 포로가 될지도 모른다.

유발 하라리는 자신의 저서 『사피엔스Sapiens』에서 종교에서 볼 수 있듯이 '상호주관적'인 아이디어를 공유하면서 협력하고 소통하는 인간이 가진 특별한 능력의 중요성을 설명했다. 그가 쓴 인상적인 문구를 보자. "원숭이를 설득하여 지금 우리에게 바나나를 준다면 죽은 뒤 원숭이 천국에서 무한히 많은 바나나를 갖게 될 거라고 믿게끔 만드는 일은 불가능하다."[11]

그리고 실제로도 그렇다. 가치를 전달하는 능력은 인간이 가진 특성이다. 그러나 이보다 더 근본적인 능력이 있다. 오로지 인간만이 발생한 적이 없는 시나리오를 상상할 수 있다. 그건 실제로 존재하지 않는 바나나일 수도 있고 원숭이의 반응일 수도 있다. 그것이 바로 조건부적 사고의 힘이다.

가상 놀이의 세계

대안 현실을 상상하는 것은 아주 어렸을 때 했던 놀이 같은 것이다. 사실 인간은 아동기가 상당히 길다. 인간이 심리학에서 '보호된 미성숙protected immaturity'이라고 말하는 긴 아동기를 가지고 있는 이유는 특히 이 시기에 대안 현실을 상상하는 훈련을 하기 때문일 수도 있다. 놀이라는 일반적인 용어로 표현하기는 하지만, 젖먹이 아기와 걸음마를 시작하는 아기들은 세상을 탐색하고 일이 어떻게 돌아가는지를 알아내려고 노력하면서 대부분의 시간을 보낸다.

어린 동물도 놀이를 하는 것으로 알려져 있기는 하지만, 이들의 놀이는 성숙했을 때 행할 행동을 모방하는 것으로 싸움이나 사냥, 기타 다른 행동을 연습하기에 비교적 위험하지 않는 환경에서 이루어진다. 인간도 마찬가지로 성인이 되었을 때 사용할 기술을 모방하는 것이 어린아이들의 놀이이긴 하지만, 현실세계에 머무르지 않고 상상의 세계로 이어진다. 아이들은 '가상 놀이pretend play'를 하면서 대안 현실을 상상하는 능력을 갈고닦는다.

어린아이들의 심적 능력이 항상 높게 평가되지는 않았다. 1700년대에 루소는 아이를 "완벽한 멍청이perfect idiot"이라고 불렀다. 1800년대 후반 미국의 심리학자 윌리엄 제임스William James는 아이의 심적 능력을 "엄청난 능력을 가진, 그런데 무언가 혼란스러운 상태"라고 묘사했다. 지그문트 프로이트는 어린아이가 도덕 관념이 없고 이기적이며 현실과 환상을 구별하지 못한다고 생각했고, 심리학자 장 피아제Jean Piaget는 이를 "전인과적pre-causal"이라고 칭했다. 2009년에 미국의 풍자 언론 〈어니언The Onion〉은 분노한 부모의 생각을 다음과 같은 헤드라인으로 압축했다. "새로운 연구 결과를 통해 대부분의 아이가 수치심을 모르는 소시오패스라는 것이 드러났다."[12]

유아의 인지 능력에 대한 평가는 지난 수십 년에 걸쳐 중요한 변화를 겪어왔다. 지금은 아이들이 인과관계와 조건부적 사고에 대해 정확하게 인식하고 있다는 것을 알고 있다. 이 분야의 세계적 전문가로 버클리대학 심리학과 교수 앨리슨 고프닉Alison Gopnik을 들 수 있다.

고프닉은 여러 방면에서 항상 아이들의 세계에 있었다. 그녀는 자신을 여섯 명 중 맏이로 태어났고 "박식한 분위기"에서 자라났으며 (지금은 유명한 작가와 지식인으로 활동하는) 형제자매를 지켜보았다고 묘사했다. 필라델피아의 공공주택에서 학구적인 부모와 함께 살았으며, 수입은 적었지만 문학·음악·예술의 영향을 매우 풍요롭게 받으며 자랐다. 취학 전에는 핼러윈데이에 남동생인 애덤과 함께 햄릿과 오필리아 차림을 하고 사탕 놀이를 했다. 15세가 되면서 대학 강의를 듣기 시작했다. 22세에 옥스퍼드대학에서 박사과정을 밟으면서 임신을 했다. 발달심리학을 전공했고 연구실에 작은 아기놀이터를 만들었다.[13]

고프닉은 '이론 이론theory theory'으로 알려진 심리학 분야의 대표적인 연구자다. 기본 개념은 아주 어린 아이도 과학자가 실험을 진행할 때 사용하는 인과 추론과 조건부적 추론을 사용하며 심성모형을 발달시킨다는 것이다(한마디로 아이도 이론적으로 생각한다는 이론이다). 고프닉에 따르면, 과학자가 이런 방식으로 추론을 하면 '연구'라고 부르고, 아이들은 '모든 것에 열중한다'라고 한다.

고프닉은 아이들이 조건부적 인과 모형을 사용하는 모습을 빗대어 "요람 속의 과학자Scientist in the Crib"라거나 "아기 철학자 Philosophical Baby"라고 묘사한다(그녀가 쓴 베스트셀러 책 제목이기도 하다)[14](우리나라에서는 『우리 아이의 머릿속』이라는 제목으로 출간되었다 - 옮긴이). 그녀의 실험실에서는 세 살 정도의 아이가 인과 기제와 대안 현실을 이해한다는 것을 보여주는 몇 가지 기발한 실험을 고안해냈다. 그중 하나가 '잔도검사zando test'다(잔도는 실험에 사용하기 위해 개발한 형형색색의 재미있는 모양을 한 물체).[15]

잔도검사의 첫 번째 단계에서 아이들은 재미있게 인과관계를 배운다. 예를 들면 잔도를 기계 위에 올리면 생일을 맞은 원숭이라는 이름의 인형을 놀래키기 위해 노래가 나오는 것과 같은 방식이다. 검사의 핵심 단계에서는 가면놀이 또는 가상 놀이에 집중한다. 다른 아이 한 명이 놀이에 참여하여 기계와 잔도를 빌리고 싶다고 말하고 가져가버린다. 연구자는 아직 원숭이를 놀라게 하지 못했다며 아쉬워한다. 물론 그다음에 무언가가 진행된다.

연구자는 상자 하나와 색깔이 다른 두 개의 블록을 가져온 다음, "이 상자를 기계라고 생각해보자. 이 블록이 잔도고 저 블록은 잔도가 아니야. 자, 이제 원숭이를 놀래킬 수 있을 거야"라고 말한다.

그러고 나서 "기계에서 노래가 나오는 것처럼 해보려면 어떤 블록을 사용해야 할까?"라고 물어본다. 그다음에 블록의 역할을 바꾸고 질문을 반복한다.[16]

이때쯤 되면 설명이 너무 복잡해 보여서 성인도 문장을 주의 깊게 분석해서 그 의미를 파악해야 한다. 하지만 빠르게 대안 현실을 상상해본 아이들에게는 아주 쉬운 일이다. 아이들은 이런 능력을 통해 자신을 둘러싼 세상과 더 잘 교류하고 세상을 더 잘 인식하게 된다. 물론 원숭이는 생일 축하 노래를 들었다.

이런 가상 놀이를 통해 인간은 조건부적 사고를 준비한다. 고프닉은 "가상 놀이에 더 능숙한 아이들이 조건부적 사고를 통한 추론에도 더 능숙할 수 있다"라고 주장했다.[17] 그녀는 농담 반 진담 반으로 아기와 어린아이를 인류의 "연구 개발" 부문이라고 부르는 반면 성인은 조금 더 평범하게 들리는 "제조와 마케팅" 부문이라고 부른다.[18]

심적 예행연습

상상은 아동기에 끝나지 않는다. 우리는 인생 전반에 걸쳐 조건부적 사고에 기반한 현실세계를 구축하는 능력을 단련한다. 문학과 예술을 생각해보라. 대담한 업적, 섬뜩한 위협, 극심한 시련에 관한 이야기가 우리를 얼어붙게 한다. 그 이야기는 길 수도 짧을 수도, 희극일 수도 비극일 수도, 보기 드물 수도 상당히 진부할 수도 있다. 하지만 우리는 이야기를 해주고 듣는 것을 좋아한다.

이야기는 진화적으로 유용했는데, 그 이유는 조건부적 사고로 우리의 추론을 정확하게 하는 데 도움이 되기 때문이다. 이야기는 생생하고 상상력이 풍부한 생각을 하는 발판이 된다. 종교적 전통에 대한 성서를 구성하는 이야기에서 '보통 인간' 머글Muggle을 기쁘게 해주는 해리포터 시리즈에 이르기까지 모험에 관한 서사는 여러 문화와 시대의 특징이다. 소금과 설탕이 원초적인 방식으로 인간의 식욕을 돋우듯이 이야기는 우리의 마음을 자극한다. 이야기는 대안 현실에 관한 시나리오를 떠올려서 그 안에서 인간이 어떻게 행동할지 생각해보게 해주는 플랫폼이다. 이야기는 선택지를 평가해서 결정을 내리는 데 도움이 된다. 이렇게 이야기는 인간의 프레임 형성 기술을 확장하고 개선한다.

대안 세계에 관한 이야기를 만들거나 들을 때 우리는 상상력을 동원해서 머릿속에서 실행해본다. 특정 상황에서 이어지는 것, 해야 할 것, 하지 말아야 할 것을 생각한다. 어떤 이야기가 '끌어당긴다'고 할 때, 말 그대로 이야기 속으로 우리를 끌어당긴다. 우리의 생각이 머릿속에서 형상화한 대안 세계에 스며들면서 마치 실제인 것처럼 느낀다. 몇 개의 문장만으로 풍부한 심적 이미지를 떠올릴 수 있다. 문학작품에서 발췌한 토막 글을 살펴보자.[19]

18세기 프랑스를 묘사한 파트리크 쥐스킨트Patrick Süskind의 소설

『향수Perfume』의 첫 구절이다.

우리가 말하는 동안 도시는 지금의 우리가 거의 상상할 수 없을
정도의 악취가 진동했다. 거름 냄새가 가득한 거리, 소변을 보는
마당, 쥐의 배설물 냄새가 나는 썩은 나무계단, 상한 양배추와 양
고기의 기름때로 절어 있는 주방…… 땀 냄새와 빨지 않은 옷의
악취를 풍기는 사람들 그리고 그들의 입에서 나는 썩은 냄새.

에리히 마리아 레마르크Erich Maria Remarque는 반전 소설『서부 전
선 이상 없다All Quiet on the Western Front』에서 1차 세계대전을 이렇게
묘사했다.

우리는 두개골의 윗부분이 없어진 채로 살아 있는 사람을 보았다.
두 발에 총상을 입고 도망가는 군인들을 보았다. 그들은 포탄으로
움푹 패인 구덩이 끝에 걸려 넘어진다. 입이 없어지거나 아래턱이
사라지거나 얼굴이 없는 군인들도 있다. 한 사람은 팔의 동맥을
꽉 조인 끈을 이로 두 시간 동안 물고 있어서, 과다 출혈로 사망하
지 않았다.

치마만다 응고지 아디치에Chimamanda Ngozi Adichie의 소설『아메리
카나Americanah』의 선정적인 장면이다.

그녀는 그에게 기대어 키스했다. 처음에는 그의 반응이 느렸다. 그는 천천히 그녀의 블라우스를 끌어올린 다음 브래지어 컵을 아래로 밀어내려 가슴이 드러나게 했다. 그녀는 그가 포옹할 때의 안정감을 분명히 기억했다. 그렇지만 그들의 재결합에 새로운 점도 있었다. 그들의 육체가 기억한 것도 기억하지 못한 것도 있었다. (…) 그후 두 사람은 미소를 짓고, 이따금 환하게 웃었다. 그의 옆에 누워 있는 그녀의 몸에 평화로운 기운이 퍼졌다. 그녀는 '사랑을 나눈다making love'는 표현이 얼마나 정확한 것인지 생각했다.

이미지가 생생히 그려진다. 이미지로 나타내려는 것이 냄새든, 전쟁의 고통이든, 성적인 관능이든 간에 우리가 저자의 창작세계에 점점 빠져든다는 것이 핵심이다. 일단 그 세계에 들어오고 나면, 상황을 상상하기 시작하고 여러 가지 발생 가능한 것들로 머릿속을 가득 채운다.

이야기를 듣거나 읽을 때 머릿속에 떠오르는 것은 실제로 실행에 옮기면 더 잘 떠오른다. 극장이 상당히 많은 사회에 존재하는 중요한 이유 중 하나는 그 세계에 스며들어 다른 삶의 경험에 관한 조건부적 사고를 실행에 옮겨 가능한 선택지를 곰곰이 생각해보게 만들기 때문이다. 연극이 어떻게 끝날지 알고 있는 그리스 드라마의 합창단은 관객에게 자신들이 어떻게 하면 영웅이 비극적 운명을 피할 수 있을지 생각해보라고 간청했다. 『시학Poetics』에서 아리스토텔레스는 비극의 역할이 나쁜 감정을 몰아내고 카타르시스를 경험하게 한다고 선언한다. 우리는 스스로를 다른 인물에 투영하고, 그 인물이라면 어떻게 행동했을지 상상해본다. 이렇게 대안을 떠올리고 그 가능성을 탐색해본다.

영화산업의 초창기부터 영화는 다른 세계를 보여주었다. 초기의 단편영화는 일상에서 경험하는 장면인 '실제'를 포착했기 때문에 사실은 최초의 다큐멘터리라고 볼 수 있다. 곧이어 영화 제작자는 기술적인 속임수로 실험하기 시작했다. 이들은 사람들이 나타나거나 사라지게 만들었고, 손발을 길게 늘였으며, '비현실적인' 상황을 만들기도 했다. 초기에 큰 성공을 거두었으나 신기함은 금세 사라졌고, 연극과 문학처럼 이야기를 들려주는 영화로 대체되었다. 이런 영화는 분명히 더 포괄적이며, 촘촘히 짜여서 지속될 수 있는 대안 현실을 제공했다.

문학, 회화, 조각, 연극, 영화, 라디오, 텔레비전은 모두 대안 현실을 경험하게 해주지만 상호작용을 할 수 있게 해주지는 못한다. 우리의 마음속에서, 또는 역할극이나 애니메이션 코스프레를 통해 다른 사람의 마음속에서 실행해볼 수 있지만, 직접적으로 다루어볼 수는 없다. 그런데 비교적 최근에 출시된 매체가 변화를 이끌고 있다.

비디오 게임 디자이너 브렌다 로럴Brenda Laurel은 1993년에 출간한 저서 『컴퓨터는 극장이다Computers as Theatre』에서 컴퓨터 게임의 본질은 사용자가 대안 현실에 영향을 주게 하는 것이라고 주장했다.[20] 그 이후로 마술 버섯에서 점프하는 마리오부터 월드 오브 워크래프트World of Warcraft, 포트나이트Fortnite, 어몽 어스Among Us 그리고 도타에 이르기까지 컴퓨터 게임은 크게 발전했다. 이런 게임은 우리가 알고 있는 세상의 요소를 일부 차용하지만 새롭고 색다른 것을 소개한다. 이런 게임은 익숙한 것과 새로운 것의 조합 그리고 이런 요소를 다룰 수 있는 능력이 있는 사람의 시선을 끈다.

모뉴먼트 밸리Monument Valley가 딱 들어맞는 사례다. 표면적으로 이 게임에서는 아이더Ida라는 이름을 가진 작은 인물이 3차원의 기하학적 풍경을 가진 에스체리아Escheria 세상을 항해하여 특정 장소에 도착한다. 하지만 그곳에 도달하는 방법은 미스터리다. 환경에서 조작할 수 있는 부분은? 가능하다면 어떻게?

이 게임을 보거나 해본 적이 있는 사람은 미니멀리즘, 복잡함, 정교함을 모두 갖춘 상상의 세계의 화려한 우아함에 매료되었다. 계단, 돌, 버튼, 다이얼 그리고 다른 그래픽 아이템과 상호작용하기 시작하면 실제 공간에서는 존재할 수 없지만 가상세계에서는 사용될 수 있는 형태로 바뀐다. 우리가 아는 현실과 항해하는 가상세계 사이의 인지 부조화가 모뉴먼트 밸리를 매우 매력적으로 만든다. 이렇게 인간은 조건부적 사고에 사로잡히고 만다.

책을 읽든 비디오 게임을 하든 몽상에 잠기든 간에 이러한 심적 행위를 하는 동안 우리는 인지적으로 쉬고 있는 상태가 아니다. 심지어 카우치 포테이토couch potato(소파에 앉아 텔레비전만 보는 사람 -

옮긴이)도 감자처럼 그저 소파에 앉아 있는 것 이상의 무언가를 한다. 대안 현실을 경험하고 다루어보면서, 즉 마음속으로 구성한 조건부적 사고로 세계를 평가하면서 선택지를 신중하게 고민하고 판단도 더 잘하게 될 것이다. 우리는 마음을 훈련시키고 프레이머로서 기술을 연마한다.

조건부적으로 사고하는 것은 전문적인 교육의 초석이기도 하다. '사례기법case method'에 그 예시가 잘 드러나 있다. 이 기법은 경영대학원과 가장 밀접하게 연결되어 있는데, 그 시초는 하버드대학이었다. 용어에서 힌트를 얻을 수 있듯이 경영자가 아닌 법률가로부터 시작되었다(case는 법률용어로 '사건'이다 – 옮긴이). 1870년에 하버드 법학대학원의 학장으로 새롭게 취임한 크리스토퍼 컬럼버스 랑델Christopher Columbus Langdell은 법학 교육의 실태를 확인하고 좌절했다. 한쪽에서는 법전을, 다른 한쪽에서는 매우 추상적인 생각을 학생들의 머릿속에 강제로 집어넣고 있었다. 이런 방식이라면 학생도 실패하고, 사회도 실패할 것이 틀림없었다.

랑델은 새로운 해결책을 생각해냈다. 표본이 될 만한 법적 상황을 찾아서 깊이 있게 분석한 다음, 이에 관해 학생들이 다양한 논조로 토론하게 한 것이다. 언제든 조건부적 사고를 할 수 있는 초청장과 다름없었다. 하루는 일반적인 강의를 하는 대신 학생들에게 "사건을 진술하라!"라고 말한 다음 가설적 상황을 만들어 그들에게 도전장을 내밀었다. 학생들은 가상 상황을 바탕으로 조건부적 사고를 해서 대안 현실을 상세하게 그려내 토론해야 했다.

사실 급진적인 교육방식이긴 했다. 사례기법은 규칙을 전달하는 대신 신참 변호사들이 대안적 방법으로 상황을 재고하도록 도왔다. 그리고 이 방법은 성공을 거두었다. 하버드는 스마트 강의실 토론으로 화제가 되었다. 학생들은 그저 교수의 강의를 수동적으로 소화하기보다 법적인 논쟁을 평가하고 조건부적 사고를 통해 법을 살펴보았다. 이후 법학 교육이 이루어지는 거의 모든 곳에서 이 방법을 받아들였고 변화는 여전히 진행 중이다.[21]

50년 후인 1919년에 월러스 더넘Wallace Donham은 11년 전에 설립된 하버드 경영대학원의 두 번째 학장으로 임명되었다. 더넘은 법학대학원에서 사용하는 사례기법을 잘 알고 있었고, 경영학 교육에도 이 기법을 적용하고 싶었다. 문제는 법률 사례처럼 경영학에서 '사례'가 없었다는 것이다. 그래서 교수진에게 학생들이 고민할 만한 자료와 함께 고전적인 사업적 결정을 기술한 짧은 논문으로 구성된 책을 집필해달라고 의뢰했다. 2년 후, 「제너럴 슈즈 컴퍼니 The General Shoe Company」라는 제목에 왼쪽 상단에 '보안 유지' 표식이 붙은 첫 번째 사례집을 학생들에게 배부했다.[22]

이 형식으로 학생들에게 수많은 정보를 제공하여 경영자의 입장에서 문제에 직면하게 했다(실제 상황에서처럼, 정보 중 일부는 문제와 관련이 없었고 불완전했다). 학생들은 선택지를 떠올린 다음 평가하고 결정하고 자신의 결정을 정당화해야 했다. '회사가 개발

중인 파격적인 신제품에 투자해야 하는가, 아니면 기존 제품을 점진적으로 개선하고 마케팅을 강화해야 하는가?' '만약 다른 업체와 경쟁하는 것이 아니라 가장 큰 경쟁 업체를 인수하는 데 투자한다면 어떻게 될까?' '제품을 개별적으로 판매하는 것이 아니라 일부 제품을 묶어서 팔아야 할까?' 교수는 현실처럼 보이는 상황에서 학생들이 수많은 제한점을 바탕으로 조건부적 사고를 수행하여 서로에게 도전할 수 있도록 토론을 이끌었다(그리고 학생들은 티나지 않게 교수의 눈도장을 얻으려고 경쟁했다).

학생을 자극해서 조건부적 사고를 적극적으로 수행하게 하는 사례 연구 기법은 이제 여러 분야에서 사용된다. 의대에서는 의사 지망생이 이른바 '감별진단differential diagnosis'을 하도록 독려한다. 감별 진단은 뚜렷이 구별되는 대안적 설명을 찾은 다음 하나씩 제거해나가는 방식이다. 프로 운동선수들은 '영상 분석 연구'를 한다. 경기 상황을 복기해서 모든 종류의 가정what-if를 찾아낸 다음 이 중에서 우위에 설 수 있게 만들어주는 방식을 선택한다. 유명한 NFL 쿼터백 페이턴 매닝Peyton Manning은 이 기법의 효능을 무척이나 신뢰했다.[23]

시간을 들여 대안 세계에 참여하는 것은 인간이 가진 특징이다. 물수리osprey는 오페라를 보러 가지 않고 원숭이는 영화를 보러 가지 않는다. 의대생이 학교에서 힘든 시간을 보낸 다음 컴퓨터 게임 도타를 하면서 긴장을 풀 때, 두 가지는 매우 다른 행동으로 보일지 모른다. 하지만 두 가지 모두 연속적인 가정의 흐름을 통한 심적 시뮬레이션과 관련되어 있으며, 이를 통해 프레임 형성 능력을 유지하고 확장하는 기술을 연마한다.

추상적 개념부터 대안까지

조건부적 사고의 역할은 존재하지 않는 것을 상상하게 도와주는 것을 넘어서 강력한 추가적 이득을 제공한다.

먼저 이미 정해진 길만 있다는 '인과적 결정론'에 대한 균형추 역할을 한다.[24] 프레임 형성 과정의 일부분인 인과 추론은 특정한 인과적 역학관계에 초점을 맞춘다. 인과적 역학관계에 초점을 맞추면 상황을 신속하게 이해할 수 있으므로 유용하다. 초코칩 쿠키 하나를 아껴서 남겨두었는데 과자 상자가 비어 있다면 인과 추론 엔진이 과하게 작동하여 바로 아이들을 나무랄 수도 있다. 그런데 만약 추론이 틀렸다면 어떨까? 갑자기 허기를 느낀 배우자가 과자 상자에서 꺼내 먹은 것이라면?

여기가 바로 조건부적 사고가 빛을 발하는 지점이다. 우리는 대안 현실을 떠올릴 때 있을 수 있는 여러 가지 원인도 생각한다. 이렇게 하면 특정한 인과적 결론에 너무 빠르게 도달하는 것을 막을 수 있다(그리고 천사 같은 아이들을 쓸데없이 꾸짖는 일도 하지 않는다). 그 이유는 처음에 생각했던 것과는 다른 원인일 수 있다는 것을 상기시켜주기 때문이다. 그래서 좀 더 열린 마음으로 세상을 바라보면서 첫 번째 인과 가설을 뛰어넘을 수 있다.

쿠바의 미사일 위기가 한창일 때 존 F. 케네디John F. Kennedy 대통령은 조건부적 사고를 통해 이런 방식으로 일을 수행했다. 1962년 10월 16일 아침, 대통령과 참모들은 소련이 플로리다에서 고작 140여 킬로미터 떨어진 쿠바에 핵 미사일을 배치하고 있는 항공사진을 확인했다.[25] 군 당국은 즉시 대규모 공격을 감행하여 미사일 설치 장소를 파괴해야 한다고 주장했지만 케네디는 결정을 미루고 신중하게 생각하기 시작했다. 사실 그는 전에 크게 데인 적이 있었다.

1년 6개월 전이었다. 대통령 임기를 시작한 지 3개월쯤 되었을 때, 그는 쿠바의 피그스만에 망명자들을 침투시켜 새로운 정부를 세우려는 비밀 계획에 동의했다. 하지만 계획은 참혹하게 실패했다. 계획을 점검할 때 나타나는 다양한 관점과 대안적 사고의 결핍은 의사결정 분야의 새로운 용어인 '집단사고groupthink'를 대중에게 널리 알리는 계기가 되었다. 젊은 대통령은 그런 일이 다시 발생하게 놔두지 않았다.

대통령은 훨씬 더 심각한 위기를 마주했음에도 참모들에게 상황을 설명할 수 있는 다양한 의견을 제시하라고 요구하여 미군 장성들이 반사적으로 제안한 폭격 작전을 넘어서는 여러 가지 잠재적 해결책을 논의했다. 다시 말해 케네디 대통령은 상상력을 적극적으로 이용해서 한쪽 방향으로만 생각하는 유혹을 뿌리칠 수 있었다.

케네디의 대처 방식은 유효했다. 케네디의 참모들은 선택지를 두 개로 줄인 다음 자신들의 지위나 부서를 고려하지 않고 솔직하고 진지하게 논의를 이어나갔다. 그 결과 폭탄 공격이 아닌 봉쇄를 선택했고, 터키에서 미군의 미사일 제거를 권고했다. 그 덕분에 소련은 쿠바에서 무기를 철수해도 체면을 잃지 않을 수 있었다. 결국 소련은 물러섰고 핵 전쟁을 사전에 차단했다. 케네디 대통령은 18개월 전에 피그스만 작전으로 이끌었던 집단사고를 다시 범하지 않고 조건부적 사고를 통해 인과적 결정론에서 벗어날 수 있었다.

두 번째 이점은 조건부적 사고를 하면 인과관계를 더 잘 생각하게 된다는 것이다. 연구 결과를 보면, 조건부적 사고를 했을 때는 그러지 않을 때보다 인과 추론이 개선되었다. 더블린에 있는 트리니티칼리지의 인지과학자 루스 번Ruth Byrne은 조건부적 사고를 하면 우리의 초점을 깊게 하기보다는 넓혀주는 선택지를 떠올리기 때문에 매우 도움이 된다고 주장한다. 우리는 선택지를 떠올릴 때 인과관계를 생각한다. 이때 하나의 원인에만 집중하면 상상력을 자극하지 못한다. 따라서 대안 현실의 상상이 성공적인 프레임 형성의 핵심 요소다.[26]

세 번째 이점은 우리가 손쉽게 적용할 수 있는 방식으로 상호작용한다는 것이다. 상황을 상상하고 머릿속에서 이리저리 실행해보면, 마치 구경꾼이 눈앞에 펼쳐지는 대안 현실을 지켜보는 것처럼 경험할 수 있다. 상황이 어떻게 전개될지에 대해 힘들여 개념화할 필요 없이, 상상한 것을 간단히 보기만 하면 된다. 상세하게 설명하기보다 좀 더 시각적으로 표현하는 것이다. 존재하지 않는 무언가를 순전히 개념적인 용어로 생각하기보다는 머릿속에 그려보는 것이 더 쉽다. 저명한 심리학자 대니얼 카너먼이 언급한 대로 "심적 시뮬레이션의 가장 중요한 측면은 구성이라는 행위가 아니라 관찰이라는 행위로 경험하는 것이다". 다시 말해 '결과는 의도된 것이 아니라 관찰된 것'이라는 의미다.[27]

네 번째 이점은 암묵적 지식을 활용하는 것이다. 상황 전개에 관한 대안적인 방식을 상상하면서 우리는 세상의 작동방식에 대한 많은 지식을 활성화한다. 이러한 지식에는 조건부적 사고를 하지 않으면 표현하기 어려운 인과적 통찰도 포함된다.

조건부적 사고로 암묵적 지식에 도달하는 방법은 1980년대와 90년대에 방영된 미국의 TV 프로그램 〈맥가이버Macgyver〉의 반복되는 주제이기도 하다. 프로그램의 주인공은 비밀스러운 싱크탱크에서 일하는 괴짜이면서 총을 소유하지도 폭력을 사용하지도 않는 사람이었다. 그는 궁지에 몰렸을 때 기지를 발휘해 주변에 있는 일상적인 물건을 사용하여 그 상황에서 벗어나야 했다. 예를 들어 촛대 두 개, 마이크 줄, 고무 발판을 가지고 제세동기를 만든다. 줄에 묶였을 때는 두 발로 새총을 만들어 근처의 기둥을 향해 황산 병을 발사해서 자신을 묶고 있는 줄을 태워버렸다. 미사일의 뇌관을 제거

하기 위해 회로의 배선을 바꾸어야 했을 때, 맥가이버는 자신의 전매특허인 구부린 클립을 사용했다.[28]

창의적 해결책을 도출하기 위해서는 외견상 분명히 보이는 사용법을 넘어서서 특징을 활용하는 조건부적 사고를 해야 한다. 맥가이버는 대상의 작동방식을 있는 그대로가 아니라 추상화해서 활용했는데, 이는 MIT의 레지나 바질레이가 분자의 구조가 아니라 항균 혼합물의 기능에 관심을 가진 것과 같은 방식이다.

마지막 다섯 번째 이점은 목적의식을 부여한다는 것이다. 조건부적 사고를 하면 행위와 행위자에 대한 개념을 꺼내어 표현하게 된다. 인과적 연결을 살펴보면 사건의 발생 원인을 이해할 수 있고, 대안 현실을 상상하면 선택을 할 수 있기 때문에 행동으로 이어진다. 대안 현실을 통해 여러 가지 선택 상황이 어떻게 전개될지를 상상해보면, 예측 가능성과 통제감을 얻는다.[29] 이러한 인간의 역량이 근본적으로 인과 프레임 형성을 가능하게 하는 핵심 가치다. 인간은 조건부적 사고를 통해 선택지를 선택하고 결정할 수 있다. 조건부적 사고는 우리의 관심을 행위에 대한 이해에서 결정에 대한 이해로 옮긴다.

이것이 바로 인간의 비범함이다. 조건부적 사고를 익히지 못한 것은 물수리나 원숭이만이 아니다. 기계도 마찬가지다. 기계는 현실세계의 데이터를 처리하는 데 상당한 시간과 노력을 쏟아서 결과를 개선하지만, 아직 인간의 발자취를 따라가지는 못한다.

자율주행 자동차

어느 모로 보나 왼쪽으로 꺾인 평범한 길이어서 그저 부드럽게 좌회전하면 되었다. 그러나 무언가 끔찍하게 잘못되고 있었다. 차는 너무 오른쪽으로 치우쳐서 위험하게 도로변으로 접근하고 있었다. 차는 방향을 거의 바꾸지 않았고 곧 충돌할 것처럼 보였다. 브레이크를 힘껏 밟아 빠르게 속도를 줄였지만, 도로 경계석에 강하게 부딪혀서 거의 도로를 벗어날 뻔했다. 결국 그렇게 화면의 얇은 보라색 화소 선에 멈추었다.

이 작은 사고는 구글의 자율주행 자동차 회사인 웨이모Waymo의 컴퓨터 서버에서 발생한 일이었다. 이 디지털 시뮬레이션은 모든 자율주행 차량의 심각한 단점을 극복하기 위해 설계되었다. 드물게 발생하는 사건은 당연히 관련 데이터가 부족하다. 10년이 훨씬 넘는 기간 동안 업계는 실제 도로에서 수집한 데이터로 자율주행 시스템을 작동시키는 인공지능 모형을 훈련시켜왔다. 정교한 센서와 비디오 카메라를 장착한 일군의 차량들이 거리를 돌아다니며 초당 엄청난 양의 데이터를 수집했다. 관련 회사들은 운전의 본질을 파악하기 위해 실제 운전 상황의 자료를 조사했다.[30]

이 방법은 최소한 어느 정도는 유효했다. 자동차는 확실히 달릴수는 있었다. 그러나 흔하지 않은 상황을 다루지는 못했다. 그 이유는 기계학습 알고리즘을 훈련시킬 데이터가 충분하지 않았기 때문이다. 한겨울 도로에 갑작스럽게 블랙 아이스가 나타나듯이, 느닷없이 비닐봉지가 바람에 날려 날아오거나 도로 한가운데에 매트리스가 놓인 상황을 생각해보자. 이럴 때 웨이모는 당황한다. 실제 주행 데이터를 더 많이 추가한다 해도 데이터의 대부분은 일반적인 운전 상황이기 때문에 시스템 개선에는 크게 도움이 되지 않을 것이었다.

그래서 웨이모는 드문 상황으로 가득한 대안 현실을 만들었다. 시뮬레이션 데이터를 생성하는 시스템은 카크래프트Carcraft로 불렸는데, 비디오 게임 월드 오브 워크래프트를 보면 쉽게 이해할 수 있다.[31] 카크래프트는 2만 개의 기반 시나리오를 제공하는데, 여기에는 극도로 드물지만 사람이 상상할 수 있는 사건으로 가득한 상황도 포함되어 있다. 웨이모의 25,000개 가상 차량은 달을 15회 왕복할 수 있는 거리인 1,600만 킬로미터를 매일 달린다.[32] 웨이모가 학술지에 게재된 논문에 기술했듯이, 그 목적은 "단지 좋은 상황을 모방하기보다는 나쁜 상황을 시뮬레이션하는 것"이다.

이 기반 시나리오는 '퍼즈시험fuzzing'(소프트웨어의 취약점을 찾기 위해 무작위로 데이터를 입력하여 예외 오류를 발생시킨 뒤 원인을 분석하는 시험 – 옮긴이)이라 불리는 처리 과정을 통해 형태를 약간 변형한 조건부적 사고다. 다른 자동차의 속도와 거리를 바꾸거나, 야간 또는 우중에 운행하거나, 길을 가로질러 달려가는 사람을 추가하는 방식이다.[33] 일종의 가정의 세상이다. 개별 시나리오마다 카크래프트가 여러 가지 다양한 반응을 만들어서 시스템을 훈련시키는 데 사용한다. 웨이모는 성능을 개선해서 2020년에는 인간 운전자가 개입하지 않고 5만 킬로미터가 넘는 거리를 달릴 수 있었는데, 이는 경쟁사보다 훨씬 더 우수한 성과다.[34]

인공지능이 도타 2에서 이기기 위한 인과 프레임을 충분히 가지고 있지 않아서 사람들이 그런 프레임을 삽입해주어야 하는 것처럼, 컴퓨터도 스스로 조건부적 사고를 수행할 수 없어서 사람들이 공급해주어야만 한다. 카크래프트의 드문 시나리오 역시 기계가 대안 세계를 상상한 결과도 아니고 극단적인 사건을 무작위로 생성한 것도 아니다. 그것은 사람들이 생각해낸 것이다. 실리콘밸리와 그 외 지역의 초합리주의자는 기계에 운전뿐 아니라 그 이상을 넘겨주고 싶어한다. 하지만 그것은 실제로 일어나고 있는 일을 지나치게 단순화한 것이다. 사람들은 꼭두각시 인형의 조종사처럼, 배후에서 인공지능에 달린 실을 당기고 있다.[35]

조건부적 사고는 이전에 접한 적이 없는 상황을 이해하고 이를 통해 이해를 향상하여 결정에 영향을 주는 인간의 인지적 역량이다. 인간은 세대를 거치면서 외형적 특성을 이용해 신체적으로 진화하고, 조건부적 사고가 핵심 요소인 프레임 형성 덕분에 심적으로 향상된다.

인간은 프레임 형성에 더 능숙해질 수 있다. 대안 현실에 대한 생각을 개선할 수 있는 방법들이 있다. 예를 들어 변화의 필요성이 아니라 일관성의 측면으로 문제를 바라볼 수 있다. 그래서 케네디 대통령처럼 새롭고 다양한 관점을 발전시킬 수 있도록 사람들과 기관들에게 의도적으로 권한을 줄 수 있다. 그렇게 해서 유용한 대안적 생각이 나타날 가능성을 높이는 것이다. '시각화'를 사용하여 연습하는 뛰어난 운동선수나 임원들의 방법을 보자. 상황에 대한 신적 이미지를 실제적으로 구성해서(스키점프든 이사회 회의든) 그 세상 안에서 작동할 듯한 다양한 행동과 반응을 시뮬레이션한다. 이는 카크래프트가 자율주행 차량에서 한 것과 매우 유사하다.

대안 현실을 상상하면 인과 프레임을 실행 가능하게 만들 수 있다. 하지만 상상만으로는 불가능하다. 비결은 대안 현실을 그저 그려보는 것만이 아니라 목표를 달성하는 데 도움이 될 수 있는 대안 현실을 신중하게 구성하는 것이다. 어린아이가 빠르게 학습할 수 있는 이유이기도 하다. 조건부적 사고는 기능적이다. 조건부적 사고의 효과는 주어진 목표와 수행 맥락에 따라 조건부적 사고가 얼마나 잘 형성되었는가에 달려 있다. 조건부적 사고는 여기저기 흩어져 있다가 마구잡이로 떠오르는 아이디어가 아니다. 조건부적 사고는 경계가 있을 때 제대로 된 가치를 발휘한다.

조건부적 사고는 일종의 꿈꾸기다. 하지만 사려 깊게 정돈되어 있으며 계획을 가지고 집중한 형태다. 케네디 대통령이 참모진에게 다양한 해결책을 생각해내야 한다고 요청했을 때, 당연히 군사적 또는 외교적인 해결책이어야 했다. 음악단을 보내 모스크바의 지도

자들을 즐겁게 해주는 것 같은 꿈에서나 있을 법한 공상 같은 생각
이어서는 안 된다. 이네즈 펑은 기후 모형을 개발할 때 물리학의 법
칙을 받아들이면서도 인간이 없는 지구를 대표하는 모형을 따랐다.
심지어 능수능란한 맥가이버도 그가 할 수 있는 것에 관해 일정 정
도 제한을 두고 작업한다.

현실에 대한 대안을 그려보면, 우리가 사건에 의해 제어되기보다
는 사건을 제어하면서 미래를 만들어나갈 수 있다. 역사상 가장 믿
기 어려운 특수부대의 습격을 받고 성공적으로 자국의 인질을 구출
할 수 있었던 결정적 요인은 바로 인간의 인지라는 특성을 활용한
것이었다. 총격전이 벌어지는 가운데 작전의 성공은 부대원과 계획
입안자들이 했던 조건부적 사고가 아니라 그들이 조건부적 사고의
제약조건을 어느 정도로 완화하거나 강화하기로 선택했는가에 달
려 있었다.

5장
제약조건

Constraints

경계가 있을 때

우리의 비전을

효과적으로 달성할 수 있다.

1976년 6월 30일 오후, 댄 샴론Dan Shomron 준장은 이스라엘 텔아비브의 국방부 육군작전본부로 호출되었다. 대담하면서 수행 가능한 구조작전이 필요했다. 상황은 절망적으로 보였다.[1]

3일 전, 테러범이 텔아비브와 파리를 오가는 에어프랑스 여객기를 납치하여 동아프리카 중심부에 위치한 우간다의 엔테베 공항에 착륙시켰다. 테러범은 오래된 낡은 터미널에 폭탄을 설치하고 인질을 가뒀다고 주장했다. 이들은 비이스라엘인을 풀어준 뒤, 팔레스타인 죄수 수십 명의 석방을 조건으로 인질 106명의 목숨을 위협하고 있었다.[2]

이스라엘은 테러범과의 협상이 더 많은 테러를 유발할 수 있다고 우려하면서 그들과 협상하지 않는다는 정책을 고수하고 있었다. 구조작전은 정신나간 짓처럼 보였다. 우간다는 이스라엘에서 4천 킬로미터 이상 떨어져 있다. 구조 부대를 노출시키지 않고 어떻게 작전 수행지로 보낼 수 있을까? 인질을 무사히 구출할 수는 있을까? 정말 폭탄이 설치되어 있다면? 우간다의 독재자 이디 아민Idi Amin이 테러범과 연계되어 있을 수도 있다. 그렇다면 이스라엘군이 우간다군과 전투를 벌여야 하는가? 모든 작전을 성공적으로 수행한다 하더라도 모든 인원을 안전하게 귀환시킬 수 있을까? 이스라엘은 이처럼 조건부적 사고의 한계를 넓히고 있었다.

39세의 샴론 준장은 보병군단과 공수여단을 이끌고 있었다. 그는 논의 중인 작전의 개요를 듣고 결점을 발견했다. 먼저 1천여 명의 부대를 엔테베로 공수하는 작전은 상당히 무모하다고 판단했다. 테러범은 이동하는 부대를 발견하는 즉시 인질을 살해할 것이다. 다음으로 팔레스타인 죄수로 위장하여 날아가는 작전 또한 성공 가능성이 낮다고 생각했다. 납치범이 그 계략을 알아차리면 터미널을 폭파할 것이다.

좀 더 그럴듯한 작전은 십여 명의 특공대원이 낙하산으로 강하하여 한밤중에 공기팽창식 보트를 타고 빅토리아 호수를 건너 터미널을 급습하는 것이다. 그렇게 하면 기습이 가능하다. 하지만 호수에는 거대한 악어가 득시글거린다. 부대원들이 건너편에 도착하기 전에 잡아먹힐지도 모른다. 게다가 그 작전에는 필수적인 세부사항이 빠져 있다. 테러범을 제거한 후 부대원과 승객을 귀환시킬 수는 있을까? 샴론이 보기에는 계획이 제대로 수행되기 어려웠다.[3]

군사작전에서도 다른 계획과 마찬가지로 작전을 수립할 때 건드릴 수 없는 부동의 제약조건과 변경 가능한 부분이 있다. 예를 들어 부대의 크기나 작전 수행 시점(주간/야간)은 핵심 조건이지만 조정이 가능하다. 하지만 기습은 필수 조건이었다. 샴론과 참모들은 그러한 조건에 기반해서 작전 계획을 수립했다. 특공대원이 그 공항에서 흔히 사용하는 여러 운송수단을 실은 수송기를 타고 한밤중에 은밀하게 공항에 내려, 그 운송수단을 이용해 들키지 않고 터미널로 달려 테러범을 제거하고 인질을 구출한 다음 항공기로 귀환하는 것이다.

하지만 누락된 세부사항이 많았다. 터미널의 구조는 어떠하며 인질이 감금된 위치는 어디인가? 테러범은 몇 명이며 무장 상태는 어떠한가? 구조작전팀은 인질 구조 과정이 어떻게 전개될지에 대한 심성모형을 구축해야 했다. 이는 조건부적 사고를 하기 위해 정보를 수집해야 한다는 것을 의미했다. 모사드Mossad의 요원은 파리로 날아가 풀려난 인질과 면담을 진행했다. 터미널에 관한 정보는 매우 중요했다. 운이 좋게도 그 터미널은 이스라엘의 건설사가 지었고, 설계도를 구할 수 있었다.

이들은 공군기지의 훈련장에서 막대기와 방수포로 터미널의 축소 모형을 만들었다. 구조부대원은 매 순간 해야 할 일을 숙달하고 메모하고 논의하는 과정을 반복했다.

구조부대의 특공대원 노엄 타미르Noam Tamir는 "첫 번째 예행연습은 잘 진행되지 않았다. 엉망진창이었고 흐름이 좋지 않았다"라고 회상했다. 작전의 모든 세부사항은 초 단위로 진행하고 분석하고 재고해보고 조정하고 최적화해야 했다.

기습이 필수 조건이었기 때문에 수행 가능한 작전에 제한이 있었다. 그러나 창의적인 생각으로 이를 극복해냈다. 예를 들어 작전 지역의 상황을 고려해서 작전부대는 우간다 국기를 부착한 검은색 벤츠 차량과 우간다 장군들이 선호하는 랜드로버 차량을 수송기에 싣고 작전지로 향했다. 부대원들은 우간다 군인으로 보이도록 우간다 군복을 입었다. 이렇게 모든 가능성을 고려한 다음 작전을 개시했다.

7월 3일 자정이 되기 직전, 빅토리아 호수에 구름이 걷히면서 엔테베의 활주로가 드러났다. 헤라클레스Hercules 수송기 네 대 중 한 대가 조용히 급강하했다. 29명의 특공대원으로 구성된 공격부대는 예행연습한 그대로 수송기에서 차를 타고 내려 1.5킬로미터 정도 떨어진 터미널로 향했다. 하지만 모든 것을 미리 예상할 수는 없었다. 경비대원이 소총을 치켜들었다. 지나가는 자동차 행렬에 손을 흔든 것일까, 아니면 멈추라는 신호일까? 상황이 불확실해지자 이스라엘의 구조부대가 발포했고 이내 적막은 사라졌다. 건물에 불이 들어오기 시작했고, 구조부대는 더 빠르게 터미널로 달려갔다.

첫 번째 특공대원이 도착했을 때 총알이 빗발치면서 앞 유리창이 산산조각났다. 놀랍게도 그는 총알을 피했고 저격수를 향해 총을 난사했다. 곧 건물 전체에 총성이 울리기 시작했다. 구조대원 여러 명이 미리 연습한 대로 빠르게 침투해서 테러범을 찾았다. 샤론은 수송기 안에서 무선으로 모든 상황을 통제했다.

벼락작전Operation Thunderbolt은 단 90분 만에 끝났다. 테러범을 제거하는 데 10분이 소요됐고 나머지 시간 동안 인질을 수송기에 태우고 인질의 수를 확인 및 재확인한 다음 출발했다. 다음 날 아침 수송기가 이스라엘에 도착했을 때, 인질 중 102명이 무사히 구출되었고 안타깝게도 세 명이 사망했다는 것을 확인했다. 그리고 교전 중 구조부대원 다섯 명이 부상당했고 한 명이 사망했다. 사망한 대원의 이름은 조녀선 요니 네타냐후Jonathan Yoni Netanyahu로 이후에 이스라엘 총리가 된 베냐민 네타냐후Benjamin Netanyahu의 동생이었다.

타미르는 그때를 회상하면서 미리 작전 계획을 치밀하게 짠 사람들 덕분에 구출 작전이 성공할 수 있었다고 말했다. "그들이 영웅이었죠. 우리는 현장에서 이런 종류의 작전을 수행하도록 훈련을 받았을 뿐입니다." 샴론과 참모들의 역할은 구조작전의 세부사항을 조정하여 그 작전이 성공하게 만드는 것이었다. 다시 말해 작전 수행이 아닌 작전의 기안과 계획이 그들의 역할이었다.

타미르는 이렇게 말했다. "그 작전은 마치 체스 같았어요. 말을 움직이는 것과 그걸 계획하는 것의 차이였죠."

하지만 체스 마스터는 어떤 수를 둘지에 대해 단순히 상상을 하는 것이 아니다. 제약조건을 적용해서 가능한 수를 살펴보고 평가한다. 마찬가지로 엔테베 작전 설계자에게도 방대한 범위의 아이디어가 중요한 것이 아니었다. 가장 필수적인 요건을 확인하고 그에 따라 목적을 달성할 수 있는 방안의 범위를 줄여야 했다. 핵심은 그 상황에 적용할 수 있는 조건부적 사고뿐만 아니라 여러 제약조건을 현명하게 탄력적으로 적용하는 것이었다.[4]

무한대의 가능성을 조합하기

제약조건은 인과관계, 조건부적 사고에 이어 프레임 형성의 세 번째 구성 요소다. 제약조건을 고려하지 않는다면 엄청나게 많은 대안 현실을 상상할 수 있을지 모른다. 다만 그런 대안 현실은 심적인 인과 모형에 제대로 연결되어 있지 않아서 인간의 행위에 영향을 주기 어렵다. 따라서 상상력이 선택으로 이어질 수 있도록 적절한 경계선을 설정해주어야 한다.

제약조건은 규칙과 규제로 볼 수 있으며, 인간의 조건부적 사고를 특별한 방식으로 형성한다. 우리는 제약조건을 느슨하게 또는 엄격하게 하거나 새로운 조건을 추가하거나 이전 조건을 제거하는 방식으로 활용할 수 있다. 프레임 형성은 제약조건을 바탕으로 인지에 대한 이해에서 중요한 행동의 기초에까지 이어진다. 이스라엘 군이 엔테베 공항 낡은 터미널의 모형을 만들어 구조작전 부대를 훈련시키기 위해 노력한 것에서 이를 확인할 수 있다. 또는 2008년 9월 미국 연방준비은행의 벤 버냉키를 떠올려보라. 그는 정부가 시장에 개입하지 않는다는 이념적인 제약을 완화하면서, 헬리콥터 머니에 관한 조건부적 사고를 수행하여 실행에 옮길 수 있었다. 제약조건은 지금 발생하고 있는 일을 설명하는 데 도움이 될 뿐만 아니라 어떻게 반응해야 하는지에 관한 방향을 제시해주기도 한다.

프레임 형성에 능숙한 사람들은 상상을 할 때 자신의 관점을 제지하기 위해서가 아니라 앞으로 이끌어나가기 위해서 인지적·심적 한계를 설정해야 한다는 것을 알고 있다. 일정 정도의 제한은 창의적인 생각을 축소하기보다 가능성을 열어줄 수 있으며, 심적 위험을 감수할 수 있는 영역을 넓혀준다.

일부 혁신가는 제약조건을 적극적으로 활용하여 창의적으로 생각한다. 이것이 바로 1960년에 (닥터 수스Dr. Seuss로 알려진) 유명한 동화작가 중 하나인 시어도어 수스 가이젤Theodor Seuss Geisel이 놀라울 정도로 운율을 맞춘 자신의 역작『초록색 달걀과 햄Green Eggs and Ham』을 집필할 때 적용한 방법이다.[5] 닥터 수스의 친구이자 출판인인 베넷 서프Bennett Cerf는 저자가 1음절 단어 50개를 사용하여 책을 쓸 수는 없다는 데 50달러를 걸었다. 어린아이들의 읽기 학습을 위한 책에서 제한된 어휘를 사용하는 것은 장점이었지만, 이렇게 인위적으로 설정한 한계가 극단적이긴 했다. 그러나 닥터 수스는 본인의 자존심이 걸려 있기 때문에 그것이 가능하다는 것을 증명하지 않을 수 없었다. (그는 결국 1음절 단어 49개와 50번째 단어 anywhere를 사용하여 내기에서 이겼다.)『초록색 달걀과 햄』은 아동 도서에서 전대미문의 베스트셀러가 되었다. 이 책은 보트boat에서도 읽을 수 있고 염소goat와 함께 읽을 수도 있다.

미국의 안무가 마사 그레이엄Martha Graham은 일부 제약조건을 제거하고 다른 조건을 적용하여 현대무용을 발전시켰다. 이러한 점은 마사의 작품에 매료된 관객들에게 명확하게 보이지 않을 수도 있다. 마사가 1920년대에 무용을 시작했을 때, 여성 무용은 대부분 발레와 같은 전통적인 형태로 구성되어 있었다. 여성 무용수는 코르셋을 입어서 동작, 그중에서도 주로 호흡에 제한이 있었다. 그레이엄은 무용수의 몸에서 꽉 끼는 옷을 벗겨 편하게 움직일 수 있게 하고 체력을 증가시켰으며 다양한 스타일을 갖게 할 수 있었다. 그 자유에는 또한 당시 여성에게 가해진 억압적인 사회적 제약으로부터 벗어나 신선한 공기를 마실 수 있게 하는 상징적인 의미도 있었다.

하지만 마사는 무질서한 형태로 진행될 가능성을 방지하기 위해 새로운 제약조건을 다시 도입해야 했다. 이른바 '그레이엄 기법 Graham technique'은 현대무용의 기초 기술이다. 수축과 이완 사이에서 '반대'의 호흡 주기에 의존한다. 그리고 다른 제약조건도 도입했는데, 1930년에 선보인 그녀의 가장 유명한 작품 〈비탄Lamentation〉에서는 말 그대로 무용수가 천으로 만든 튜브 속에 들어가 있었다. 그레이엄 기법은 다른 무용단이 기대하지 않은 방식으로 제약을 부여하는데, 그레이엄 무용단의 등록 상표이기도 하다.[6]

닥터 수스와 마사 그레이엄의 사례에서 볼 수 있듯이 경계는 범위를 제한하기보다 기회를 제공한다. 건축가 프랭크 게리Frank Gehry는 자신이 창의적 성과를 내놓는 비결은 바로 자신이 극복해야만 했던 한계라고 생각한다. "예술가로서 나에게 제약조건이 있었다. 중력이 그중 하나다."[7] 그는 호탕하게 웃으면서 덧붙인다. "하지만 모든 제약조건 안에서 나는 15퍼센트의 자유를 가지고 내 작품을 만든다." 게리는 지금까지 가장 어려웠던 임무는 부유한 후원가가 아무런 제약조건을 부여하지 않은 상태에서 집을 지어달라고 요청했을 때였다고 말했다. 그는 그때 몸이 마비되는 듯한 느낌을 받았다. 모든 것이 열린 가능성은 그저 공허함이었다.[8]

바로 이런 의미에서 제약조건은 꿈이라는 열린 캔버스에 제한을 가하여 일정 범위로 한정하는 것을 넘어서서 자유를 부여할 수 있다. 하지만 제약조건 자체가 가장 중요하다기보다는 그것으로 무엇을 할 수 있는지가 중요하다. 우리는 제약조건을 변경함으로써 우리가 상상하는 대안 현실을 만들어갈 수 있다. 그래서 상상력을 제한하는 것이 중요하다. 제약조건을 느슨하게 또는 엄격하게 하는 것은 복잡한 기계의 밸브를 작동하는 것과 같다. 다시 말해 가치 있는 결과를 도출하려면 적합한 조합을 만들어내기 위해 조절해야 한다.

사진 촬영술을 생각해보자. 사진을 찍을 때 대부분은 카메라가 선명하고 산뜻한 사진을 만들어주길 원한다. 하지만 사진의 이미지를 제약하는 요소는 초점, 노출 시간, 조리개, 감도 등 여러 가지가 있다. 최신 카메라는 자동 모드로 전환할 수 있어서 이 모든 요소를 카메라가 정할 수 있다. 하지만 전문가들은 종종 고려해야 할 요소와 포기해야 할 요소를 선택하는데, 예를 들어 초점을 선명하게 맞추려고 할 때와 의도적으로 흐릿한 이미지를 만들려고 할 때 적절한 요소를 선택하여 신중하게 최종 결과물을 만들어낸다.

사려 깊게 제약조건을 수정하여 적절한 결과물을 예측해내는 것이 핵심이다. 하지만 완화하기에 적합한 조건은 무엇인가? 어쨌든 모든 제약조건이 중요하지는 않다는 의미다. 마사 그레이엄은 무용수의 몸을 자유롭게 했지만 발레 스커트인 튀튀를 없애지는 않았다. 닥터 수스는 단어 숫자의 제한을 받아들였지만 철자 E를 사용하지 않고 책을 쓰려고 하지는 않았다(프랑스의 소설가 조르주 페렉Georges Perec이 1960년대에 했던 작업이다).⁹ 우리가 부적절한 제약조건에 초점을 맞춘다면 정작 필요한 것을 포착하지 못한다. 그렇다고 해서 모든 것에 초점을 맞추는 것은 전혀 도움이 되지 않는다. 제약조건을 너무 적게 선택하면 중요한 것에 초점을 맞출 수 없을 수 있고 너무 많이 선택하면 중요한 것을 놓칠 수도 있다.

첫 번째 단계는 프레임별로 가벼운 제약조건과 엄격한 제약조건을 인식하는 것이다. 가벼운 제약조건은 잘 변하거나 유연한 것으로 상당한 노력을 들이면 조절하거나 변경할 수 있다. 엄격한 제약조건은 고정되어 있고 완강하며 어길 수 없다. 엄격한 제약조건은 심성모형의 중심이 되는 원리를 담고 있다. 이를 무시한다는 것은 그 모형 자체를 포기한다는 의미다. 프레임이 재무 회계일 때 기초연산이라는 조건을 받아들이지 않으면 엄격한 제약조건을 버리는 것이므로 본질적으로 프레임 자체를 폐기하는 셈이다. 마찬가지로 기독교 신학자가 조건부적 사고를 통해 성경의 대안적 해석을 고민한다면, 이때 엄격한 제약조건은 신에 대한 믿음이다. 그 믿음을 포기한다는 것은 그들이 사용하는 심적 프레임을 버리는 것이다.

조건부적 사고를 바탕으로 제약조건을 선택할 때는 가장 본질적인 것, 즉 엄격한 제약조건을 충실히 지켜야 한다. 그다음에 가벼운 제약조건을 추가하고 이를 반복함으로써 어떤 결과를 얻을지 확인해야 한다. 여러 개의 가벼운 제약조건 중 적절한 것을 선택하는 것은 과학이라기보다는 예술이다. 선택은 가변성, 최소 변화, 일관성이라는 세 가지 원칙에 따라 이루어져야 한다. 가변성은 수정 가능성이 있는 제약조건을 선택하는 것을 말한다. 최소 변화는 급진적이지 않고 완만하게 제약조건을 조절하는 것을 말한다. 일관성은 제약조건을 수정해도 다른 조건과 모순되지 않는 것을 말한다. 실제 사례를 통해 각각을 살펴보자.

가변성의 원칙

대안 현실을 떠올릴 때 사람들은 바꿀 수 있다고 믿는 측면에 초점을 맞춘다. 회의에 늦었다면, 회의 장소에 최대한 빨리 도착할 수 있는 여러 가지 대안적인 방법을 떠올릴 것이다. 승강장에서 다음 열차를 기다리며 시간을 허비할 가능성이 있긴 하지만 시내를 빠르게 관통하는 지하철을 탈까? 아니면 바로 출발할 수 있지만 목적지에 가까이 갔을 때 교통 체증으로 막힐 위험이 있는 택시를 탈까? 아니면 교통수단은 모두 포기하고, 즉 통제 밖에 있는 것에 운명을 맡기지 않고 목적지로 빠르게 달려갈까?

결정은 확률과 교환적 득실관계를 고려해서 이루어진다. 마음속으로 시간여행을 해서 선택지를 따져보고 가장 빠른 방법이라고 생각하는 것을 선택한다. 하지만 이렇게 할 때 순간이동에 의존하지도, 모든 신호등을 초록불로 바꾸지도 않는다. 대신 세상을 있는 그대로 받아들이고(비록 희망의 끈을 버리지는 않지만), 선택할 수 있는 것은 교통수단이라고 생각한다.

가변성 원칙을 잘 적용한 회사로 일론 머스크Elon Musk가 설립한 스페이스X를 들 수 있다. 이 회사는 재사용 로켓 개발 분야를 개척했다. 이 아이디어는 항공우주공학 엔지니어의 오래된 숙원이고 공상과학 소설의 주요 소재이기도 했다. 1960년대와 1970년대에 NASA의 과학자들이 로켓의 재사용 가능성에 대해 고민하면서, 지구로 귀환한 후 비행기처럼 착륙할 때 사용할 수 있는 날개를 가진 로켓을 머릿속에 그려보았다. 그때 추정한 제약조건은 귀환한 로켓을 회수하기 위해서는 공기역학적으로 기체를 밀어올릴 수 있어야 한다는 것이다. 이런 생각이 비행기를 닮은 우주왕복선을 탄생시켰다.[10] 한편 이런 생각은 행글라이더를 만드는 데도 사용되었다. 행글라이더는 1960년에 NASA의 엔지니어 프랜시스 로갈로Francis Rogallo가 발명한 것으로, 발명 초기에는 우주 캡슐을 지구로 돌아오게 하는 데 행글라이더 작동원리가 쓰였다.[11]

하지만 날개는 무겁고 부피가 크다. 날개가 만들어내는 공기역학적 상승의 양은 크기에 따른 함수다. 날개가 클수록 상승력은 커지지만, 더 무거워지고 부피가 커져서 발사할 때 걸림돌이 된다는 의미다. 모든 제약조건을 고려하다 보니 우주왕복선의 최종적인 형태는 문제의 소지가 있는 타협안, 즉 매번 전소되는 거대한 외부 탱크와 활공 능력이 형편없는 동체로 구성되었다. 공기역학적 상승을 제약조건으로 선택하자 NASA는 날개와 낙하산밖에 대안이 없다고 생각했고, 그로 인한 단점을 그대로 포함할 수밖에 없었다.

반면 혁신적인 돌파구, 특히 센서와 컴퓨터 연산력이 비약적으로 발전한 덕분에 스페이스X는 공기역학적 상승에 따른 제약조건을 완화할 수 있었다. NASA처럼 로켓의 하강 속도를 늦추려는 목적은 같았으나, 이제는 로켓의 1단계 추진체를 재점화하여 똑바로 착륙시키는 데 초점을 맞출 수 있었다. 아이디어의 핵심은 공기역학적 상승에 대한 고민을 내려놓고 로켓의 추진력에 의존한다는 것이다. 로켓의 엔진을 다시 작동시키고 로켓의 하강 속도를 늦출 수 있도록 충분한 연료를 공급하고 로켓을 안정적으로 착륙시키는 제어 시스템이 있어야 한다는 점에서 대담한 시도였다. 우주왕복선이 물리적으로 복잡한 구조를 가지고 있는 반면 스페이스X에서 제작한 팔콘Falcon의 1단계는 물리적으로 아주 간단한 구조를 가지고 있다. 다만 제어 시스템은 훨씬 더 복잡했다. 기술의 발전 덕분에 그런 제어 시스템을 구현할 수 있게 된 것이다.

가변성을 가지고 있는 제약조건이 무엇인지 이해하는 것이 핵심이다. 스페이스X는 로켓이 지구로 돌아올 때 감속해야 한다는 것을 받아들였다. 하지만 날개가 아니라 내장된 엔진으로 이를 구현했다. 스페이스X의 엔지니어들은 이제는 가변적인 제약조건 세트 중 하나를 느슨하게 할 수 있었기 때문에 새로운 가능성을 확인해서 재사용 로켓 팔콘을 개발할 수 있었다.

스페이스X의 로켓 제어 시스템과 같은 기술적 변화는 제약조건의 가변성을 바꾸어놓았다(비록 기술 자체가 프레임 형성의 결과는 아니지만). 가변성 원칙에 따르면, 바꾸려고 하는 제약조건을 선택할 때 우리가 영향을 줄 수 있는 구성 요소를 선별해야 한다. 효과적인 조건부적 사고를 하고 싶다면, 경영자의 예산이나 요리사의 조리 시간과 같이 과업을 이루는 데 필요한 핵심 조건을 느슨하게 해서는 안 된다. 대신 인간의 행동이나 선택을 반영하는 제약조건을 살펴봐야 한다. 그렇게 할 때 유용한 결과를 만들어낼 가능성이 훨씬 더 높기 때문이다.[12]

가변성 원칙도 완벽하지는 않다. 실제로 가변적이지 않은 것을 가변적이라고 믿을 수도 있고, 가변적이지만 가변적이지 않다고 믿을 수도 있다. 그러나 가변성 원칙에는 상당한 이점이 있다. 우리가 영향을 주거나 변화하거나 형상할 수 있는 것에 추론을 집중하게 해준다. 시내 반대편에서 진행되는 회의에 늦은 상황에서 우리는 공상과학에서 나오는 공중부양이 아니라 지하철과 택시 중 하나의 선택에 초점을 맞춘다. 스페이스X의 맥락에서 회사는 로켓의 추락을 막을 수 있는 대안적인 공학적 해결책에 집중했다. 엔테베 작전을 설계할 때 샴론 준장은 긴박한 상황에서 우간다 군대의 충성심을 변화시키려 하지 않고 그들과 전투를 벌일 준비를 했다.

우리는 종종 인간의 행동이 가변적이라고 여기는데, 그 이유는 우리의 인과적 인지 렌즈가 인간의 역량을 믿게 하고 제어할 수 있다고 생각하게 만들기 때문이다. 이런 이유로 우리는 인간의 행동이 변화할 수 있고 우리가 다른 사람들의 행동을 바꿀 수 있다고 생각한다. 인간의 행동에 대한 관심은 프레임을 형성하는 데 문제점이 아니라 이점으로 작용한다. 마찬가지로 (가변성 원칙에서 언급한 대로) 인간이 어느 정도 제어할 수 있는 제약조건에 집중하면, 변경하고 활용하기에 가장 유용한 제약조건을 확인하는 데 도움이 된다.

연구 결과에서 발견된 흥미로운 점이 있다. 우리는 인간의 행위가 상당히 가변적이라고 생각하지만, 조건부적 사고를 할 때는 널리 받아들여지는 사회규범의 테두리 안에서 이루어지는 행동의 변화를 상상하고 싶어한다. 회의에 늦어서 택시 대기줄에 서 있을 때 우버를 부를까 하고 생각할 수 있지만 새치기할 생각은 거의 하지 않는다.[13]

물론 사회규범은 가변적이다. 최소한 원칙적으로 그렇고, 시간에 따라 바뀌기도 한다. 하지만 조건부적 사고를 하게 만드는 생각의 실험실에서는 규범이 확고하며 변하지 않는 것이라고 생각하는 경향이 있다. 이런 경향 덕분에 인간은 사회적 존재가 되었을 수도 있다. 우리는 사회에서 어울려 살아가려면 배척당하지 않는 수준의 행동으로 우리의 상상력을 제한해야 한다는 것을 알고 있다. 그래서 택시 대기줄에서 기다린다.[14]

최소 변화 원칙

느슨하게 할 수 있는 또는 엄격하게 적용해야 하는 제약조건을 선택할 때, 수정 사항을 되도록 최소화하는 것을 목표로 삼아야 한다. 즉 최소 변화를 추구해야 한다. 대안 현실을 생각할 때 우리가 살아가는 곳에서 더 멀리 떨어지는 것이 아니라 되도록 가까이 다가가는 방향으로 머릿속에서 그려봐야 터무니없는 가능성을 상상하는 위험을 줄일 수 있다. 현실은 마음속에 그릴 수 있는 것을 통해 빛나야 한다.[15]

이런 원칙은 단순한 것이 더 좋은 것이라는 문제해결의 경험칙, 곧 '오컴의 면도날Occam's razor'과 일맥상통한다. 대안적 설명과 해법을 선택할 때는 덜 복잡한 것을 수용해야 한다. 덜 복잡한 답이 여러 가지 복잡한 부분으로 이루어진 정교한 답에 비해 정확할 가능성이 더 높기 때문이다. 이 아이디어는 영국의 오컴Ockham에서 태어난 수도사 윌리엄William이 14세기에 (약간 다른 형태로) 제시했다. '면도날razor'은 불필요한 것을 제거하고 필수적인 것에 초점을 맞춘다는 의미다.

1980년대에 유럽에서 발생한 스캔들을 통해 행동에서 최소 변화 원칙이 작용하는 방식을 살펴보자. 오스트리아의 와인 판매자가 와인병에 '부동액'을 넣은 혐의로 기소되었다. 수십 년 동안 니더 외스터라이히의 다뉴브 강변에 있는 포도밭은 비교적 낮은 품질의 와인을 대량으로 생산했다. 그런데 일부 판매자가 더 풍성한 맛을 내서 더 높은 가격을 받기 위해 디에틸렌 글리콜을 첨가하여 단맛을 배가했다. (많은 양을 섭취하면 독성 물질이지만, 그렇다고 부동액의 주요 화학물질인 에틸렌 글리콜은 아니다. 하지만 언론이 이런 자극적인 용어를 포기할 리 없다.)[16]

이런 사실이 드러나자 유럽과 미국의 관련 당국은 즉시 오스트리아산 와인의 판매를 금지했다. 서독에서만 무려 3,600만 병의 와인을 폐기했다. 이 스캔들에 연루된 유명한 와인 제조업자는 목숨을 끊었다. 오스트리아산 와인의 수출은 90퍼센트까지 급감했다. 심지어 관련 에피소드가 〈심슨네 가족들The Simpsons〉에 나오기도 했다.

폭로가 있은 지 2달 만에 오스트리아는 새로운 법을 제정해서 엄격한 통제, 투명한 표시, 가혹한 벌금을 도입했다. 모든 병에는 번호를 매겨야 했다. 이런 새로운 현실에서 높은 생산량과 낮은 품질에 기반한 기존의 방식으로는 더 이상 돈을 벌 수 없었다. 일부 포도주 상인들은 이 위기에서 벗어날 방법을 떠올릴 수 없어 사업을 포기해버렸다. 하지만 다른 상인들, 특히 젊은 세대는 방법을 찾아냈다.

그들의 해결책은 와인 생산을 포기하는 대신 사과와 살구를 키우는 그런 방식이 아니었다. 그들은 자신들의 사업 모델에 작지만 결정적인 조정을 가했다. 포도 재배와 와인 생산을 지속하면서 양보다 품질을 강조하는 제품으로 바꾼 것이다. 전통을 거스르는 방식으로 수확한 포도를 사용하는 대신에 최고 품질의 포도만 사용했고 브랜드에 엄청난 투자를 했으며 농장 옆에 화려하고 웅장한 와인 시음 센터를 지어 와인관광이라는 새로운 사업을 창출했다.

사실 고통스러운 변화였으나 성공적이었다. 초기에는 생산량이 훨씬 더 줄었지만 품질을 개선한 덕분에 상당히 비싼 가격에 판매할 수 있었다. 20년 후 세계적인 소믈리에 로버트 파커Robert Parker는 이 지역의 와인에 최고 점수를 주었다. 변화는 문자 그대로 '보상'으로 돌아왔다. 2019년까지 수출량은 스캔들 전과 비교해 두 배 증가했고, 와인의 가치는 여섯 배로 급등했다. 이들은 비교적 최소한의 변화(재배 작물을 바꾸지 않고 와인을 고급 제품으로 만듦)를 통해 성공을 거둘 수 있었다. 새로운 세대의 와인 제조업자 중 하나인 에리히 폴즈Erich Polz는 "솔직히 오스트리아산 와인에 생긴 가장 좋은 변화였다"라고 인정했다.[17]

최소 변화 원칙은 우리가 조건부적 사고를 수행할 때 특정 방향으로 이끌어준다. 우리는 무언가를 더 하기보다는 덜 하려고 하는 경향을 보인다. 그래서 아직 존재하지 않는 것을 도입하는 것보다는 현실에서 일부 특징을 제거하고 상상하는 것을 훨씬 편하게 생각한다. 당신에게 아직까지 본 적이 없는 색깔을 상상해보라고 한다면 아마도 가능하지 않을 것이다.

최소 변화 원칙과 가변성 원칙을 결합하면, 특정 행위가 발생했을 때보다 그렇지 않을 때(저지르지 않은 살인, 추돌 사고를 내지 않은 운전자, 끝나지 않은 관계 등) 조건부적 사고를 훨씬 더 잘하는 이유를 설명할 수 있을 것이다.[18] 더블린에 있는 트리니티칼리지의 루스 번은 조건부적 사고를 할 때 '인지적 노력'을 하기 때문이라고 생각한다. 실험 결과를 보면, 조건부적 사고를 통해 인간의 가변적인 행위를 생략할 때 필요한 심적 에너지가 가능성이 있는 무수히 많은 행위 중에서 어떤 것을 선택해 추가할 때 필요한 에너지보다 작다.[19] 요약하자면 '아무것도 하지 않을 때보다 무언가를 할 때 더 많은 것을 생각해야 한다'는 것이다.

우리는 프레임을 적용할 때 에너지와 시간이 많이 소요되는 것보다는 효율적으로 처리할 수 있는 것을 선호한다. 이로 인해 가끔 방향을 잃고 헤맬 수 있지만, 인간은 굳이 행동으로 옮겨 확인해볼 필요는 없다. 그래서 상상으로 심적인 부담을 낮출 수 있고 달성하기 쉬운 것을 찾아내는 이점을 가지고 있다. 사람들이 무언가 행할 의도가 없을 때는 그들이 행동하게 하는 것보다 행동하지 않게 하는 것이 대개 더 쉽다.

일관성 원칙

제약조건을 선택할 때의 세 번째 원칙은 일관성 원칙으로, 가장 명확해 보이는 것이기도 하다. 제약조건은 서로 직접적으로 충돌하지 않아야 한다. 대안 현실을 머릿속에 그릴 때 하나의 조건이 다른 조건에 위배되어서는 안 된다. 그렇지 않으면 조건부적 사고는 계속해서 모순된 결과를 만들어낼 수 있다. 예를 들어 인간이 존재하지 않는 가상의 세계가 물리학의 법칙을 따른다면, 그 세계는 신의 은총을 따른다는 조건을 가질 수 없다. 만약 그러하다면 일관성 원칙을 위배하는 것이다. 마치 의뢰인이 범죄 현장에 있지 않았지만 자기방어를 위해 상대에게 상해를 가했다고 주장하는 피고측의 불행한 변호사처럼 말이다.

가변성과 최소 변화가 개별적인 제약조건을 통해 변화하고 반복하는 방식에 관한 것이라면, 일관성은 제약조건들 간의 관계를 검토하는 것이다. 고려해야 할 제약조건이 많을 때는 특히 어려운 작업이다. 제약조건의 수가 많을수록 대안 현실을 일관되게 상상하기가 더 어려워진다.

2002년에 스티븐 스필버그Steven Spielberg가 제작한 〈마이너리티 리포트Minority Report〉에서 상상의 세계를 구성한 방법은 일관성의 법칙에 관해 우리에게 분명한 가르침을 준다. 이 영화는 필립 K. 딕 Philip K. Dick이 1956년에 발표한 이야기를 바탕으로 만들어졌는데,

그의 이야기는 매우 짧아서 스필버그에게 필요한 배경이나 시간, 장소에 대한 어떠한 설명도 주지 못했다. 그래서 스필버그는 어릴 적 친구이자 기술과 미래 예측 분야에서 가장 중요한 지식인 중 한 명인 피터 슈워츠Peter Schwartz의 도움을 받았다.

슈워츠는 1980년대에 쉘Shell에서 그 유명한 '시나리오 플래닝 Scenario Planning' 부서를 운영하면서 정유회사가 지구온난화와 같은 장기적인 동향에 대비할 수 있도록 도왔다. 그의 팀은 유가 폭락과 소련 붕괴를 수년 전에 예측한 것으로 유명했다. 남아프리카공화국 의 지도자가 시나리오 플래닝을 사용해서 결국 시스템의 붕괴로 이 어진 인종차별 정책 이후의 미래를 그려보았다는 말이 새어나오자 세계 각국의 정부가 그에게 서비스를 요청했다. 스필버그는 슈워츠 에게 기술 분야에서 가장 똑똑한 사람들을 모아서 2050년의 세계 를 지적이고 논리적으로 철저하게 묘사해달라고 요청했다. 슈워츠 는 "스티븐은 몇 년 뒤에도 사람들이 '〈마이너리티 리포트〉에서 본 것과 똑같아'라고 말하길 원했습니다"라고 회상했다.

할리우드 제작진에는 오래전부터 '콘티 편집자continuity editor'라 는 직책이 있다. 이들의 역할은 영화의 모든 측면(장면부터 부차적 줄거리까지)이 완벽하게 일치하도록 촬영용 대본을 만드는 것이 다. 하지만 스필버그는 한 단계 높은 수준을 원했다. 1999년 캘리 포니아 산타모니카 해변에 위치한 최상급의 셔터즈 호텔 회의실에 서 십여 명의 전문가가 모여 3일 동안 '아이디어 정상회담'을 진행했다. 가상현실의 개척자 재론 레이니어Jaron Lanier가 참석하여 컴퓨터 인터페이스로 제스처를 인식하는 장갑의 원형을 설명했다. 영화가 시작될 때 톰 크루즈Tom Cruise가 오케스트라 지휘자처럼 가상 스크린을 향해 우아하게 손을 흔드는 장면에서 나왔던 그 장갑이다. 『X세대Generation X』의 작가 더글러스 쿠플랜드Douglas Coupland도 참석해서 제작 책임자가 사용할 책에 아이디어를 입력했고, 이는 이후 '성서bible'라고 불렸다. 같은 공간에 있던 영화 제작자와 대본 작가는 경청하면서 때로 반박 의견을 내기도 했다.

슈워츠는 다음과 같이 설명했다. "스티븐은 우리가 개발해야 하는 다양한 요건을 설정했습니다. 그는 '나는 미래에 교통 체증을 경험하고 싶지 않아요. 교통 문제를 실제로 해결한 미래를 보고 싶어요'라고 말했습니다. 그래서 우리는 그 방법을 알아내야 했죠. 그러고는 이렇게 말했습니다. '음, 당신은 더 이상 옆으로 갈 수 없어요. 우리가 갈 수 있는 곳은 위쪽입니다.' 영화를 보면 알겠지만, 건물과 도로체계가 통합되어 빌딩을 타고 올라가 바깥에 있는 아파트에 도달합니다."

자동차를 톰 크루즈의 아파트 방이 확장된 형태로 만든 것은 음악가 피터 가브리엘Peter Gabriel의 아이디어다. (그는 회의에 참석하지 않았다. 대신 그전에 슈워츠와 며칠 동안 시간을 보내면서 프로젝트에 관해 논의했다. 이것이 시나리오 플래너의 삶이다.)

하지만 그 과정을 성공적으로 이끈 것은 그들이 만들어낸 미래에 대한 상상의 산물이 아니라 그들이 적용한 제약조건이었다. 예를 들어 스튜디오 세트 디자이너는 위협적이며 단조롭고 검은색의 화강암으로 지은 60층 빌딩이 있는 워싱턴 DC의 정교한 그림을 가져왔다. 그 분야의 전문가들이 웅성웅성하기 시작했다.

MIT 건축대학원의 학장이 야유를 보냈다. "계획에 문제가 있어요!"

디자이너는 순진한 표정으로 물었다. "그게 왜 중요하죠? 이건 미래입니다."

전문가들이 입을 모아 반격했다. "건물 코드는 절대 바뀌지 않아요. 그리고 국가의 수도가 현대화되지 않고 보존되어 있어요."

슈워츠가 참을성 있게 설명했다. "도시는 시간의 깊이를 가지고 있어요. 도시는 한꺼번에 태어난 게 아니에요. 도시에는 100년 된 부분도 2년 된 부분도 있죠. 여러 시기의 건축물이 공존합니다."

여전히 몇몇 대본 작가가 투덜거렸다.

"각색한 것처럼 보이지 않고 훨씬 더 현실적으로 보였어요. 스티븐은 매번 현실주의를 선택했어요"라고 슈워츠는 회상했다. 그러나 주목할 만한 예외 두 가지가 있었다.

첫 번째는 톰 크루즈의 날렵한 공중자동차였다.

스필버그는 자동차 계기판이 필요하다고 했다.

회의 참가자들은 음성인식과 자율주행 자동차라고 반박했지만 스필버그는 단호했다. "그 인물이 어딘가 볼 곳이 필요하고 카메라는 어딘가 가리킬 곳이 필요해요. 우리는 영화를 만들고 있어요."

두 번째 예외는 제트팩jet pack(사람의 몸에 직접 부착하여 비행하는 1인용 장비 – 옮긴이)의 문제였는데, 빠르게 해결되었다.

슈워츠는 함박웃음을 지으며 말했다. "내가 '스티븐, 물리학을 생각하면 제트팩은 가능하지 않아'라고 말하자, 그는 '경찰은 제트팩을 사용할 거야'라고 대답했습니다. 당신이 스티븐 스필버그라면, 당신이 만든 경찰은 제트팩을 가지고 있을 겁니다."

그때 〈마이너리티 리포트〉의 배경 작업을 위해 모인 사람들은 대안 세계의 일관성을 보장하기 위해 무척이나 꼼꼼하게 작업을 진행했다고 강조했다. 2002년 개봉 당시 대서특필된 주요 이유는 영화의 배경이 미래적이면서도 친숙하게 느껴졌기 때문이다. 일단 망막 인식 기능으로 장치, 건물, 자동차 계기판, 개인화된 광고를 그려보고 나면 작가, 편집자, 세트 디자이너가 80쪽짜리 성서를 정기적으로 참고하여 일관성을 유지했다.[20]

조건부적 사고에 의한 세상은 단지 제약이 있기 때문이 아니라 그러한 제약조건에 일관성이 있기 때문에 작동한다. 〈마이너리티 리포트〉의 의상, 세트 등을 담당한 디자이너 알렉스 맥도웰Alex McDowell은 LA에서 이러한 과정을 적용한 사업을 운영하고 있다. 고객으로는 나이키, 포드, 보잉 등이 있다. 그는 자신의 사업을 '세계 건축world building'이라고 부르며 기업들이 그럴듯한 미래의 시나리오를 엿볼 수 있게 해준다. 일관성은 제약조건의 정수다.

단순성과 시뮬레이션

가변성, 최소 변화, 일관성은 조건부적 사고를 할 때 제약조건을 반복적으로 고려하면서 적용하는 원칙이다. 이를 거대한 시행착오의 과정, 즉 하나의 제약조건을 풀어 적절한 조건부적 사고를 하고 그 결과를 평가하고, 다음 제약조건으로 넘어가서 같은 과정을 반복하는 것이라고 생각하고 싶을 수 있다. 이렇게 여러 가지 대안 현실을 만들고 다양한 선택지를 떠올리며, 그중에 좋은 선택지가 있다면 하고 바랄 것이다. 하지만 이렇게 하면 핵심을 놓치고 만다.

제약조건을 적용하는 것은 우리가 떠올릴 수 있는 조건부적 사고의 결과물의 개수를 최대로 늘리는 것이 아니라, 가장 효과적인 선택지를 관리 가능한 수준에서 신속하게 확인하는 것이다. 다시 말해 탐색 공간을 줄이는 것이 목적이다. 2장에서 언급한 데넷의 로봇은 이렇게 할 수 없었기 때문에 결과물의 수가 폭발적으로 증가했다.

모든 프레임의 핵심에는 교환적 득실관계가 있다. 제약조건이 적을수록 프레임이 생성할 수 있는 조건부적 사고의 결과물은 더 많아진다. 이는 결정을 위해 더 많은 선택지를 부여하지만, 그중 상당수의 비현실적인 선택지를 솎아내야 한다는 의미이기도 하다. 반면 제약조건이 많을수록 프레임이 이끌어내는 선택지는 적어진다. 이렇게 되면 결정을 할 때 집중할 수 있지만, 더 나은 선택지를 놓칠 위험을 감수해야 한다.

조절해야 하는 제약조건을 파악한다는 것은 우리가 그려보는 대안 세계의 측면 중 일부를 선택하고 다른 것은 무시한다는 의미다. 이는 유용하고 효율적인 지름길이다. 제약조건은 선택을 위한 필터다. 우리가 필터를 사용하는 이유는 우리 뇌가 여러 모로 엄청나게 유능하지만 우리가 생각하는 모든 선택지를 효율적으로 평가할 수는 없기 때문이다. 이는 시간 소모가 크고 피곤한 일이다.

제약조건은 조건부적 사고를 효과적으로 이루어지게 하는 일종의 '건축 법규building codes'다. 건축은 생각에서뿐만 아니라 물리적 공간에서도 이루어진다. 우리는 심성모형을 지지하기 위해 실제 모형을 건축한다. 엔테베 공항의 훈련 모형에서 본 것처럼 모형의 물리적 제한점은 우리가 지켜야 할 인지적 제약조건을 시뮬레이션해준다. 건축 모형이나 아이들의 교통공원 또는 인공암벽 등반을 떠올려보자. 이런 건축물은 의도적으로 선택한 제약조건을 '구체화'해서 사용자들이 특정한 대안 현실로 들어가게 해준다.

이런 모형의 이점은 큰 부담 없이 심적·물리적으로 연습하고 준비하며 가능성을 검증하게 해준다는 것이다. 아이들이 가상 놀이를 하면서 인과관계를 파악하고 조건부적 추론을 경험하는 것처럼, 이런 모형과 시뮬레이션은 성인들이 과제를 실제로 수행하는 데 필요한 사고를 갈고 다듬게 해준다. 우리는 심성모형이 너무 복잡하거나 그 모형을 확실히 고수하고 싶을 때 심성모형의 구성 요소를 표면화한다.

제약조건이 심적인 것이라면, (그리 쉽게 할 수 있는 일은 아니지만) 거기에서 벗어날 수 있다. 하지만 시뮬레이터 안에서는 제약조건이 설계 시점부터 내장되어 있어 유연성이 훨씬 더 떨어진다. 비행 시뮬레이터가 이를 보여주는 완벽한 사례다. 비행 시뮬레이터는 컴퓨터와 전화기로 작동하는 게임처럼 재미있는 형태부터 전문적인 훈련을 위해 제작한 정교한 기계까지 다양하다. 기본적으로 공기역학 법칙을 내포하고 있으며 비행 제어는 실제 비행기와 같은 방식으로 작동한다. 시뮬레이터는 행위를 재창조하는 것이 아니라 제약을 가하기 때문에 현실적이다. 이런 방식으로 제한된 수의 입력과 잠재 반응에 주의를 기울임으로써 가장 중요해 보이는 것에 집중하게 해서 비행 기술을 익히고 조종사의 결정을 개선하는 데 도움을 준다.

'가장 중요해 보이는 것'에 방점이 있다. 물론 거기에만 집중하면 문제도 생긴다. 지도가 땅이 아닌 것처럼 비행 시뮬레이터는 현실이 아니라 표상이므로 비행의 특정 양상에 초점을 맞추면서 다른 점은 무시한다. 예를 들어 기초적인 비행 시뮬레이터는 다른 항공기를 포함하지 않아서 뉴욕시의 상공과 같이 번잡한 곳에서의 비행을 준비하는 데는 도움이 되지 않는다. 이를 위해서는 항공교통 상황이라는 제약조건을 포함한 좀 더 정교한 시스템이 필요하다.

비행 시뮬레이터보다 훨씬 더 제약을 가한 것으로 완전히 물리적인 모형이 있다. 이 모형은 소프트웨어에 내장된 것보다 변경 가능성이 떨어지며, 타협할 수 없는 엄격한 제약조건을 강조한다. 물론 다른 모든 모형처럼 필수적인 부분에만 집중하기 쉽게 만들려는 목적을 가지고 있다. 이 모형의 가치는 포함한 정보만큼 무시한 정보에 달려 있다.

널리 알려지지 않았으나 역사적으로 주목할 만한 사례가 있다. 1952년에 캐나다 온타리오주의 원자로에서 전압이 급격히 높아져 연료봉이 과열되고 원자로 노심의 일부에 용융이 발생했다. 원자로는 뉴욕주의 경계에서 자동차로 두세 시간 정도 떨어진 곳에 있었고, 미국의 핵무기용 플루토늄을 농축하는 데 사용되었다. 그래서 미 해군의 핵잠수함 프로그램 팀이 문제 상황을 빠르고 조용하게 해결하라는 명령을 받았다. 이 팀은 나중에 미국 39대 대통령이 된 28세의 중위 지미 카터Jimmy Carter가 이끌고 있었다.

그들은 원자로를 안정화하기 위해 원자로의 깊은 곳으로 들어가야 했다. 하지만 방사능이 상당히 강해서 한 번에 단 90초만 버틸 수 있었다. 그들은 근처의 테니스 코트에 원자로의 물리적 모형을 만들어서 훈련용으로 사용했다. 카터는 과업 지시서에 다음과 같이 적었다. "훈련 시간에 세 명이 한 팀이 되어 모의 실험을 여러 번 수행하라. 그래서 정확한 장비를 가지고 있는지, 사용법을 알고 있는지 확인하라."[21]

그는 이렇게 설명했다. "마지막으로, 방호복을 착용한 다음 원자로로 내려가서 우리에게 주어진 시간 동안 재빨리 작업했다. 우리

팀은 매번 볼트를 제거하거나 다시 맞추었는데, 모의 실험을 여러 번 해본 것이 큰 도움이 되었다." 물리적 모형은 정확한 복제품이 아니다. 필수적인 특징을 갖추어서 무엇을 해야 할지를 연습하고 심성 표상을 형성할 수 있으면 충분하다.

의료 분야에서도 비슷한 맥락에서 그러나 훨씬 더 섬세한 손길로 모형을 채택하고 있다. 보스턴 어린이병원과 하버드 의과대학의 소아과 시뮬레이터 프로그램에서, 피터 웨인스톡Peter Weinstock 박사는 시뮬레이션이라는 개념을 수술에도, 특히 드물거나 복잡한 수술에 가져오고 싶었다. 그래서 웨인스톡 박사는 의사, 간호사, 컴퓨터 디자이너, 심지어 할리우드의 특수 효과 아티스트를 포함하는 연구팀을 구성하여 생물-해부학적으로 정확한 마네킹을 만들었다.

그 덕분에 외과의사는 실제 상황에서 기회가 단 한 번뿐인 수술을 하기 전에 실제 그대로의 조건에서 수술 연습을 수십 번 할 수 있게 되었다. "두 번 수술하고 한 번 절개하라." 시뮬레이터 프로그램에 대한 웨인스톡의 비공식적 구호다. 제약조건은 모형과 시뮬레이션 수술을 유용하게 만들어주었다. 그 모형은 몸 전체나 모든 생물학적·생리학적 상태나 반응을 원래 그대로 재현한 것이 아니다. 그 모형으로 실제 수술을 하기 전에 수술팀이 필수적으로 염두에 두어야 하는 것을 연습할 수 있을 뿐이다. 시스템의 특별함은 보존하는 것만큼 버리는 것에 달려 있다. 그 모형의 강점은 초점에 있다.[22]

구속이 아닌 권한 부여

　적절한 제약조건을 적용하면 실행 가능한 선택지를 확인하여 결정할 수 있다. 이는 개인에게 도움이 될 뿐 아니라 더 넓게는 사회적으로 많은 이득을 준다. 우리가 더 효율적으로 결정할수록 우리는 목표를 달성하고 세상에 영향을 주며 다른 사람을 위해 현실을 바꾸어나갈 수 있다. 예를 들어 토머스 에디슨은 그저 백열전구에 맞는 필라멘트를 찾아서 자신을 위해 조명을 만들어낸 것이 아니었다. 우리 모두는 그의 성공으로 혜택을 받았다. 우리가 제약조건을 슬기롭게 부여해서 프레임을 개선하면 할수록 우리 모두가 더 나은 삶을 누릴 수 있다.

　우리가 가진 프레임은 (인지 추론 덕분에) 이해하고 (조건부적 사고를 통해) 행동하는 능력을 주기도 하지만, (제약조건 덕분에) 그런 행동이 실제로 중요하다는 것을 보장하기도 한다. 우리는 제약조건을 고려해서 생각하므로 영향력 편향, 효과성 편향을 가지고 있다는 것도 확실히 해두어야 한다. 우리 삶에서 이룬 성과는 다른 사람들이 뒤따를 수 있는 발자취, 즉 다른 사람들이 채택하고 조정하며 적용할 수 있는 프레임을 남긴다.

　이는 기계에서 나온 결정에는 들어맞지 않는다. 우리는 앞서 컴퓨터가 인과관계를 고려하지 못하고 조건부적 사고를 수행하지 못한다는 것을 보았다. 그리고 제약조건을 생각해낼 수도 없다. 알고리즘은 스스로 경계를 설정하거나 제한점을 부여할 수 없다. 사실 이는 상당히 놀라운 일이다. 결국 방대한 컴퓨팅 성능을 가진 기계는 그저 가용한 시간 안에 사람보다 훨씬 더 효율적이고 신속하게 더 넓은 결정 공간을 평가할 수 있을 뿐이다.

하지만 문제는 인공지능이 기계적으로 선택지를 만드는 능력이나 처리 성능이 부족하다는 것이다. 경계 조건을 설정해야 하는 선택지는 훨씬 더 많으며, 이는 기계가 그저 시간을 아끼기 위해 평가해서는 안 되는 일이다. 그런 경계 조건이 없다면 기계는 제한이 없는 결정 공간에서 시간 내에 최상의 해결책을 제공하지 못할 것이다. 인간의 프레임 형성이 이러한 도전을 해결할 수 있다는 사실은 기계의 시대에 인간의 우월한 지위를 강조해서 보여준다.

음악을 생각해보자. 수십 년 동안 컴퓨터를 사용해서 작곡하려는 시도가 있어왔고 최근에는 인공지능이 만든 음악이 아주 훌륭해서 사람이 만든 것과 구별하기 어려운 사례도 종종 있다. 하지만 더 자세히 들여다보면 이런 시스템은 인간이 만든 프레임과 인간이 설정한 제약조건에 의존한다는 것이 확연히 드러난다. 예를 들어 구글에서 쳉지 애나 후앙Cheng-Zhi Anna Huang 연구팀이 개발한 인공지능 음악 제조기 코코넷Coconet은 요한 세바스찬 바흐Johann Sebastian Bach의 4중창곡 306개의 데이터 세트로 훈련받았다.[23]

코코넷은 아름다운 음악을 만든다. 그러나 인공지능에게 고마워할 필요는 없다. 오히려 바흐에게 고마워하자. 그의 간결한 멜로디

라인과 풍부한 화음은 이상적인 훈련 데이터였다. 시스템의 작동방식은 무작위로 음을 제거해서 어떤 톤이 가장 적합한지 예측하는 것이다. 결과를 보면 단지 몇 개의 음만 입력하면 선율이 부드럽게 이어지는 완벽한 화음을 가진 멜로디가 탄생한다. 그러나 인공지능 시스템은 미리 선택한 306개의 악보에 한정되어 작동한다. 그리고 사용한 데이터 자체가 1700년대 바흐의 곡으로, 신중하고도 '평균적으로 잘 조율된' 제약조건을 내포한 바흐의 심성모형을 표현한 것이다.

컴퓨터는 계산하지만 마음은 상상한다. 사람들은 자신이 제약조건에 적응하는 정도에 따라 현실에 맞게 마음 거닐기를 하고 새로운 현실을 머릿속에 그려볼 수 있다. 그렇게 우리는 지금 있는 그대로를 받아들이지 않고, 가능한 모습을 창조하면서 세상을 발전시킨다.

인과성, 조건부적 사고, 제약조건

사람들은 종종 조건부적 사고가 제약조건을 충족시키는 곳에서 프레임을 갈고닦는다. 우리의 대안 현실은 특정 상황과 가장 관련이 있다고 생각하는 제한점을 강화하거나 완화할 때만 적절해진다. 이렇게 우리는 가장 중요한 새로운 선택지를 만들어낸다.

아마존의 가장 강력한 경쟁자인 인도의 스타트업 플립카트

Flipkart를 살펴보자. 이 회사는 전자상거래 시장의 거의 40퍼센트를 장악했고, 이런 놀라운 업적으로 인해 2018년 월마트Walmart는 이 회사의 지배 지분을 인수했다. 플립카트는 상품을 온라인으로 판매하는 급진적이고 새로운 프레임이 아니라 일반적인 전자상거래 프레임의 제약조건을 신중하게 완화한 덕분에 이러한 성과를 낼 수 있었다. 고객은 배송을 받고 현금으로 대금을 지불할 수 있는데, 이는 직불카드를 가지고 있는 사람이 거의 없는 나라에는 안성맞춤한 방식이었다.[24]

제약조건을 창의적으로 조절해서 새로운 조건부적 사고를 성공적으로 수행했던 사람으로 블랙 아이드 피스Black Eyed Peas의 리더 윌아이엠will.i.am이 있다. 음반 제작계의 일반적인 관행은 가수에게 약간의 선금을 지급하고 음반 제작사가 곡에 대한 대부분의 권리를 확보하는 것이다. 기본적인 아이디어는 음악가는 재정적으로 어렵고 제작자는 투자금을 회수하지 못할 수도 있는 위험을 감수한다는 것이다.

윌아이엠은 이렇게 말했다. "나는 음반 판매로 얼마나 많은 돈을 벌었는지, 그리고 운 좋게 청량음료 닥터 페퍼Dr Pepper 노래를 만든 덕에 얼마나 많은 돈을 벌었는지 알고 있다. 30초 길이의 노래로 어머니가 빈민가에서 이사할 수 있게 해드렸다. 한편 내가 만든 두 장의 앨범은 두 시간 정도 길이의 노래를 담고 있다. 그때 은행 잔고가 2만 달러였다. 그때가 바로 내가 다른 세상이 있다는 것을 깨달은 시점이다."

월아이엠은 사업 모델의 제약조건을 바꿀 수 있다는 것을 파악했다. 새로운 제약조건은 곧 출시될 노래를 마케팅 목적으로 사용할 권리는 회사에 팔지만, 곡에 대한 다른 모든 권리를 유지해서 수익을 올리는 것이다. 그는 음반 녹음 스튜디오에 들어가기도 전에 엄청난 자금을 모아서 그 돈으로 최고의 노래를 만들었고, 그래서 히트곡이 될 수 있었다고 활짝 웃으며 설명했다. 그는 전례 없는 방법으로 음반 제작 사업을 재창조해냈다.[25]

인도의 전자상거래 사이트든 월아이엠의 싱글곡 〈Don't Phunk with My Heart〉든, 이런 사례는 조건부적 사고와 제약조건을 조화롭게 활용하여 새로운 수익 모델을 창출해낼 수 있다는 것을 보여준다. 이렇게 경계의 형체를 변형하면, 모든 프레임으로부터 혁신적이고 강력한 새로운 선택지가 출현할 수 있다.

우리는 제약조건을 적용하는 방식을 개선할 수 있다. 첫 번째 단계는 모든 심성모형은 제약조건이 필요하며, 이진법적이 아니라 점진적이라고 인식하는 것이다. 가변성, 최소 변화, 일관성을 통해 우리는 성찰과 가정에 관한 경계를 만들 수 있다. 또한 시뮬레이션을 개선하기 위해서 물리적 모형이나 디지털 소프트웨어의 형태로 제약조건을 표면화할 수 있다. 건축가, 외과의사, 군인이 그렇게 한다. 더 많은 학생, 기업가, 정책입안자도 그렇게 해야 하지 않을까?

우리의 프레임은 우리가 살아가는 방식에 영향을 준다. 인과관계를 통해 이해하고, 조건부적 사고를 통해 가상 세상에서의 우리를 생각해보고, 제약조건을 통해 우리의 프레임이 실행 가능한 것이 된다. 하지만 우리의 프레임이 제대로 작동하지 않는다면? 그래서 때로 프레임 재구성reframing이 필요하다.

6장

프레임 재구성

우리는 때로

프레임을 바꾸거나

새로운 프레임을 찾아야 한다.

피터 하벨러Peter Habeler는 숨을 헐떡이고 있었다. 몇 분 전까지 네 발로 기어다녔지만 지금은 덜 가파른 곳이라 일어서서 조심스럽게 발걸음을 내디뎠다. 세찬 바람이 구름을 밀어내면서 조금씩 앞이 보이기 시작한다. 몇 미터 앞에 라인홀트 메스너Reinhold Messner가 서 있었고, 오른쪽에는 정상을 표시하는 알루미늄 삼각대가 있었다. 1978년 5월 8일 오후 1시가 막 지났을 때, 두 사람이 세계에서 가장 높은 산인 에베레스트의 정상에 올랐다. 더더구나 무산소 등반으로![1]

인간의 한계에 도전해 새로운 이정표를 세운 정말 중요한 순간이었다. 1953년에 에드먼드 힐러리Edmund Hillary 경과 텐징 노르게이Tenzing Norgay 경이 최초로 에베레스트를 정복했다. 그후 25년 동안 정상에 오른 등반가는 손에 꼽을 정도였고, 모두 보조 산소통의 도움을 받았으며, 이른바 '원정대 방식expedition-style'으로 등반했다. 산소가 부족한 해발 8,000미터 이상의 고지대에서는 사망에 이르거나 최소 심각한 뇌 손상을 입을 수 있다는 것이 의학계의 일치된 의견이었다. 공기가 너무 희박해서 생명을 유지하기가 어려웠다. 에베레스트 정상은 해발 8,800미터가 넘는다.

그래서 정상을 오르는 유일한 방법은, 누구나 생각하듯이, 산소통을 준비하고 베이스 캠프를 설치하는 것이었다. 대규모 수송 작전이 필요하다는 의미다. 수십 명이 일종의 피라미드를 만들어서 몇 명의 등반가를 정상에 이르도록 도와주는 것이다. 1953년 힐러리 경의 탐험에는 400여 명이 동원되었는데, 대부분 짐꾼이었다.

알프스의 동쪽 지역에서 자라난 하벨러와 메스너는 전혀 다른 방법을 생각하고 있었다. 메스너는 티롤 남부 지역 출신 이탈리아인이고 하벨러는 오스트리아인이다. 10대와 20대에 이들은 '알파인 방식alpine style'이라는 새로운 등반 형태를 개척했는데, 여기서 핵심은 속도다. 빠르게 가면 가볍게 갈 수 있다. 알파인 방식에는 텐트도 침낭도 음식도 여분의 옷도 다른 준비물도 필요하지 않다. 이들은 4년 전 1,800여 미터에 달하는 암벽으로 이루어진 악명 높은 아이거 북벽을 빠르게 등반하면서 이 방식의 우월성을 보여주었다. 경험이 풍부한 최고의 등반가도 3일 이상 걸리는 그곳을 하벨러와 메스너는 중간에 세 팀이나 추월하면서 단 열 시간 만에 올라 새로운 기록을 세웠다. 하지만 더 중요한 것은 알파인 방식 등반 프레임의 타당성을 몸소 입증했다는 것이다.

하벨러와 메스너는 이제 30대의 경험 많은 등반가로서 자신들의 시선을 지구에서 가장 높은 곳인 에베레스트에 고정했다. 더 많은 등반가가 더 많은 산을 등반하게 되면서 의학 전문가도 인간이 아주 높은 고도에서도 짧은 시간 동안은 생존할 수 있다는 것을 알게 되었다. 그래서 고도 자체는 문제가 되지 않았고, 노출 시간이 중요했다. 하벨러와 메스너는 여기에서 가능성을 보았다. 기존의 원정대 방식을 사용하면 산소통과 준비물을 필요하다는 점에서 제한이 있었으나, 그 대안인 알파인 방식을 사용하면 무거운 물건들을 모두 버리고 에베레스트로 질주할 수 있다는 것을 의미한다.

하벨러는 "우리는 빠르게 올라야 한다는 것을 알았고 그렇게 하기를 원했다"라고 말했다.

1978년 봄에 드디어 기회가 왔다.

하벨러와 메스너는 마지막 등반 전날 해발 7,900미터에 위치한 캠프 4Camp 4에 도착했다. 그리고는 다음 날 이른 아침에 등반을 시작했다. 곧 산소 결핍을 느꼈고, 의지가 약해지고 있었다. 내딛는 걸음 하나하나가 고통스러웠고, 걸을 때마다 쌓인 눈에 깊이 푹푹 빠졌다. 짙은 안개 속을 걷다가 구름에 닿자 세찬 바람이 불기 시작했다. 폭풍이 오고 있었다. 숨이 턱 끝까지 차올랐지만 기어가기도 하면서 앞으로 밀고 나갔고 마침내 목표 지점에 다다랐다. 두 사람은 그렇게 세계에서 가장 높은 곳에 우뚝 섰다.

하벨러와 메스너는 정신 나간 사람처럼 기뻐하면서 서로 부둥켜 안고 눈물을 흘렸고, 그 순간을 만끽하면서 사진을 여러 장 찍었다. 그러고 나서 다시 한번 알파인 방식 프레임을 적용해서 캠프 4로 빠르게 내려갔다. 정상에 올랐다 다시 돌아오는 데 고작 아홉 시간 조금 넘게 걸렸다. 산소가 충분했다 하더라도 엄청나게 빠른 속도였을 것이다.

산악계는 놀라움을 금치 못했다. 물론 이들이 1950년대 에베레스트 정상 탐험이 시작된 이후 진일보한 기술 발전의 혜택을 입은 것은 분명했다. 로프는 더 가벼워졌고 장비는 더 간편해졌으며 등산복은 더 따뜻해졌다. 특히 품질이 향상된 등산화가 큰 도움이 되었다. 기존의 등산화는 가죽으로 제작되어 습기를 빨아들이면 얼어버려서 딱딱하고 차갑고 무거워졌다. 그래서 하벨러와 메스너는 특수하게 제작한 플라스틱 등산화를 착용했는데, 더 따뜻하고 가벼울 뿐만 아니라 걷기도 훨씬 편했다.[2]

이제 70대가 되어 오스트리아의 알프스 계곡에 살고 있는 하벨러는 자신의 성과를 회상하면서 장비나 심리적 준비가 분명 도움이 되기는 하지만 핵심 역할을 하지는 않았다고 한다. 결정적인 역할을 한 것은 생각의 변화였다.

그는 자택에서 진행된 인터뷰에서 "우리가 추구한 것은 (반드시 성공으로 이어지지 않는다 하더라도) 새로운 것이었다"라고 언급하면서 독일어로 새로운 것이라는 의미인 다스 노이어das Neue를 강조했다.

이전의 등반가들은 원정대 방식의 프레임만 유효한 것으로 받아들였다. 그렇게 특정 프레임을 채택하고 나면 그걸 버리기는 정말 어렵다. 사실 등반팀들은 원정대 방식의 프레임에 이의를 제기하기는커녕 그 프레임을 사용하여 최적화하려고 했으며, 그로 인해 그 프레임이 단단히 자리잡고 지속되었다.

하지만 메스너와 하벨러는 다른 프레임을 가지고 에베레스트에 왔다. 이들에게 에베레스트는 조금 더 높은 알프스 동쪽일 뿐이었다. 알파인 방식이라는 등반의 새로운 프레임은 정상을 정복하면서 공기가 희박한 상황에서도 적용할 수 있다는 것을 증명했다. 이들은 가장 높은 곳에 오르는 일은 수송 작전의 성취가 아니라 (익스트림) 스포츠이면서 개인적 성취라는 것을 보여주었다. 그 뒤로 정상급 등반가들 사이에서 원정대 방식의 프레임은 서서히 퇴출되고 있다. 무엇이 가능한지 확인하고 새로운 프레임을 받아들인 뒤에 높은 고도를 등반하는 일은 더 이상 모험가나 탐험가의 취미일 수 없다.

용감한 새로운 프레임

때로 우리가 사용하는 심성모형이 맞지 않을 수 있다. 하나의 프레임에만 붙잡혀 있으면 중요한 점을 파악하지 못할 수 있기 때문에 가장 좋은 선택지를 놓칠지 모른다. 그런 경우에는 생각의 프레임을 재구성해서 앞으로 나아가야 한다. 다시 말해 기존에 가지고 있던 프레임에서 벗어나 다른 프레임을 받아들일 필요가 있다. 자주 일어나는 일은 아니지만, 프레임 재구성이 성공한 시점과 장소는 우리에게 새롭게 이해할 수 있는 방법을 알려주고 새로운 선택지를 제공해준다.

우리는 보통 기존의 프레임 안에서 머무르려고 하기 때문에 프레임 재구성은 특별한 일이다. 프레임을 재구성하면 인과 프레임 내에서 제약조건을 활용하면서 가치 있는 조건부적 상상을 하여 당면한 문제를 해결할 수 있기 때문에 우리의 요구에 들어맞는다. 또한 굳이 바퀴를 새로 발명할 것이 아니라 이전의 템플릿을 사용할 수 있다는 점에서 심적 효율성을 향상시킨다. 잘 연마된 심성모형을 고수하는 것은 종종 성공을 위한 기본 전략이지 인지적 관성의 결과가 아니며, 인간이 가진 인지의 결함이 아니라 특징이다.

어떤 면에서 프레임 재구성은 제약조건을 수정하는 것과 유사해 보이지만 실제로는 그렇지 않다. 주어진 프레임 내에서 제약조건은 급진적인 선택지를 제외하고는 변경할 수 없는 것으로 보일 수 있다. 한 프레임 내에 머무르는 것은 심적인 부담으로 다가온다. 반면에 대안 프레임으로 바꾸면 새롭게 시작하는 기회를 얻을 수 있다. 모험을 해야 하는 일이지만 제대로 작동하면 매우 강력한 힘을 발휘한다.

하벨러와 메스너의 프레임 재구성은 제약조건을 단순히 손본 것으로 보일지 모르지만 사실은 훨씬 더 대단한 것이었다. 그들이 성공한 이유는 새로운 프레임을 만들어서 속도를 강조했기 때문이다. 이들이 무거운 짐을 이고 가는 원정대 방식의 프레임에 빠져 있었다면, 보조 산소통 없는 에베레스트 등반은 상상조차 하기 어려웠을 것이다. 이들은 기존의 프레임에 저항한 덕분에 심적 자유를 얻어 새로운 가능성을 열고 새로운 제약조건을 생성했다. (이 장의 마지막에 프레임 재구성과 제약조건의 상호작용에 대해 다시 논의할 것이다.)

프레임 재구성은 상당히 드물게 일어나기 때문에 성공하면 찬사를 받는다. 물론 어려운 일이긴 하지만 인간은 프레임을 재구성하는 능력을 가지고 있다. 프레임 내에서의 작업이 신중하게 이루어지는 것과 마찬가지로 프레임 재구성 역시 신중한 과정이다. 그러나 프레임 형성과 다른 점은 자주 한다고 해서 프레임 재구성 능력이 향상되지는 않는다는 것이다. 특히 주어진 프레임 내에서 이루어지는 추론과 비교해보면 프레임 전환은 방법론적인 과정이라기보다는 일종의 통찰에 더 가깝다. 물론 프레임을 성공적으로 재구성하는 데 도움이 되는 몇 가지 요소가 있다.

레퍼토리, 용도 변경, 재발명

프레임을 재구성하는 세 가지 일반적인 방법을 보자. 먼저 이미 가지고 있는 다양한 프레임에서 선택할 수 있다. 다음으로 다른 맥락에서 사용하는 것을 갖다 쓸 수 있다. 이 방법이 작동하지 않으면 새로운 프레임을 발명해야 한다. 프레임 재구성의 세 가지 형태 '레퍼토리repertoire' '용도 변경repurpose' '재발명reinvent'은 기본적으로 발생빈도 순서와 일치한다. 우리는 가끔 우리가 가지고 있는 많은 프레임 중에 새로운 것을 선택하고, 드물게 다른 영역에서 사용하는 프레임을 적용하며, 진정으로 놀라운 순간에 새로운 프레임을 구축한다.

이런 구분은 경계가 아주 불분명하다. 실제로는 마음속 한구석에 오래 머물러 있던 것이었는데 완전히 새로운 프레임을 만들었다고 믿을 때도 있다. 또는 이미 레퍼토리 안에 있는 프레임을 사용했지만 용도를 변경했다고 느낄 수도 있다. 핵심은 이러한 전략을 완벽하게 기술하는 것이 아니라 프레임을 재구성하는 여러 가지 방법이 있다는 것을 인식하는 것이다. 그러면 하나의 전략을 사용하면서 어려움을 겪을 때 다른 전략을 시도해볼 수 있다.

가장 쉬운 해결책인 레퍼토리는 개개인이 저장하고 있는 프레임을 마음속으로 휙휙 넘겨보면서 적절한 대안이 있는지 확인해보는 것이다. 길을 찾고 있을 때 여러 개의 지도 사이를 왔다 갔다 한다고 생각해보라. 마치 브로드웨이에서 지하철을 타러 내려가거나 교통 체증을 피하려는 상황을 말한다. 또는 많은 사람이 월가에서 발생한 일이 소도시에 사는 일반인에게는 그다지 중요하지 않을 것이라고 생각할 때 자신의 템플릿 창고에서 대공황의 심성모형을 꺼내 적용했던 벤 버냉키를 생각해보자.

프레임의 레퍼토리를 사용할 때 각 프레임의 특성을 알아야 잘 들어맞는 프레임을 찾을 수 있다. 그러나 우리가 사용할 수 있는 프레임의 선택 폭이 넓은 것도 그에 못지않게 중요하다. 푸짐한 뷔페나 장서를 갖춘 도서관, 또는 광범위한 노래 모음집처럼 심적 목록이 더 다양할수록 우수한 프레임으로 전환할 가능성이 증가한다. 투자의 귀재 워런 버핏Warren Buffett의 비즈니스 파트너 찰리 멍거Charlie Munger는 이러한 이유로 머리에 '격자틀 모형latticework of models'을 지니고 다녀야 한다고 주장한다. 먼저 내부 목록을 들여다보는 것은 매우 영리한 전략이다. 그렇게 하면 적합한 프레임을 꺼낼 때 필요한 인지적 에너지를 절약할 수 있다.[3]

이제 프레임 재구성의 두 번째 형태, 다른 곳에서 가져온 프레임의 용도를 변경한다는 아이디어를 살펴보자. 이 형태는 프레임을 재구성해야 하지만 대안이 마련되어 있지 않아서 다른 영역에서 사용하고 있는 프레임을 가져와 현재 상황에 맞게 조절할 수 있을 때 사용한다. 준비된 템플릿이 아닐 수 있어서 적절하게 변경하려면 상당한 인지적 작업을 수행해야 한다. 그러나 최소한 고민해볼 만한 프레임이 있기 때문에 시작할 수는 있다. 거대 가구기업인 이케아IKEA가 바로 이런 종류의 프레임 재구성을 해냈다.

1950년대 스웨덴에서 잉그바르 캄프라드Ingvar Kamprad가 플랫팩flat-pack(납작한 상자에 부품을 넣어서 판매하는 DIY 조립식 가구 – 옮긴이) 가정용 가구를 팔기 시작했을 때만 해도 가구는 일반적으로 '세대를 이어 사용'하기 위해 구입했기 때문에 다음 세대에 물려줄 막대한 투자였다. 하지만 캄프라드는 전후 소비지상주의라는 다른 흐름을 알아챘고, 의류처럼 취급할 수 있도록 가구를 싸게 만들어 짧은 시간 동안만 사용하는 제품을 탄생시켰다. 이케아 제품이 저렴했기 때문에 할아버지가 썼던 가구라고 해서 계속 가지고 있지 않고 새로운 것으로 바꿀 수 있었다. 지금은 전 세계의 소비자가 많지 않은 예산을 들여 이케아의 가구로 집의 스타일을 자주 바꿀 수 있다. 단 스스로 조립할 의지가 있어야 한다(그리고 다빈치의 손재주도 필요하다).[4]

이케아가 초기에 성공한 핵심 이유는 가구가 무엇을 말하고 무엇을 위해 사용되는지에 관한 대안적인 심적 프레임을 사용했다는 것이다. 하지만 영원히 사용하는 것이 아닌 때에 맞추어 사용하는 것이라는 프레임은 불확실한 채로 있었을 뿐 아주 새로운 것은 아니었다. 다른 분야에서는 내구성 있는 제품에서 일회용 제품으로의 이행이 진행되고 있었다. 가구 분야에서 아직 그런 움직임이 없었다는 것이 이케아 설립자에게는 행운이었고, 그는 프레임의 용도를 변경하여 이케아가 우위에 설 수 있게 만들었다.

최근 경제학 분야에서 용도 변경을 통해 프레임을 재구성한 다른 사례를 보자. 수요와 공급, 가격탄력성에 관한 고전적 모형은 균형이라는 개념에 의존한다. 사실 경제학의 토대는 1700년대와 1800년대 초기에 과학자나 경제학자라는 용어가 있기 이전에 철학자에 의해 발전되었다. 통화 공급이 어떻게 확대되는지 또는 교역 조건이 어떻게 계산되는지에 관한 그들의 이론은 비현실적으로 등장한 것이 아니라 그들이 수집한 자료에 근거한 것이었다. 하지만 알다시피 자료는 그 자체로 존재하지 않는다. 모형, 즉 심성모형에서만 존재할 수 있다.

경제학이 충분한 성찰 없이 채택한 프레임은 (3장에서 설명한 뉴턴과 중농학파을 추종하여) 고전물리학에서 받아들인 것이다. 사실 동적 평형dynamic equilibrium과 유동성liquidity이라는 용어는 물리학에서 직접 가져와서 수요와 공급, 자본의 흐름, 시간의 흐름에 따른 가격 변화와 가격 결정을 묘사하는 데 사용됐다. 이 프레임은 적합한 모형이 아니었다. 특히 물리학 프레임을 받아들였을 때보다 훨씬 더 복잡해진 현대 경제학에서는 적용하기 어렵다.[5]

MIT의 경제학자 앤드루 로Andrew Lo는 이제는 균형을 강조하는 물리학의 프레임에서 진화와 성장에 초점을 맞춘 생물학의 프레임으로 옮겨가야 한다고 생각한다.[6] 매우 일리 있게 들린다. 경제학은 밀도나 열의 확산과 같은 예측 가능한 특성을 가진 철판이라기보다는 변화에 반응하는 좀 더 복잡하고 적응적인 유기체와 비슷하다. 그리고 프레임을 바꾸면 새로운 가능성이 많이 열린다. 우리가 진화하는 실체를 다루는지 아니면 끊임없이 명확하게 정의하려고 하는 특성을 가진 실체를 다루는지에 따라 금융, 기업, 시장에 대한 규제는 달라진다.

이미 보유하고 있는 레퍼토리를 벗어난 (그러나 다른 곳에서는 성공적으로 사용되고 있는) 프레임으로 전환하는 것은 다른 사람의 어깨 너머로 배우는 것과 같다. 우리가 이미 알고 있는 프레임을 사용하는 것보다 더 어렵지만 완전히 새로운 프레임을 만들어내는 것보다는 쉽다.[7] 레퍼토리를 벗어난 프레임으로 전환하려면 기술과 능력이 필요하며, 특히 자신으로부터 멀리 떨어진 사람·장소·경험에 대해 개방적이고 호기심이 있어야 한다.[8]

용도 변경은 효율적이기도 하다. 이미 적절한 모형을 가지고 있고 그 모형의 장점과 단점, 적용 시기와 방법에 익숙하다면 가장 이상적일 것이다. 하지만 모든 만일의 사태를 대비해서 프레임을 저장할 수는 없으므로 용도 변경은 차선의 방책으로 사용해야 한다.

기존의 레퍼토리에서 프레임을 선택하든 이질적인 분야의 프레임을 가져와 용도 변경을 하든 새로운 프레임으로 전환할 때 그 프레임은 어떤 형태로든 이미 존재하고 있는 것이다. 하지만 그것도 통하지 않을 때가 있다. 새로운 상황에서는 그 상황을 살펴보고 이해할 수 있는 특유의 방법이 절실히 필요할 수 있다. 레퍼토리나 용도 변경을 통한 프레임 재구성에 실패한다면, 완전히 새로운 프레임을 고안해내야 한다.

찰스 다윈Charles Darwin이 대표적인 사례다. 그는 적자생존이라는 개념으로 잘 알려져 있다. 그가 만든 프레임은 좀 더 근원적인데, 모든 종의 생명체는 시간이 흐르면서 공통의 조상으로부터 갈라져 나왔다는 것이다. (말 그대로 생명나무의 도표와 같은) 그 기본 개념은 인간이 지구에서 생명의 기원을 이해하는 방식과 종이 진화한 방식을 완전히 바꾸어놓았다. 이러한 방식의 프레임 재구성은 레퍼토리에서 새로운 것을 꺼내어 적용하거나 다른 맥락에서 새로운 문제에 적용할 수 있는 프레임을 찾는 것이 아니다. 오히려 새로운 프레임을 발명하는 것으로 볼 수 있다. 재발명에 의한 프레임 재구성은 역사적으로 기념하고 기억된다.

역사적 이정표가 된 재발명은 이외에도 많다. 1905년에 나온 아인슈타인의 특수 상대성 이론은 물리학의 새로운 프레임이었고 뉴턴의 프레임을 보완했다. 특수 상대성 이론이 발표되자 물리학자들은 그 프레임으로 세상을 더 잘 설명하고 그 위에 무언가를 구축할 수 있다는 것을 확인할 수 있었다. 루소의 (1762년에 출간된 책의 제목이기도 한) '사회계약social contract'이라는 아이디어는 대중과 권력자가 서로에게서 지위를 얻게 된 방법을 깔끔하게 설명하는 프레임이었다.[9] 바로 하나의 권리를 얻기 위해서 다른 권리를 포기한다는 것이었다. 인터넷 통신 규약은 회선 교환 음성 트래픽에서 패킷 교환 데이터 트래픽으로 통신의 프레임을 재구성했다. 오픈소스 소프트웨어 운동은 코드를 개발하고 수익화하는 방식에 관한 프레임을 재구성했다.

이 모든 사례에서 혁신은 방정식, 법칙, 라우터, 소프트웨어로 드러나기 전까지는 무형의 지적 자산이었다. 이런 혁신 과정에서 우리는 우리의 심성모형 전체를 바꿔야 했다. 혁신은 우리가 알고 있는 것을 넘어서는 것이다.

새로운 프레임의 대가

어떤 전략을 선택하든지 프레임 재구성은 실패로 점철된 노력의 과정이다. 프레임 재구성에 이르는 경로에는 신뢰할 만한 이정표도 단순한 인지적 과정도 확실한 시간표도 없다. 새로운 프레임은 갑작스럽게 쏟아져나오기도 하고 여러 해 동안 꾸준히 시도해야 나오기도 한다. 물론 새로운 프레임이 성공을 보장해주지는 않는다. 즉 새로운 프레임을 머릿속에 그려보는 단계에 이르기도 하지만, 부적합한 것으로 판명이 날 수도 있다. 1950년대에 많은 연구자가 DNA의 구조를 확인하려고 시도했다. 1953년에 유능한 생물학자 라이너스 폴링Linus Pauling은 동료들과 함께 DNA의 3중 나선 구조를 기술한 획기적인 연구 결과를 내놓아 많은 찬사를 받았다. 두 달 후에 제임스 왓슨James Watson과 프랜시스 크릭Francis Crick은 이보다 성긴 모형을 제시했고 실제에 더 잘 들어맞았다.[10]

프레임의 근본적인 변화로 이어지는 기념비적인 발견을 했지만 정작 본인은 자신의 발견을 깨닫지 못한 사례도 있다. 독일의 화학자 오토 한Otto Hahn과 프리츠 슈트라스만Fritz Strassmann은 세계 최고 수준의 연구자였다. 이들의 연구 주제는 '핵 붕괴nuclear decay'였다. 1938년에 이들은 중성자를 우라늄에 충돌시켜 바륨과 에너지를 얻었다. 하지만 최고 수준의 화학자인 그들도 이것이 어떤 의미인지 분명히 알지 못했고, 화학 반응 방식에 관해 그들이 가진 프레임으로 이를 설명하지 못했다.

한은 오랜 동료 물리학자 리제 마이트너Lise Meitner에게 이 곤혹스러운 결과를 보냈다. 마이트너는 당시로는 드문 여성 과학자였고 나치를 피해 스웨덴으로 탈출한 유대인이었다. 처음에는 마이트너와 그녀의 조카이자 동료 물리학자 오토 프리슈Otto Frisch도 당황했다. 그러나 곧 데이터와 기존의 물리학 지식에 근거해서 기존과는 다른 심성모형을 만들었다. 그 모형은 한과 슈트라스만이 핵의 원자를 분열시켰다고 가리켰다. 그들은 〈네이처Nature〉에 발표한 논문에서 이 현상에 대해 '핵분열fission'이라는 새로운 용어로 이름 붙였다.[11]

마이트너는 프레임 재구성을 통해서 베를린에 있는 한의 실험실에서 일어난 일을 설명했을 뿐만 아니라 핵 에너지에 대한 인류의 이해에 대변혁을 일으켰다. 마이트너의 설명을 읽으면서 한은 자신이 만들어내고 관찰한 발견이 엄청난 것이라고 인식했지만 개념화하지는 못했다.

프레임을 재구성하는 사람이 자신이 무엇을 이루었는지 인식한다 하더라도 그 중요성을 파악하지 못할 수도 있다. 하인리히 헤르츠Heinrich Hertz는 "우리는 방금 이전에 육안으로 볼 수 없었던 신비한 전자기파를 확인했다. 그런데 이걸로 무엇을 할 수 있을지 모르겠다"라고 말했다고 알려져 있다. 라디오가 바로 코앞에 있는데도 말이다.[12]

그렇게 놀랄 일은 아니다. 새로운 프레임은 혁명적이어서 충분히 이해하는 데 종종 시간이 걸린다. 다른 사람들은 프레임 재구성을 이해하지 못할 수 있는데, 그 이유는 표준적인 사고방식에 대한 모욕이라고 생각하기 때문이다. 예를 들어 2010년대 중반까지만 해도 회사의 고위 임원들 중 상당수가 아마존의 사업이 여전히 이익을 가져오지 못한다고 비웃었다. 그들은 아마존은 수익성이 떨어지는 모델을 가지고 있는데, 과도하게 상승한 주가가 떠받치고 있는 상황이라고 생각했다. 기업의 실적을 이해하는 전통적인 방식으로는 그들이 옳았다.

하지만 다른 프레임으로 보면 그들은 완전히 틀렸다. 제프 베조스Jeff Bezos는 상업적 성장의 프레임을 재구성했다. 매년 수익을 창출하여 주주에게 배당하는 것(그리고 이익의 3분의 1을 정부에 세금으로 내는 것)에서 벗어나서 모든 수익을 재투자해서, 킨들에서부터 클라우드 서비스까지 인접한 영역으로 사업을 확장하는 방식이었다. 사후확신편향Hindsight bias으로 보면 그다지 특별할 것이 없지만, 바로 그 시점에 새로운 프레임을 이해하는 사람은 많지 않다.[13]

새로운 프레임이 훨씬 더 나아서 다른 프레임을 사실상 구식으로 만들어버리는 경우가 있다. 그리고 새로운 프레임이 이전 프레임과 평온하게 공존하기도 한다. 아인슈타인 학파와 뉴턴 학파 모두 운동에 관한 설명에서 독자적인 위치를 가지고 있는데, 이는 독점 소프트웨어와 오픈소스 코드가 같이 번성할 수 있는 것과 유사하다. 영국, 벨기에, 부탄, 태국과 같은 국가는 민주주의와 군주제를 혼합할 수 있었다. 중앙은행은 명목화폐를 관리하지만 사람들은 여전히 물물교환을 하고 비트 코인을 사용한다.

이 모든 사례에서 볼 수 있듯이 논쟁점이 있는 문제의 프레임을 재구성하면 새로운 관점을 가질 수 있다. 그래서 프레임을 재구성하지 않았다면 상상하지 못했을 대안을 창출한다. 그리고 우리가 좋은 결정을 내리고 더 나은 결과를 얻을 수 있게 해준다. 유용한 프레임을 재구성한 사례로 뉴저지주 남쪽에 위치한 캠던시가 있다. 캠던시는 사람들 대부분이 불가능하다고 생각했던 일을 대담하게 해냈다. 기존의 경찰 전체를 해고하고 새로운 경찰조직을 만든 것이다. 이러한 급진적인 움직임의 배경에는 법 집행의 역할에 대한 프레임 재구성이 있었다. 시민을 범죄자로 간주하는 프레임이 아니라 공동체 지향적인 치안 유지라는 프레임으로의 변화였다.[14]

캠던시에서는 범죄가 끊이지 않았다. 23제곱킬로미터의 공간에 75,000명이 밀집한 이 도시는 전국에서 범죄율과 살인율이 가장 높은 도시 중 하나였다. 그리고 일부 지역은 황량했다. "버려져 폐허가 된 연립주택이 1,500채가 넘는다. 창문이 없는 벽돌공장, 창고, 버려진 주유소처럼 빈껍데기 같은 곳이 도시를 둘러싸고 있다. 쓰레기로 가득하고 잡초가 무성한 공터…… 판자로 입구를 막은 상점도 있다. 아마 거리의 마약시장도 100개는 될 것이다." 크리스 헤

지스Chris Hedges와 조 사코Joe Sacco가 2012년에 출간한 『파괴의 날, 반란의 날Days of Destruction, Days of Revolt』의 일부다. 마운트 에프라임 가에 있는 침례교회의 스테인드글라스 창문에는 총알 구멍이 가득 했다.[15]

범죄는 물론 나쁘지만 경찰이 상황을 더 악화시킨 게 분명하다. 경찰관은 일상적으로 증거를 만들어놓았고, 허위로 보고서를 작성 했으며, 이렇게 조작된 폭력 행위로 사람들을 기소했다. 법원은 수 십 명의 유죄 선고를 뒤집어야 했다. 주민들 중 상당수는 폭력조직 만큼이나 경찰을 두려워했다. 경찰 노조는 이기적인 이유로 변화를 거부했다. 2012년에는 상황이 더욱 악화되었고 개혁은 너무 비효 율적이어서, 지역의 지도자는 아무런 조치도 취하지 못했다.

지역 자치정부의 수장인 루이스 카펠리 주니어Louis Cappelli Jr.는 구체적인 몇 가지 문제를 고치는 것만으로는 충분하지 않고 시스템 전체를 점검할 필요가 있다고 인식했다.[16] 하지만 어떻게 할 수 있 을까? 지역 공동체의 지도자, 주민, 비슷한 생각을 가진 정책입안자 들과 함께 연구를 진행하면서 그는 다른 심성모형을 떠올렸고, 그 모형을 다나 레드Dana Redd 시장, 경찰 고위 간부인 스콧 톰슨Scott Thompson과 공유했다.

캠던시는 141년 된 경찰국을 해체했고, 경찰관 260명이 직업을 잃었다. 2013년 완전히 새로운 계약하에 새로운 경찰조직을 구성 했을 때, 그 내용은 그저 새로운 얼굴, 새로운 규칙, 새로운 훈련만

이 아니었다. 가장 중요한 것은 새로운 접근방식이었다. 이전 경찰 중 다시 고용된 경찰관은 채 100명이 되지 않았다. 자신의 심성모형에 갇힌 사람들의 시선으로는 경찰의 해체나 이기적인 노조의 해산으로 보일 것이다. 하지만 캠던시의 지도자들이 가진 심성모형의 폭은 훨씬 더 넓었다.

새로운 경찰조직을 이끌게 된 톰슨은 "그 일은 정말 문화를 바꾸는 수준이 아니라 새로운 문화를 건설하는 것에서 시작되었다. 그리고 우리는 경찰관의 정체성이 전사가 아니라 수호자인 곳에서 조직을 만들 수 있었다"라고 설명했다.[17] 캠던시는 경찰의 과제라는 프레임을 사람들을 체포하고 범칙금 고지서를 발부하는 것이 아니라 도움을 주고 보호해주면서 공동체와 조화를 이루는 것으로 재구성했다.

톰슨은 "경찰 열 명을 보이스카우트나 걸스카우트와 교환한 셈이다"라고 말했다.

새로운 프레임과 함께 순찰대도 바뀌었다. 이제 경찰관의 임무는 문을 두드려서 자신을 소개하고 시민들의 애로사항을 듣고 도움을 주는 것이었다. 경찰은 이웃의 파티에 갑자기 나타나서 미스터 소프티 아이스크림 트럭과 함께 어울리고 핫도그를 굽고 아이들과 야구를 하며 주민들을 알아가기 시작했다.

7년 후 미국 미네아폴리스의 경찰관이 조지 플로이드George Floyd를 살해하고 시위대가 "경찰을 해산하라Defund the Police"라고 외치면서 미국의 도시들이 말 그대로 화염에 휩싸였을 때, 캠던시는 성공 사례로 소개되었다. 살인 범죄는 60퍼센트 감소했고, 전체 범죄가 절반으로 줄었으며, 경찰의 과도한 공권력 사용에 대한 항의 건수는 놀랍게도 95퍼센트나 수직 하락했다. 프레임 재구성이 제대로 작동한 결과다.

상징적인 순간이 2020년 6월에 찾아왔다. 캠던시 경찰의 새로운 수장 조지프 와이소키Joseph Wysocki는 '흑인의 생명도 소중하다 Black Lives Matter' 운동의 거리 시위를 승인했을 뿐만 아니라, 주최 측에 행렬의 선두에 서서 참여할 수 있는지 묻기도 했다. 이는 전국적인 뉴스가 되었고, TV 카메라는 치안 유지의 새로운 심성모형이 만들어낸 잊을 수 없는 장면을 담았다.

세상을 보는 새로운 방식

기존의 레퍼토리에서 가져오든, 다른 곳에서 가져온 프레임의 용도를 변경하든, 완전히 새로운 프레임을 재창조하든, 성공적인 프레임 재구성을 위해서는 공통점을 공유해야 한다. 여기서 필요한 것은 기발한 아이디어도 좋은 기억력도 깊은 경험도 아니다. 새로운 생각을 하는 위험을 감수하고 새로운 인지적 경로를 구축하겠다는 의지가 필요하다. 낯선 것도 편안하게 여겨서 선입견이나 추정이 자연스럽게 사라지게 하고 새로운 가능성을 확인하고 잡을 수 있어야 한다.

누군가는 이미지의 예상치 않은 그림자나 측정도구의 이상한 수치를 지적하겠지만, 프레임을 성공적으로 재구성하기 위해서는 이와는 다른 무언가를 보아야 한다. 그리고 그렇게 할 때 종종 진정으로 '아하!' 하는 순간을 경험할 수 있다. 때로는 이런 기념비적인 순간이 환희의 감정을 불러일으키기도 한다.

유전자 편집gene editing이 대표적인 사례다. 두 명의 저명한 과학자 프랑스의 에마뉘엘 샤르팡티에Emmanuelle Charpentier와 미국의 제니퍼 다우드나Jennifer Doudna의 연구 사례를 살펴보자.

1980년대에 박테리아 같은 단순세포가 자신들의 분자 크기의 면역체계를 가지고 있다는 것이 발견되었다. 이 단순세포는 그 세포의 일부분이 아닌 유전자 정보를 기억하고 식별하고 파괴할 수 있다. 연구자들은 이 시스템을 크리스퍼clustered regularly interspaced short palindromic repeats, CRISPR(규칙적인 공간을 두고 무리를 이루고 있는 짧은 회문 구조)라고 불렀다.

2012년에 테스토스테론 관련 연구를 하는 두 명의 여성 과학자 샤르팡티에와 다우드나는 실험실의 동료가 DNA의 특정 영역을 잘라낼 수 있는 방법을 발견했을 때 세포의 크리스퍼 시스템에서 특정 영역을 살펴보고 있었다. 샤르팡티에와 다우드나는 이런 분자 가위가 유전자 정보를 편집하기 위해 여러 가지 용도를 가진 강력한 도구로 사용될 수 있다는 것을 깨달았다. 이후 다우드나는 그걸 알게 된 순간 머리카락이 말 그대로 목 뒤에서부터 곤두서는 느낌이 들었다고 회상했다. 그녀는 그때 떠오른 새로운 심성모형에 바로 한 방 맞은 듯했다. "그와 같은 통찰의 순간은 자주 오지 않아요. 그래서 과학자로서 소중히 여기는 순간이죠"라고 설명했다.[18]

영국의 수학자 앤드루 와일스Andrew Wiles는 프레임 재구성을 통해 '페르마의 마지막 정리Fermat's Last Theorem'를 증명했다. 페르마의 마지막 정리는 지난 100년 동안 풀리지 않은 채로 남아 있는 수학적 추측으로 '어둠 속에서 집에 들어가 마침내 전등 스위치를 찾아 자신이 어디에 있는지 확인할 때까지 이리저리 가구에 부딪히는 상황'에 비유한다. 와일스에게도 프레임 재구성은 너무나 놀라운 순간이어서 몇 년 후 TV 프로그램에 출연해 이 순간을 회상할 때, 그러잖아도 금욕적인 영국인이 그때의 감정으로 너무 상기되어 인터뷰를 중단해달라고 요청할 정도였다.[19]

우리는 프레임을 재구성해서 세상을 새롭고 더 유용한 시각으로 보는 방법을 알려주는 사람들을 소중히 여겨왔다. 물론 빈의 의료진들이 제멜바이스의 손 소독 필요성의 주장에 대해 했던 것처럼, 처음에는 새로운 프레임을 거부한 적도 있다. 또한 이러한 인지적 선구자들은 흔치 않으므로 이들을 우상화하기도 한다. 프레임 형성은 자연스럽게 이루어지지만 프레임 재구성은 어렵고 드물게 일어난다. 그래서 재구성한 프레임이 제대로 작동할 때 우리는 특별하다고 느낀다. 그리고 우리 모두는 2020년에 노벨상을 수상한 에마뉘엘 샤르팡티에와 제니퍼 다우드나와 같이 특별한 사람이 되기를 소망한다.

하지만 한 번 프레임 재구성에 성공했다고 해서 계속 그런 일이 일어날 수 있다고 믿는 것은 위험하다. 프레임 재구성이라는 성과를 왕관처럼 여겨 너무 자부심에 가득 찬 나머지 새로운 프레임이 잘 들어맞지 않는 곳에도 적용하려 할 수 있다. 최고의 혁신가는 이를 인식하고 있으며 이러한 가능성을 최소화하려고 노력한다. 애플의 스티브 잡스Steve Jobs, 아마존의 제프 베조스, 구글의 래리 페이지Larry Page 같은 이들은 모두 고집스럽다는 평판을 받으면서도 자신의 견해와 충돌하는 다른 대안도 적극적으로 모색했다. 이들은 단일 프레임에 의존할 때 발생하는 문제점과 대안 프레임에 노출될 때의 가치를 이해한다.

프레임을 성공적으로 재구성했으나 기존의 프레임에 지나치게 집착했던 가장 악명 높은 사례는 알베르트 아인슈타인이다. 1905년 당시 26세이던 그는 특수 상대성 이론으로 현대 물리학의 프레임을 재구성했다. 특수 상대성 이론도 예측 불허의 자연현상을 설명하는 하나의 프레임이다. 이 프레임은 질서정연한 우주를 가정하고 그 안에서 모든 물리적 현실을 원리, 질, 양으로 설명할 수 있다고 주장한다. 그런데 양자역학이 중요한 이론으로 대두되었을 때 아인슈타인은 이를 거부했다. 그가 보기에 세상의 근원적인 무작위성에 바탕을 둔 그 프레임은 몹시 이상하고 합리성과는 너무 거리가 멀었다. 그는 종종 "신은 주사위 놀이를 하지 않는다"라며 양자역학에 대한 마뜩잖은 생각을 드러냈다.[20]

그러나 아인슈타인이 틀렸다. 양자역학 이면의 아이디어들이 물리학계에서 그 자리를 공고히 해왔다. 아인슈타인이 보여준 성공적인 프레임 재구성에 찬사를 보내며 그를 소중히 여기는 것만큼, 우리는 그의 실패 역시 제대로 인식해야 한다. 프레임 재구성은 한 번하기도 어렵지만 그걸 다시 하기란 훨씬 더 어렵다. 때로는 초기의 성공으로 인해 강력하게 형성된 생각 때문에 프레임이 적절하지 않아도 폐기하지 못하거나 새로운 프레임의 수용을 거부하기도 한다. 심지어 아인슈타인도 이런 실수를 하는데, 우리에게 어떤 희망이 있을까?

여기에 중요한 교훈이 있다. 프레임 재구성에서는 그 유명한 주식거래 면책 조항을 적용하자. "과거의 실적은 미래의 수익을 보장하지 못한다." 제니퍼 다우드나와 일론 머스크와 같이 프레임 재구성에 성공한 사람들을 존경하는 만큼, 다음번에도 그들의 통찰력이 이전처럼 중요할 것이라고 바라지는 않아야 한다. 다음번의 중대한 프레임 재구성은 우리 중 어느 누구도 해낼 수 있다.

프레임을 재구성할 시점 알아차리기

우리 모두는 프레임 재구성을 더 잘할 수 있다. 프레임 재구성의 출발점은 프레임을 전환하려고 시도할 때 맞이하는 어려움의 근원을 이해하는 것이다. 특별히 네 가지가 중요한데, 새로운 프레임을 만드는 데 필요한 인지적 에너지, 친숙한 프레임에서 벗어날 필요성, 환경에 적합한 프레임을 인식할 필요성, 그리고 프레임 재구성에 적합한 때를 인식하는 현명한 시점 판단이다.

첫 번째는 새로운 심성모형을 활용하는 데 필요한 노력이다. 우리는 프레이머로서 이런 연습을 해왔고 새로운 프레임을 적용하는 데 능숙하다. 하지만 심성모형을 선택하는 데는 그다지 능숙하지 않다. 모형을 선택하는 데는 상당한 인지적 노력이 필요하며 그 모형이 성공을 확실하게 보장해주지도 않는다. 프레임을 재구성할 때는 심적으로 미지의 것, 이른바 '인지적 미개척 영역'을 받아들여야 한다. '생각해본 적이 없는 것'은 마주친 적이 없는 것만큼 우리를 당황하게 한다. 대다수 사람들은 알려진 것을 넘어서는 것을 상상할 수 없다.

이러한 도전은 우리가 직면하는 두 번째 어려움, 즉 익숙한 것에서 벗어나는 것의 어려움으로 인해 악화된다. 프레임을 재구성할 때, 우리는 기존의 프레임을 적극적으로 밀어내고 새로운 프레임이 들어설 인지적 공간을 확보해야 한다. 새로운 길을 설계하는 것은 익숙한 길, 즉 이전에 여러 번 밟아서 땅에 잘 새겨진 자국을 따라가지 않도록 기존의 길을 없애야 하는 조경사의 일과 유사하다. 이는 일종의 의도적 망각으로 다른 무언가를 떠올릴 때 우리가 해야 하는 일이다.[21]

우리는 의도적 망각의 방법을 알고 있지 않다. 인간의 망각은 자동적인 과정으로 우리가 쉽게 제어하지 못한다. 그러나 프레임을 재구성하고 싶다면 반드시 잊어야 한다. 특히 겉으로 보기에 새로운 프레임이 이전 프레임과 상충할 때, 즉 새로운 프레임으로 인해 유발되는 인지적 부조화를 극복해야 할 때 그렇다.

이런 인지적 부조화는 한 사람의 생각에서 일어날 수도 있지만 공동체에서 일어날 수도 있어서 새로운 프레임을 채택하기 어렵게 만든다. 그런 상황에서 프레임을 전환하려면 많은 사람이 대안 프레임으로 초점을 재조정해야 한다. 이렇게 하려면 시간이 소요되며 애를 써야 하는 논의, 협상, 설득의 과정이 필요하다. 하벨러와 메스너는 원정대 방식을 자신들의 등반 방식의 근거로 삼은 적이 없기 때문에 원정대 방식의 프레임을 밀어낼 필요가 없었을지 모른다. 하지만 이들은 다른 등반가에게 알파인 방식의 프레임으로 최종 등반에 성공했다는 확신을 주어야 했고 그렇게 하기 위해 노력했다. 프레임을 재구성하는 사람은 선구적인 역할을 하게 되는데, 대부분 그것을 자연스럽게 받아들인다.

세 번째 요인은 프레임이 그 환경에 적합한 정도, 즉 주어진 상황에서 달성하려는 목표다. 잘 들어맞는 프레임을 찾을 때 엄격한 것이 더 나은 것이라고 생각할 필요는 없다. 프레임이 꼭 맞는 것인지 느슨한 것인지는 상황에 따라 달라진다. 좁은 프레임에서는 여러 가지 제약조건이 상당히 분명해 보이며 기억하기 쉽다. 그러나 프레임을 더 좁히면 일부 조건이 변할 때 더 이상 제대로 작동하지 않는다. 반면 더 넓은 프레임은 더 오랜 시간 동안 유용하게 유지할 수 있지만 조건부적 사고를 할 때 제약조건을 더욱더 사려 깊게 조정해야 한다. 이를 의류에 빗대어 생각해보자. 딱 붙는 옷차림은 운동으로 다듬은 몸매를 가장 잘 보여주지만 더 헐렁한 옷차림은 상황이 바뀌었을 때 우리를 더 자유롭게 해준다.

중요한 점은 더 엄격한 또는 더 느슨한 프레임을 선택할 때 고민하는 것이 단지 환경만은 아니라는 것이다. 제약조건이 가변적인지의 여부도 역시 중요하다. 제약조건이 현실에 맞게 느슨해질 수 없다면 우리가 살펴볼 수 있는 선택지와 할 수 있는 결정이 줄어든다. 가변적인 제약조건이 거의 없는 프레임은 딱 들어맞을 수 있지만, 유용한 선택지를 거의 만들어내지 못한다. 그래서 우리의 선택을 제한하기도 하며 선택의 주체로서의 감각도 떨어뜨린다. 그런 프레임은 우리가 상황을 이해한다고 느끼게 만들지만, 사실 더 이상 할 수 있는 것이 없다. 이런 이유로 모든 조건이 같다면, 더 느슨하게 들어맞는다 하더라도 더 가변적인 제약조건을 가진 프레임을 선택하는 것이 낫다. 느슨함의 단점은 추가로 생성하는 선택 가능성과 권한 부여, 주체로서의 감각으로 보완된다.

마지막으로, 프레임 재구성에 적합한 시점을 인식하기란 어려운 일이다. 추상적으로 생각하면 시점을 선택하는 것은 간단해 보인다. 기존의 프레임은 환경의 변화가 크면 다른 프레임으로 대체되어야 한다. 이런 경우 새로운 조건부적 사고를 하기 위해 기존의 프레임 내에서 제약조건을 조정하는 것은 별 의미가 없을 것이다. 프레임 재구성은 초기 목표가 바뀌었고 기존의 프레임으로는 바뀐 목표를 달성하기 어려울 때 일어날 수 있다. 또는 목표가 그대로 유지된다 하더라도 조건과 맥락이 근본적으로 바뀌었을 때도 마찬가지다. 요약하자면 프레임 재구성은 환경이 변화할 때 너무 빠르지는 않지만 확실히 너무 늦지도 않게 프레임을 전환하는 것이다. 하지만 심성모형에 깊숙이 들어가 있으면 정확한 시점을 알기가 어렵다.

녹색혁명의 역사를 보면 얻을 수 있는 교훈이 있다. 1900년에는 자동차의 3분의 1이 전기 자동차였다. 그러나 내연기관 엔진이 빠르게 발전하는 바람에 전기 자동차는 순식간에 뒤안길로 사라졌다. 100년이 넘는 시간 동안 자동차의 심성모형은 휘발유로 구동되는 모터와 유사했다. 수많은 발명가와 기업이 전기차를 부활시키려고 노력했으나 주저앉고 말았다. 가속력, 속도, 운행거리에서 경쟁력이 없었다. 축제에서 쓰이는 범퍼카나 골프 카트로는 괜찮았지만 개방된 도로에서는 생각대로 되지 않았다.

이후 테슬라Tesla가 전기차 프레임을 부활시켰다. 이번에는 시점이 적절했다. 전기 모터는 고도로 효율적이 되었고, 배터리 기술이 개선되었으며, 컴퓨터는 전기차를 관리하기에 충분할 정도로 개발되었다. 이에 더해 휘발유로 구동되는 자동차에 대한 대중의 인식도 변화했다. 20세기 후반에 자동차와 개인의 자유를 동일시했다면, 21세기 초반에는 자동차를 환경 파괴의 주범으로 보았다. 맥락의 변화는 일론 머스크의 프레임 재구성에 완벽한 조건을 구축해주었다. 자동차는 휘발유로 구동될 필요가 없고, 전기차가 친환경적이고 멋있어 보일 수 있다는 프레임이다.

그러나 독일에서 다임러Daimler, BMW, 폭스바겐VW과 같이 국가의 자랑인 자동차 회사는 이러한 프레임 재구성을 거부했다. 이들은 기존의 프레임에 너무 깊이 빠져 있어서 휘발유 자동차만이 진정한 자동차라고 주장했고 전기 자동차의 단점을 지적하는 것을 즐겼다. 이 회사들의 최고경영자는 휘발유 엔진이 장기간 번영할 것이라고 선언했다. 다른 자동차 제조사는 프레임 재구성에 동참한 반면, 볼프스부르크, 슈투트가르트, 뮌헨의 자동차 엔지니어는 익숙한 프레임에 붙잡혀 있었다. 독일의 공학이 내연기관 엔진의 아름다움과 효율성에서 독보적이지 않은가? 이 프레임이 수십 년 동안 번영을 가져오지 않았는가?[22]

착각이었다. 이 자동차 회사들이 정신을 차리고 마침내 전기 자동차 프레임을 수용했을 때는, 이미 너무 늦었다. 중요한 시기를 놓친 것이다. 이들은 지금은 적절하지 않은 종류의 엔진에 너무 오랫동안 집착했는데, 그 이유가 바로 이제는 중요하지 않게 된 프레임을 고수했기 때문이다. 이로 인해 독일의 자동차 업계 챔피언은 사업을 재구성하고 자동차를 재설계하며, 작업방식을 재구조화하고 엔지니어 인력을 다시 채우기 위해 고가의 프로그램을 사용해야 했다. 시점이 중요한데, 기존의 프레임에 심적으로 더 깊숙이 들어가 있을수록 프레임을 재구성하기는 더 어려워진다.

프레임을 성공적으로 재구성하려면 이런 장애물을 극복해야 한다. 다행스럽게도 쉽게 장애물을 극복할 유용한 전략이 있다. 예를 들어 환경이 근본적으로 바뀌었을 때 새로운 프레임으로의 전환이 필요하다. 필요성 여부를 판단하기 위해 기존 프레임의 맥락과 목적, 특징을 이해해야 한다. 심성모형과 환경을 살펴보는 데 시간과 노력을 투자하면 프레임 재구성을 더 능숙하게 할 수 있다.

또한 레퍼토리에 있는 대안적 프레임으로 전환하는 것이 가장 쉽고, 그다음으로 다른 영역에 존재하는 프레임의 용도를 변경해 사용할 수 있다. 그래서 아무것도 없는 상태에서 새로운 프레임을 개발하기 위해 노력하기보다는 레퍼토리 전체를 검색하거나 다른 심성모형을 조정하는 방식으로 프레임을 재구성하는 것이 당연해 보인다. 인지적 부담을 낮추고 성공 가능성을 높일 수 있기 때문이다.

직관에 반할 수는 있으나 프레임 재구성은 드물게 하는 것이 더 낫다. 그런데 신속하고 반복적으로 프레임을 재구성하고 싶은 유혹에 빠지기도 한다. 재구성한 프레임이 제대로 작동하지 않는다면,

적합한 프레임을 찾을 때까지 이 프레임에서 저 프레임으로 옮겨가는 방식으로 문제를 빠르게 바로잡을 수 있다고 생각하는 것이다. 하지만 잘못된 생각이다. 프레임을 재구성하려면 각각의 행위에 따른 커다란 대가를 치러야 한다. 잘 알고 있는 것을 버리고, 새로운 것을 떠올리고, 잘 이해해서 성공적으로 적용할 수 있으려면 인지적 에너지를 추가적으로 써야 하기 때문이다. 따라서 끊임없이 프레임을 전환할 수는 없다. 이는 방향을 바꾸는 것과 같아서 너무 자주 하면 길을 잃고 말 것이다.

프레임 재구성이라는 프레임을 재구성하기

프레임 전환은 노력을 요하고 위험하기도 하다. 하지만 이는 다른 시각을 제공하면서, 프레임을 전환하지 않았다면 고려해보지 않았을지 모르는 선택지로 향하게 한다. 프레임 전환은 돌파구를 마련할 수 있는 가능성을 제공하지만, 우리가 여기에 그렇게 능숙하지 않기 때문에 그 잠재력을 완전히 이해하기란 불가능하다. 반면 프레임 안에 머무르면서 조건부적 사고를 조심스럽게 제한하면, 결정에 적절한 선택지를 신속하고 효과적으로 찾을 수 있다. 이렇게 하면 시간에 맞춰 행동할 수 있고 연습을 통해 능숙해질 수 있다.

이제 프레임 형성의 두 가지 측면이 명확하게 구별될 것이다. 효율성이 필요한 상황이라면 프레임 안에서 조건부적으로 추론해 작업하고, 근본적인 재고가 필요할 때는 프레임을 전환한다.

하지만 실제로 둘 간의 차이가 늘 분명한 것은 아니다. 예를 들어 넓은 프레임은 제약조건을 활용하고 조건부적 사고를 폭넓게 하도록 어느 정도의 재량권을 준다. 이는 상대적으로 비슷한 프레임으로 전환하는 것과 크게 다르지 않다. 충분히 넓은 프레임을 가지고 있으면 조건이 바뀔 때 프레임을 재구성할 필요가 없다. 제약조건을 유연하게 완화해서 조건부적 사고를 더 적절하게 수행하는 것으로 충분하기 때문이다.

현실적으로 어떻게 작용하는지 확인하기 위해 싱가포르의 경제가 지난 40년에 걸쳐 보여준 기적 같은 변화와 그 이면의 전략을 살펴보자. 1980년대 아시아의 이 도시국가는 유럽과 아시아의 선도 항구로 변모했고, 놀랄 만한 성공을 거두었다. 그런데 사정이 바뀌자 싱가포르는 새로운 계획이 필요했고 1990년대에 전자산업의 생산기지가 되었다. 2000년대 초에는 초점을 바꾸어 금융, 전문 서비스, 정보경제 직업의 허브로 거듭났다. 최근에 다시 변혁이 이루어졌는데, 세계 양대 카지노 리조트와 손을 잡고 관광과 카지노 사업의 중심지가 되어 중국과 인도네시아의 부유한 관광객을 끌어모으고 있다.

싱가포르의 이런 변화들은 국가경제의 프레임을 지속적으로 재구성한 사례로 볼 수 있다. 각각의 전략은 뚜렷이 구별되는 심성모형을 토대로 구체적인 목적에 부합하고 특정 시기에 적합한 조건을 내놓은 것으로 보인다. 다른 시선으로 보면 싱가포르의 전략적 프레임은 전혀 변하지 않았는데, 프레임이 충분히 넓어서 정책입안자가 조건부적 사고를 통해 결과와 제약조건을 바꿀 수 있었기 때문이다.

다시 말해 싱가포르는 하나의 프레임을 고수하면서 그 구성 요소를 활용해왔던 것이다. 그 프레임은 폭이 넓어서 국가가 가지고 있는 몇 개의 자원인 지정학적 위치, 고등교육을 받은 노동력, 정치적 안정성, 자유시장 정신을 기반으로 경쟁 우위를 확보할 수 있을 정도로 충분히 유연했다. 새로운 현실에 맞추어 조정한 동일한 청사진이었다.

싱가포르의 경험은 환경이 바뀌더라도 기존 프레임이 충분히 넓으면 그 안에 선택지가 있다는 것을 보여준다. 우리는 프레임 안에서 작업하거나 다른 프레임으로 전환할 수 있다. 폭넓은 프레임 안에 머무르는 것은 인지적으로 더 단순할 수 있지만, 탐색 공간이 커서 적절한 조건부적 사고를 하려면 상당한 시간이 소요된다. 다른 프레임으로 전환하는 것은 신속하게 이루어질 수 있지만, 위험성이 더 커서 결국 잘못된 프레임을 사용하거나 아예 적절한 선택지를 찾지 못할 수도 있다.[23]

중요한 점은 맥락(예를 들어 결정을 얼마나 빠르게 해야 하는지, 기존의 프레임이 얼마나 넓은지)과 개인적 선호도(예를 들어 어느 정도 위험을 감수할 것인지)에 따라 활용하고 싶은 전략을 선택할 수 있다는 것을 모든 상황은 아니지만 다수의 상황에서 인식해야 한다는 것이다.

이는 기업에서 강력한 효과를 거둘 수 있다. 2008년에 스웨덴의 한 스타트업은 온라인 음악 스트리밍 플랫폼을 출시했다. 그때까지 온라인 음악시장은 애플의 아이튠즈iTunes가 장악하고 있었는데, 곡을 개별적으로 판매하는 방식이었다. 하지만 스타트업 스포티파이Spotify는 약간의 구독료를 지불하거나 짧은 오디오 광고를 듣고 나면 사용자가 원하는 모든 음악을 들을 수 있게 해주었다. 스포티파이는 2020년까지 전 세계적으로 300만 명이 넘는 사용자를 확보했다. 스포티파이는 음악의 프레임을 소유하는 것에서 스트리밍으로 듣는 것으로 재구성했다고 볼 수 있다.

하지만 스포티파이를 더 넓은 하나의 프레임이라는 시각으로 이해할 수도 있다. 이때 스포티파이와 애플 모두 음악은 경험이라는 프레임 안에서 작업한 것이다. 스포티파이는 경험 프레임의 재량권을 사용해서 조건부적 사고를 수행했다. 이를 개념적으로 보면 스포티파이는 음악에 대한 접근 프레임을 재구성하지 않고, 음악이 우리가 사용하는 장비에서 소유하고 제어하고 관리하는 것이라는 제한점을 느슨하게 해서 공유하는, 원격인, 어디에나 있는, 제한이 없는 음악 경험으로 바꾼 것이다.

스포티파이를 프레임 재구성의 사례라기보다 경험으로의 음악이라는 넓은 프레임으로 조절해서 적용한 사례로 보면, 높은 위험성을 감수하면서까지 프레임을 재구성하지 않으면서 기존 프레임을 넓혀 계속 사용할 수 있는 것이다. 이는 훨씬 더 급진적인 대안을 무시한다는 것을 의미하지만, 프레임 형성을 위한 노력을 너무 벅차 보이지 않게 만든다.[24]

급진적인 프레임 재구성과 넓은 프레임 안에 있는 좀 더 제한적인 작업 사이에서 전략적으로 선택하는 것은 인간의 프레임 형성 도구상자에 또 다른 도구를 추가하는 것과 마찬가지다. 그런 점에서 프레임 재구성이라는 프레임도 재구성할 수 있다. 그러나 이는 만병통치약이 아니다. 그 선택을 할 수 있는 경우는 폭이 넓은 프레임을 이미 활용하고 있으며, 그 프레임이 매우 유연해서 상황이 요구하는 더 급진적인 조건부적 사고가 가능할 때로 한정된다. '프레임 재구성이라는 프레임을 재구성'하는 것이 매력적인 개념일 수 있지만, 이는 특정 사례에만 적용할 수 있다는 말이다.

우리가 프레임을 형성하든 프레임을 재구성하든 상관없이 그것을 더 잘하기 위해 배울 수 있다. 그리고 우리가 배워야 한다는 것은 좋은 일이다. 사회에서 가장 심오한 문제를 다루려면 새로운 사고가 필요하다. 우리가 최대한 다양한 대안을 보고 최적의 결정을 해야 한다면 여러 가지 다양한 가능성을 떠올리고 다른 사람의 아이디어에 귀 기울여야 한다. 이는 우리의 삶, 국가의 번영, 심지어 문명의 미래 보장과 지속 가능성에 필수적인 프레임 형성이 개선된다는 것을 의미한다. 우리는 더 나아져야 한다. 그리고 이 임무에 자신의 삶을 헌신한 한 남성이 실리콘밸리에 있다.

7장

학습

Learning

광범위하고 다양한 프레임은

사회가 진보하는 데

결정적인 역할을 한다.

스티브 잡스는 문제를 가지고 있었고 조엘 포돌니Joel Podolny는 해결책이 있었다. 1960년대에 태어나 신시내티에서 자란 포돌니는 실로 엄청난 경력을 가지고 있었다. 그는 하버드대학에서 세 개의 학위를 받았고, 스탠퍼드대학에 교수직을 가지고 있었으며, 하버드 경영대학의 연구책임자였고, 예일 경영대학원의 학장으로 임명되었다. 더욱 놀랍게도 이 모든 경력을 40세가 되기 전에 이루었다. 물론 스티브 잡스에게 그의 경력은 전혀 상관이 없었다. 예일대학에서 포돌니가 보여준 업적이 애플의 CEO를 매료시켰던 것이다.

포돌니는 영리하고 카리스마 있으며 의욕이 넘쳤다. 2005년에는 예일대학으로 옮기자마자 교과 과정을 완전히 바꾸었다. 지난 100년 동안 경영대학원에서 가르친 것은 능력 있는 관리자가 되는 방법이었다. 능력 있는 관리자란 목표를 세우고 흔들림 없이 실행하는 사람을 의미했다. 관리자의 능력은 기능적으로 분리된 역할을 의미했는데, 예를 들면 회계가 한 축이고 전략이 다른 축이었다. 경영대학원의 교육을 경영자가 이루어야 할 영향력의 측면으로 접근하는 것은 아예 고려하지 않았다. 게다가 학생들에게 주어진 심성 모형을 적용하여 현실에 맞는 해답을 찾게 하는 경영대학의 전통적인 교육방법에는 중요한 문제점이 있었다. 바로 선호하는 하나의 프레임이 있다고 가정하는 것이다.

포돌니는 이런 단순한 방식에 반대했다. 그는 사전에 준비된 지식을 배우는 것은 현대 경영대학원의 목표일 수 없다고 생각했다.

목표는 이보다 더 커야 했다. 그는 MBA 과정의 기본 접근방식을 획일성에서 다양성으로 바꾸고자 했다. 그가 제안하는 다양성은 마케팅 브로슈어에서 볼 수 있는 거품이 낀 다양성이 아니다. 사회학자로 훈련받은 포돌니는 이질성의 가치를 이해하고 있었다. 프레임은 좋은 결정에 이르게 하는 도구다. 포돌니는 폭넓은 범위의 프레임을 생각해볼 수 있도록 교육 과정을 구성해서 예일대학 학생들이 더 좋은 관리자가 될 수 있는, 더 나아가 훌륭한 인격체로 성장할 수 있는 발판을 마련했다.

포돌니는 마케팅이나 재무관리 같은 전통적인 교육과정을 폐기하고, '국가와 사회State & Society'나 '고용Employee'과 같은 학제간 교육 과정을 도입했다. 이런 과정은 지금의 복잡한 비즈니스 환경에 훨씬 더 잘 들어맞았다.

포돌니는 종종 "분야별로 나뉜 교육과정은 사람들에게 기능적 역할을 하도록 가르치는 것"이라고 불평했다. 그는 학제간 교과목 학습에 필요한 모든 요소를 갖추어서 비즈니스 환경에서 실제로 필요한 요구를 반영하도록 프레임의 폭을 확장하고자 했다. 교수법도 인지적 다양성을 포함하는 방식으로 바꾸었다. 강의는 팀티칭, 즉 한 명이 아닌 여러 명의 교수가 진행하여 학생들을 다양한 관점에 노출시켰다. 심지어 상호작용이 원활하게 이루어질 수 있도록 강의실 책상도 원형으로 배치했다. 그래서 아서 왕의 원탁에 앉은 기사들처럼 위계구조가 분명하게 드러나지 않았다.[1]

그의 개혁은 관심을 끌었다. 사람들은 포돌니가 미래에 대학 총장이 될 것이라고 예상했다. 그러나 예일대학으로 옮긴 지 3년 만인 2008년에 포돌니는 갑작스럽게 자리에서 물러나서 커리어의 프레임을 재구성했다.

스티브 잡스는 침착하게 조엘 포돌니의 마음을 얻었다. 암이 재발하여 본인이 없어도 애플이 번성할 수 있도록 준비해야 했던 잡스는 포돌니가 애플과 함께하도록 설득했다. 잡스는 애플의 상징적인 광고 캠페인인 '다르게 생각하는think different' 이사진을 유산으로 남기고 싶었다. 애플대학Apple University의 총장으로 임명된 포돌니는 심적 유연성과 신념을 지키지만, 새로운 관점을 위해 그걸 포기할 수 있는 자세가 중요하다는 인식이 스며들게 해야 할 필요성을 느꼈다.[2]

포돌니는 예일에 있을 때 시도했던 프레임의 다양성에 대한 비전을 애플에 심어주었다. 그런데 큰 조직에서 이를 시도하려면 세심하게 균형을 잡아가야 한다. 직원들은 회사의 핵심 가치를 지키면서 자신의 분야에서 탁월한 역할을 해내야 하는 동시에, 잡스가 장려하는 인지적 다양성을 추구해야 했다. 그러다 보니 의견 충돌과 마찰이 생길 수 있는데, 이는 관리자에게 큰 부담이다. 그러나 이러한 어려움에 비해 다양성은 이점이 훨씬 더 크다.

포돌니가 총장으로 온 지 3년이 되던 해에 잡스는 세상을 떠났고, 그의 측근인 팀 쿡Tim Cook이 최고경영자로 취임했다. 쿡은 모든 형태의 다양성을 옹호해왔다. 그가 주요 회사의 최고경영자 중 동성애자라고 밝힌 몇 안 되는 사람 중의 하나라는 점에서 그의 개인사도 중요한 역할을 했을 것이다. 그가 이끄는 애플은 다양성이 더 나은 프레이머와 더 성공적인 회사를 만드는 데 기여할 것이라는 잡스의 신념을 존중할 것이다.

방법이 아닌 접근방식

심적 다양성을 목공 도구처럼 생각해보자. 아무리 힘을 준다고 해도 망치로 두드려서 나사를 돌릴 수는 없다. 나사를 돌리려면 나사용 드라이버가 필요하다. 만약 망치만 가지고 있다면, 나사용 드라이버라는 개념은 생소할지도 모른다. 하지만 일단 나사용 드라이버를 보고 그 개념을 이해하고 나면 그때부터는 더 이상 나사를 망치로 두드리지 않는다. 다양한 프레임을 가지고 있으면 그저 더 많이 아는 것이 아니라 다르게 알고 더 잘 알게 된다.

단일 프레임으로는 이 복잡한 세상의 모든 문제에 적용할 수 있는 적합한 해결책을 제안할 수 없다. 여러 가지 관점을 사용하여 판단할 때 더 나은 결론에 도달할 가능성이 커진다. 하나를 선택해야 할 때 사용할 수 있는 프레임의 수가 적으면 반대 현상이 나타난다. 즉 잠재적인 선택의 폭이 줄어들고 최적의 결정으로 이어지지 않는다. 그렇다고 해서 그저 더 많은 수의 프레임이 필요하다는 것이 아니라 선택을 잘해야 한다는 뜻이다.

프레임을 선택하는 행위는 심리학자가 '통찰문제insight problems'라고 부르는 것과 유사하다. 통찰문제는 명확성이 떨어지는 프레임이나 표상으로 전환했을 때만 풀 수 있는 문제다.[3] 1980년대에 수행한 유명한 실험에서 심리학자 크레이그 캐플런Craig Kaplan과 박학다식한 학자이자 인공지능의 선구자이면서 노벨 경제학상 수상자인 허버트 사이먼Herbert Simon은 '손상된 체스판mutilated checkerboard'이라고 알려진 통찰문제를 푸는 방법을 확인해보았다.

이들은 실험 참가자에게 흑백 사각형이 번갈아 나오는 일반적인 8×8 체스판을 제시했다. 그러나 약간 바뀐 부분이 있었는데, 왼쪽 위쪽 모서리의 흰색 사각형과 오른쪽 아래쪽 모서리의 흰색 사각형이 없었다. 연구자는 실험 참가자들에게 체스판에서 각 도미노가 인접한 두 개의 사각형에 걸쳐 있지 않고, 도미노가 놓이지 않는 사각형이 없고 옆쪽에 걸려 있지 않도록 도미노를 놓아달라고 요청했다.[4]

캐플런과 사이먼은 거의 모든 참가자가 시행착오라는 전통적인 문제해결 프레임으로 시작한다는 것을 확인했다. 이들은 어떻게든 답을 만들어내고 싶은 마음에 31개의 직사각형 도미노를 62개의 사각형에 맞출 수 있는 여러 가지 조합을 시도했다. 이들은 프레임 안에 머무르면서 조건부적으로 사고했다. 이들은 이렇게 행위지향

적이고 친숙한 접근법을 사용했지만 실용적이지는 않았다. 문제 공간이 한정되어 있다 하더라도 시행착오식 접근은 수십만 개의 조합을 만들어낼 수밖에 없으며, 이를 감당할 수 있는 사람은 거의 없다. 실험 참가자 중 한 명은 18시간 동안 공책 61쪽을 가능한 조합으로 채워 적었으나 결국 실패했다. 그 접근법은 유효하지 않다. 문제 자체가 너무 복잡하다.[5]

실험 참가자들은 최초 사용했던 프레임을 버리고 대안적 심성모형을 살펴본 다음에야 무언가 잘못되었다는 것을 깨달았다.

관점을 바꾸면 간단하게 해답을 찾을 수 있다. 체스판에 놓는 모든 도미노는 흰색 사각형 한 개와 검은색 사각형 한 개를 차지한다. 그래서 흰색 사각형이 검은색 사각형만큼 있지 않으면 도미노를 맞출 수 없다. 이런 방식으로 생각하면 답은 명확하다. 하지만 이 간단한 해결책을 찾으려면 시행착오나 실천과 끈기라는 프레임에서 벗어나는 개념적 도약이 필요하다.

이런 종류의 문제는 주변에서 쉽게 찾을 수 있다. 그런데 이런 문제의 해답을 순차적인 추론으로 찾을 수는 없다. 프레임을 적용하는 능력을 개선하는 중요한 도구인 조건부적 사고를 아무리 연습한들 프레임 선택에는 그다지 도움이 되지 않는다. 그것은 엄청난 도전이다. 프레임 적용 능력이 향상됐는데도 프레임을 더 능숙하게 선택할 수 없다면 프레임 형성 능력은 성장이 정체된 채로 머무를 것이다. 그렇게 되면 손잡이가 없는 망치와 같은 불완전한 도구를 사용할 수밖에 없으므로 다른 전략이 필요하다.

가장 먼저 선택과 적용이 어떻게 다른지 생각해보는 것이다. 프레임 적용은 3C, 즉 인과관계causality, 조건부적 사고counterfactuals, 제약조건constraints을 이용하여 탐색 공간을 과감하게 줄이고 아주 유용한 선택지만 남기는 처리 과정이다. 여기서의 목표는 처리 과정의 효율적인 속도와 선택지의 적합도다. 기본적으로 행위로 이어지는 효율성이 중요하다는 말이다. 3C는 인지적 복잡성을 줄이고 간결한 형태의 시행착오를 이끌어내기 때문에 우리는 3C를 통해 제한된 형태의 실험을 해볼 수 있다. 그렇기 때문에 시간이 지남에 따라 프레임 적용에 더 능숙해질 수 있다.

반면 신중하게 프레임을 선택하는 것은 잘 알려진 영역을 뒤로하고 미지의 영역으로 과감히 들어간다는 의미이므로 본질적으로 위험하다. 보상이 있을 수도 있지만 항상 실패의 가능성이 따른다. 성공으로 향하는 길에 의지할 만한 난간이나 표지판도 없다. '시도하고 실패하고 다시 시도한다'는 생각은 좋은 결과가 나올 확률을 크게 향상시킨다. 학습은 더 이상 순차적이고 구조화된 과정이 아니다. 학습은 지장을 주고 이분법적이다. 그래서 관점을 바꿀 수 있어야 한다. 필요한 것은 처리 과정이라기보다는 접근방식이다. 즉 세상을 여러 가지 관점에서 볼 준비가 되어 있고, 다른 관점에 대해 알아보고 그로부터 나오는 힘을 받아들여야 한다는 뜻이다.

심적 다양성이 스스로를 엄청나게 많은 아이디어, 의견, 관점에 노출시키는 것이라고 생각하고 싶을 수도 있다. 하지만 그렇게 하면 요점을 놓칠 수 있다. 심적 다양성의 장점은 양이 아니라 변화의 정도에 있다. 700개의 비슷한 아이디어는 서로 상당히 다른 7개의 아이디어만큼 가치 있지 않고, 마찬가지로 7개의 서로 다른 도구(망치, 드라이버, 렌지 등)를 담은 공구상자가 700개의 망치를 담은 상자보다 훨씬 더 유용하다.

프레임을 선택하기 위해 우리는 여러 가지 인지적 근육을 키워야 한다. 단순하게 들릴지도 모르지만, 그렇게 단순하지는 않다. 우리는 원론적으로는 다양성을 환영한다고 말하지만, 실제로는 알려진 것을 기본으로 선택하는 경향을 보인다. 즉 이미 정해진 틀에 맞춘다는 것이다. 하지만 장기적으로 프레임의 다양성을 위해서 프레임을 식별하려는 노력은 해볼 가치가 있다. 연구 결과에 따르면 심적인 안전지대를 벗어나서 새로운 지적 영역으로 가려는 의지는 성과로 이어진다.

태어나면서부터 그야말로 프레임의 다양성으로 인해 분주하게 살아온 사람들의 사례를 살펴보자. 예를 들어 하나의 문화에 몰입하고 있으면서 다른 문화에도 속한 사람들 말이다. 경제학자 수전 포조Susan Pozo는 미국 밖에서 태어난 미국 시민이 미국 땅에서 태어난 사람보다 수입이 더 많은지에 관한 연구를 수행했다. 연구 결과 남성은 약 2.5퍼센트, 여성은 약 5퍼센트 수입이 더 많았고, 개념적 사고를 중시하는 관리직과 전문직에서 이 비율은 훨씬 더 상승

했다.[6]

포조는 이를 "국제적 인적 자본을 획득한 데 대한 보상"이라고 불렀다. 그러한 사람들이 여러 가지 관습, 언어, 문제해결 방식에 노출되면서 자신들의 관점을 넓혀왔다는 것이다. 다시 말해 이들은 성장 과정에서 망치와 드라이버를 모두 사용하는 데 능숙해졌고 프레임을 전환해야 하는 시점을 알고 있다.

프레임의 다양성 확장하기

우리가 이미 알고 있는 것과는 상당히 다른 심성모형을 추가하기 위해 사용할 수 있는 첫 번째이면서 가장 쉬운 전략은 다른 사람들이 형성한 프레임을 살펴보는 것이다. 새로운 심성모형을 접하면, 그걸 레퍼토리에 추가할 수 있다.

이는 경영대학원 교육 과정의 핵심 특징이다. 4장에서 설명한 사례 연구 기법을 다시 살펴보자. 한 가지 차원은 학생들에게 조건부적 사고를 하는 능력을 불어넣을 수 있다는 것이다. 학생들은 엄격하거나 가벼운 수많은 제약조건이 있는 상황으로 들어간 다음, 대안적 선택지를 떠올려보고 평가하고 결론을 내야 한다. 학생들은 이 방법으로 프레임 안에서 생각하는 훈련을 한다.[7]

다른 차원을 보면, 각각의 비즈니스 사례를 통해 학생들을 특정 프레임에 노출시킨다. 학생들은 각각의 사례를 읽고 토론하면서 자신의 레퍼토리에 보관할 수 있는 아주 다양한 심성모형을 습득한다. 이후 업무에서 비슷한 상황을 맞닥뜨리면, 학생 때 접했던 프레임을 빠르게 꺼내서 당면한 문제에 적용할 수 있다.

애초부터, 그러니까 1921년 하버드대학에서 학생들에게 첫 번째 사례로 「제너럴 슈즈 컴퍼니」를 배부했을 때부터 목표는 분명했다. 그 사례에는 씻는 줄이 너무 길어져서 이를 피하려고 교대 근무가 끝나기 전에 기계를 떠난다고 기술되어 있었다. 이는 생산성에 악영향을 준다. 1쪽짜리 사례에서는 다음과 같은 질문으로 결론을 내렸다. "관리 부서에서 이를 조사할 때 고려해야 하는 요소는 무엇인가? 개선해야 할 전반적인 방침은 무엇인가?" 그저 무엇을 해야 하는지에 대한 답을 찾는 것이 아니라, 학생들에게 문제 해결의 프레임을 형성하는 방법을 고민해야 한다고 요구한다는 점에 주목하라.[8]

이런 방식으로 새로운 프레임을 레퍼토리에 추가하는 것은 유용하지만 제한점이 있기는 하다. 경영대학원 강의에서 살펴보는 사례의 수가 상대적으로 적어서 학생들은 제한된 수의 프레임만 경험할 수 있다. 그 결과 현실세계에서 맞닥뜨리는 대부분의 문제를 해결하는 데 그 정도의 프레임이면 충분하다고 시사하는 것으로 잘못 해석할 수 있고, 그래서 프레임 재구성을 좀 더 철저하게 준비하는 데 소홀할 수 있다.

이런 걱정은 새로운 것은 아니다. 사례 연구 기법을 시작한 하버드 경영대학원 학장 월러스 더넘은 알고 있었다. 그가 1933년에 〈하버드 비즈니스 리뷰Harvard Business Review〉에 기고한 글에서 밝혔듯이, 그는 사례 연구 기법으로 배우는 사례가 너무 협소해서 대공황 시기에 기업가들이 폭넓은 시선을 가지지 못할 수 있다고 우려를 표했다. 물론 치명적인 약점은 아니다. 아무것도 모르는 것보다는 일부이지만 아주 유용한 프레임에 친숙해지는 것이 더 낫다.[9]

심적 다양성을 증진시키는 또 다른 전략으로 새로운 아이디어를 향한 욕구를 자극하는 것을 들 수 있다. 이를 프레임을 얻겠다는 구체적인 목적이 없는 상태에서 생각하고 세상을 바라보는 새로운 방법을 탐구한다는 의미로 '인지적 수렵채집cognitive foraging'이라고 부른다. 인간은 새로운 아이디어를 찾고 경험하며 세상을 바라보는 방식을 추구하기 위해 이리저리 뛰어다닌다. 호기심을 진지하게 받아들이는 것이라고 생각해보자. 목적은 본인의 영역 밖에 있는 수많은 시각, 다양한 관점, 넘쳐나는 개념에 노출되는 것이다. 이렇게 하면 필요할 때 좀 더 열린 마음으로 새로운 심성모형을 추구하고 찾을 수 있다. 우리는 그렇게 많은 호기심을 가짐으로써 아이디어의 수렵채집인이 되는 데 익숙해진다. 지속적으로 찾으면 더 잘 볼 수 있다.

사람들은 익숙하지 않은 경험을 찾아낼 때 인지적 수렵채집을 한다. 우리는 새로운 사람을 만나거나 폭넓은 분야의 책을 독파하거나 자연스럽게 이끌리는 장소가 아닌 곳으로 감으로써 개방적이고 호기심에 가득한 마음을 발전시킨다. 우리는 직접 도움을 받기 위해서가 아니라 새로운 입력을 통해 심적 시뮬레이션을 하기 위해 종종 본인의 분야를 넘어서서 다양한 분야의 사람과 연결을 맺기도 한다. 풀 먹인 셔츠를 입은 기업가들이 문신을 하고 얼굴이 장신구로 뒤덮인 사람들과 잡담하는 것을 볼 때 혼란스러운 느낌이 들면서, 어떻게 저런 이상하게 보이는 친선관계가 형성되었는지를 궁금해한다. 그 이면을 보면, 비록 명백하고 즉각적이며 직접적인 방법은 아니지만, 연결로부터 둘 다 더 현명해진다는 이점이 있다.

소셜네트워크 연구는 이를 뒷받침해준다. 시카고대학 부스Booth 경영대학의 사회학자 로널드 버트Ronald Burt는 조직의 개별 구성원들을 연구하여 정보가 그들이 업무를 수행하는 데 어떤 역할을 하는지 이해하고자 했다. 일부 임원은 더 창의적이고, 더 나은 결정을 하며, 더 빨리 승진한다. 버트의 연구는 그들의 성공이 그들이 맺은 소셜네트워크, 그리고 가까운 동료를 넘어서서 다른 관점에 부딪쳐보려는 의지와 관련되어 있다는 것을 보여주었다. 버트는 조직의 두 가지 전형적인 구성원을 대조해보았다. 이들을 각각 제임스와 로버트라고 부르기로 하자.[10]

제임스들의 세상은 내부지향적이다. 이들은 규칙의 준수를 강조하고 효율성에 초점을 둔다. 제임스들의 소셜네트워크에는 중복되는 정보가 무척 많다. 반면 로버트들은 다른 영역과 연결되어 있고,

다양한 정보를 즐기며, 새로운 시각을 찾는다. 이들은 조직과 영역을 서로 분리하는, 버트가 '구조적 공백structural holes'이라 이름 붙인 것들 사이에 다리를 놓아준다. 로버트들은 다양한 방식의 생각에 노출된 인지적 수렵채집인이기 때문에 대상을 새로운 방식으로 볼 수 있다. 이들은 해결해야 할 구체적인 문제 때문이 아니라 대안적인 관점과 시각에 대한 노출 자체가 가치 있다고 생각해서 관계를 맺고 유지한다.

당연히 로버트들은 필요하다면 자신들이 가지고 있는 제한된 레퍼토리를 뛰어넘어 새로운 심성모형을 찾을 준비가 되어 있다. 인지적 수렵채집을 하면 이미 알고 있는 것 또는 쉽게 습득할 수 있는 것을 넘어설 필요가 있을 때를 대비할 수 있다. 프레임의 레퍼토리를 다양하게 만드는 것은 신중하게 정리한다기보다는 훨씬 덜 구체적이지만 훨씬 더 다양한 목적과 용도로 쓰일 수 있게 한다는 말이다. 이 방법으로 대비하기 어려운 유일한 경우는 예외적인 사례를 접했을 때다. 이때는 알고 있는 모든 것을 놓아버리고 완전히 새로운 프레임을 고안해야 한다. 그런 극단적인 사례에 대비하기 위해서는 다른 방법이 필요하다.

가장 급진적인 접근법으로 빈 서판 전략을 들 수 있다. 친숙한 것을 제쳐두고 근본적으로 새로운 것에 대비할 수 있게 우리의 생각을 계획적으로 훈련시키는 것이다. 다시 말해 빈 공간에서는 완전히 새로운 방식으로 바라볼 기회가 있기 때문에, 우리가 채울 수 있

는 빈 공간이 있다는 것을 받아들이는 것이다.[11]

물론 실제로 완전히 백지 상태에서 출발하는 경우는 거의 없다. 경험과 지식은 항상 대상을 개념화하고 도전에 반응하는 방식에 영향을 준다. 새로운 개념이나 도전도 마찬가지다. 하지만 인간의 뇌가 망각하는 능력을 가지고 있는 것과 같이(물론 이를 직접적으로 제어할 수는 없다 하더라도), 상황이 주어졌을 때 이미 알고 있는 범주에 끼워맞추려는 유혹에서 의식적으로 벗어나는 훈련을 해야 한다. 빈 서판 전략은 진부한 인지적 개념을 잊고 습관적인 경로에서 벗어나려는 노력으로, 의도적으로 우리가 알고 있는 기존의 도구상자를 제쳐두고 문제를 해결할 가능성이 가장 높은 방법을 그려보는 것이다. 우리는 빈 서판 접근법을 통해 그러한 결정에 준비할 수 있다.

마치 아이들이 자전거 타는 법을 배울 때 두 다리를 땅에서 들어올리거나 처음 다이빙을 할 때 수면에서 가까운 다이빙대에서 뛰어내리는 것과 같다. 우리가 어떤 문제를 다룰 때 이미 발생한 것에 대해 읽거나 보거나 들은 사람들과 우리를 분리해서, 실제로 경험하지 않은 상태로 만들어주는 단계다. 이러한 심적 단계를 밟아나가는 것이 바로 특별한 용기이자 인지적 준비다.

컴퓨터과학의 선구자 앨런 케이Alan Kay와 '객체지향 프로그래밍 object-oriented programming'의 이야기에서 이와 관련된 영감을 얻을 수 있다. 1970년대 초기, 케이는 개인용 컴퓨터 혁명을 이끌었던 실리콘밸리에 있는 전설의 제록스 PARC 연구소에서 근무하고 있었다. 당시 주류 컴퓨터 프로그래밍은 '절차지향 프로그래밍procedural programming'이었다. 프로그래머는 프로그램이 수행해야 하는 작업을 신중하게 그린 다음, 컴퓨터가 수행해야 하는 작업 단계별 명령어로 부지런히 옮긴다. 사용자가 입력을 하면 프로그램이 그것을 코드화한다. 이런 방식이 메인프레임 컴퓨팅mainframe computing 시기의 심성모형이었다.[12]

케이는 이 심성모형을 혐오했다. 그는 사용자가 컴퓨터 사용의 중심이어야 하고 컴퓨터는 사용자가 자신의 심적 능력을 확장할 수 있도록 도와야 한다고 생각했다. 도구 제작자가 그들이 만든 도구가 어떤 목적으로 어떻게 사용될지 예측할 수 없는 것처럼 프로그래머는 사용자가 무엇을 할지 절대로 예측할 수 없다. 그렇기 때문에 굉장히 다양한 방식의 프로그래밍이 필요하다.

다행스럽게도 이보다 5년 전인 1966년 11월 11일에 케이는 일종의 계시 같은 것을 경험했다. 그는 기존의 프로그래밍 패러다임을 넘어서려고 노력하는 사람들의 컴퓨터 코드를 보면서 컴퓨터가 가상의 작은 컴퓨터 무리를 만들도록 할 수 있다는 것을 알게 되었다. 개별 컴퓨터는 '객체'를 다루고 서로 메시지를 주고받으면서 상호작용할 수 있을 것이다. 몇 년 후 그는 이렇게 설명했다. "컴퓨터의 작동방식을 완전히 새로운 방식으로 구조화할 수 있는 가능성이 내 시선을 사로잡았다."[13]

케이는 제록스 PARC에서 프로그램 언어인 스몰토크Smalltalk로 대담한 아이디어를 실행했다. 이 시기는 디지털 시대 소프트웨어 개발의 개념적 토대를 마련한 분수령이었다. 케이는 제록스를 방문한 스티브 잡스에게 스몰토크로 만든 프로그램을 보여주었는데, 그때가 바로 1979년이었다. 이때의 경험이 초기의 애플 컴퓨터 제작에 영감을 주었다. 오늘날 객체지향 프로그래밍은 대부분의 소프트웨어를 개발하는 방법으로 남아 있다.[14]

케이는 다음과 같은 명언으로 아주 유명하다. "미래를 예측하는 가장 좋은 방법은 미래를 발명하는 것이다." 이보다 덜 알려진 명언으로 "현재라는 독재자"가 있다. 그의 관점에서 제도와 학교는 새로운 생각을 독려하는 데 매우 취약하다. 그의 삶의 과제는 사람들이 올바른 심성모형이나 맥락을 토대로 여러 가지 방법으로 새로운 생각을 할 수 있도록 도와주는 것이었다. 그는 이렇게 말했다. "창의성의 대부분은 하나의 맥락에서 다른 맥락으로 이행하는 것이다. 우리가 속한 현실이라고 생각하는 맥락보다 더 많은 맥락이 있다." 프레임 형성의 영향력과 빈 서판 전략을 이해하는 데 이보다 더 나은 방법은 없을 것이다.

와인빛 바다를 항해하는 오디세우스부터 20세기 초에 바다 위를 종횡무진 날아다닌 비행사 아멜리아 에어하트Amelia Earhart까지 미지의 세계로 스스로를 밀어넣는 (실제 또는 상상의) 영웅이 등장하는 이야기는 상당히 많다. 제임스 모리스James Morris는 1953년 에베레스트 등정을 위한 첫 탐험을 취재한 리포터였고, 이후 1972년에 성전환 수술을 받고 유명한 작가인 잰 모리스Jan Morris가 되었다. 이들의 업적은 실재하는 것을 넘어서서 심적으로도 존재한다. 그 업적에는 알고 있는 것을 포기하는 과정이 수반되어 있다.[15]

훌륭한 프레이머는 심적으로도 프레임 형성을 해야 하기 때문에 열린 마음으로 새로운 시각과 새로운 프레임을 맞이할 준비가 되어 있다. 쉽지 않고 딱히 편안하지도 않은 일이다. 우리는 잔잔한 물 위에 있든 폭풍우가 휘몰아치는 바다에 있든 표류하게 마련이다. 하지만 이렇게 심적으로 비어 있는 상태에서 새로운 프레임을 형성할 수 있다.

세 가지 접근법, 레퍼토리에 있는 프레임의 범위 확장, 인지적 수렵채집에 관여, 빈 서판 전략 연습은 여러 가지 상황에서 유용한 도구가 된다. 차이점을 확인하는 방법은 다음과 같다. 우리의 레퍼토리에 다양한 프레임을 추가하는 것이 관련된 책을 구하는 것과 비슷하다면, 인지적 수렵채집은 다양한 주제에 걸쳐 탐독하는 것이고, 빈 서판 전략은 지식에 열정적이 되는 것이다.

우리가 다양한 프레임을 사용하여 여러 가지 시각을 탐색하면, 여러 프레임이 상호 간에 긴장 상태가 된다는 것이 분명해진다. 하나의 프레임은 또 다른 프레임이 무시할 수 있는 상황의 특정 요소를 강조할 수 있다. 그러한 프레임 간의 긴장 상태가 현실세계의 복잡하고 다면적인 특징을 나타내는 지표다.

이는 드문 일이 아니다. 물리학에서 빛은 파동 그리고 입자 둘 다로 간주한다. 두 프레임은 서로 충돌하지만, 그중 하나만 가지고는 빛을 이해할 수 없다. 수학에서 프레임은 모든 곳에서 중첩된다. 유클리드 기하학은 점과 각에 기반하지만 데카르트는 숫자와 대수학을 사용해서 이 프레임을 재구성했다. 우리는 직관을 위해 유클리드 기하학이 필요하고 계산으로 증명하기 위해 데카르트의 해석 기하학도 필요하다.[16] 유엔은 인류의 연대와 세계화에 기반하면서도 민족국가에 대해서는 정회원 자격을 제한한다.

여기서 얻어야 할 중요한 통찰은 다음과 같다. 이러한 긴장을 해소하는 것은 불가능하며, 긴장 해소가 중요하지도 않다는 점이다. 다만 이러한 긴장을 인식할 때만 개별적인 프레임을 넘어서서 더 완성된, 종합적인 그림을 볼 수 있다. 프레임 간의 긴장을 적극적으로 다루면 프레임을 더 잘 선택할 수 있고 정서적 안정성을 강화할 수 있다.

프레임 간의 긴장을 이해하는 데 핵심적인 것이 '인지적 복잡성 cognitive complexity' 개념이다. 심리학에서 사용되는 용어로 생각의 패턴이 복잡하고 미묘하거나 기본적이고 단순한 정도를 묘사한다. 연구 결과를 보면 뛰어난 지도자는 인지적 복잡성이 매우 높았다.[17] 그들은 인정하고 강조하며 수용하는 특성이 있다. 더욱이 그들은 동료가 이런 특성을 발전시킬 수 있게 가르쳐준다. 지도자들에게만 해당되는 것이 아니라 2개 국어를 구사하며 자란 아이들도 인지적

복잡성을 바탕으로 생각한다.[18]

새로운 심성모형에 노출되면 긴장이 유발될 수 있지만, 그 가치를 이해하는 사람은 그 필요성을 적극적으로 주장할 것이다. 1970년대 IBM의 수석 과학자로 하버드의 기술-정책 프로그램을 수년간 이끈 루이스 브랜스컴Lewis Branscomb은 새로운 동료가 자신의 발표를 비평하자 이를 우려하면서 "내가 이미 알고 있는 것을 말하지 말고 내가 아직 알지 못하는 것을 말해주시오"라고 소리쳤다. 우리모두 브랜스컴의 원칙을 채택할 수 있을 정도로 현명해야 한다.[19]

조직에서도 반드시 필요한 것

다양한 프레임으로 이득을 얻는 것은 개인만이 아니다. 구성원이 프레임 선택에 능숙할 때 조직은 당면한 도전에 대한 더 나은 해결책을 찾을 수 있다는 이득을 얻는다. 프레임 형성을 위한 '다양성 배당금'은 프레임을 형성한 사람에게 가는 것이 아니라 조직이 전반적으로 공유하므로 조직의 성공에 도움이 된다.[20]

조직이 어떻게 구성원들의 심적 다양성을 보호할 뿐 아니라 심지어 증가시킬 수 있을까? 다른 사람의 마음을 확실하게 엿볼 수 있는 사람은 없기 때문에 불가능해 보이기도 한다. 하지만 그런 특성을 직접적으로 관찰할 수 없다 하더라도 조직은 적절한 대용물을 찾아

넬 수 있다. 심적 다양성에 대한 가장 확실한 대용물은 사회적 다양성이다.

양육 환경, 학력, 전문적 경험이 유사한 사람들이 비슷한 생각을 하는 경향이 있는 것은 분명하다. 반면 민족이 다르고 사회인구학적으로 다른 집단에 속하며 교육 배경이 다른 사람들은 삶의 경험이 다양하며 이는 세상에 대한 각양각색의 심성모형으로 이어질 가능성이 높다. 종합하자면, 다양한 사람이 모인 집단이 조직의 인지적 자원을 최대화할 수 있다.

수십 년 동안 다수의 사회과학 연구가 다양한 환경에서 양육하고 일하는 것의 이점을 강조하지만, 우리 대부분은 이에 능숙하지 않다. 이를 제지하는 강력한 힘이 있다. 소셜네트워크에 관한 연구는 사람들이 동질성을 강하게 선호한다는 사실을 보여준다. 우리는 나와 비슷해 보이는 사람들에게 끌리는 경향이 있을 뿐 아니라 비슷한 생각을 하는 사람들을 더 편하게 느끼기도 한다. 자신의 길에서 벗어나 자신과는 다른 관점을 받아들이려면 결심을 해야 한다.[21]

인간은 프레임 형성 과정에서 최소한 부분적으로는 외견상 드러나는 노력 부족에 대한 책임을 져야 한다. 우리는 프레임을 적용할 때 선택지 개수를 빠르게 줄여서 가능성이 가장 높은 선택지를 찾는다. 이때 종종 속도를 중시하느라 유용한 조건부적 사고 전부를 고민해보지 못할 수도 있다(4장에서 확인한 집단사고의 피해자처럼). 그 결과 새롭고 알려지지 않는 것보다 익숙한 것을 선택할 수 있다.

조직이 프레임을 재구성해야 할 때는 반드시 다양한 심성모형을 권장하는 환경을 조성해야 한다. 이런 환경에서는 다르게 생각하고 새로운 상상을 할 수 있다. 어떤 종류의 접근방식이 유용한지, 그리고 그것을 달성하는 데 어떤 어려움이 있는지 파악해보기 위해서 이사회 구성원의 다양성을 보장하려고 했던 노르웨이의 사례를 살펴보자.

노르웨이는 2006년까지 기업 이사회 구성원의 40퍼센트가 여성이어야 한다는 법률을 2003년에 통과시켰다. 당시 여성 이사의 비율이 평균 9퍼센트에 불과했다는 점에서 상승폭이 상당히 컸다.[22] 하지만 몇 년 후, 여성 이사 비율이 크게 증가한 기업의 시장가치가 대폭 하락했고 수익률은 최대 20퍼센트 감소했다. 이사회의 여성 비율을 늘리는 것이 성과에 해가 된 것으로 보인다. 다양성이 도움이 되지 않은 이유는 무엇일까? 가장 많은 여성을 영입한 기업의 실적이 형편없는 이유는 무엇일까?[23]

여성 이사의 비율을 크게 높여야 했던 기업이 성 다양성에서뿐만 아니라 상업적으로도 부진한 회사였기 때문이라고 추론할 수 있다. 당면한 문제의 원인을 정확히 파악할 필요가 있었다. 성 다양성은 소비재와 서비스 산업보다 노르웨이의 주요 산업인 정유, 가스, 광산업, 어업에서 재정적인 성공에 기여하지 못했을 것이다. 법을 빠르게 준수하는 것이 분명 도움이 되지 않았고, 일부 회사에서는 임원의 가족 중 여성을 이사에 임명하기도 했다.

　더 깊이 살펴보면, 여러 가지 프레임을 형성하기 위해서 성별과 같은 외형적인 다양성을(물론 그 자체로는 분명 바람직하지만) 넘어서는 무언가가 조직에 필요한데, 그것이 바로 심적 다양성이다. 그리고 바로 그 지점에서 노르웨이는 실패했을지도 모른다. 노르웨이에서 최고위층 임원이 될 수 있는 여성 인력은 제한되어 있었고, 이들조차 비슷한 위치의 남성들과 같은 공동체, 같은 학교, 같은 회사 출신이 많았다. 그들의 옷차림은 달랐는지 모르지만 머릿속에 있는 것은 대체로 같았다. 이 상황은 우리가 다양성을 위해 노력한다고 해도 결국 균일성을 가지게 될 수도 있다는 것을 강력하게 시사한다.[24]

　〈사이언스Science〉에 실린 연구 결과에 따르면 성 다양성이 높은 팀이 균일한 팀보다 여러 과제에서 우수한 성과를 보였다.[25] 그런데 결정적인 요인은 성별 자체가 아니다. 팀의 성과에 공헌하는 여성은 집단 역학에서 사회적 상호작용 능력을 평가하는 사회적 민감성 검사에서 더 높은 점수를 보였다. 노르웨이의 사례에서는 성별이 아니라 다르게 생각하는 능력, 즉 사회적 민감도의 결여가 결정적인 실패 요인이었다.

　조직이 프레임을 재구성해야 하는 상황에 놓였을 때 배경, 관점, 전망이 다양한 사람들로 팀을 구성하는 것이 유리하다. 이렇게 하면 팀이 다양한 심성모형을 생각해낼 가능성이 커진다. 연구자들은 수년간 관련 증거를 축적해왔으며, 2015년에는 팀 구성원의 다양성이 더 나은 결과로 이어진다고 확실하게 주장할 수 있었다.[26]

여기서 주의할 점이 있다. 다양성을 갖춘 팀이라도 프레임 재구성과 같은 인지적 도전 상황에서는 일치되는 의견을 중심으로 빠르게 연합하고 팀 내의 다른 시각을 적극적으로 활용하지 않는 모습을 보인다는 것이다. 조금 특이한 현상이다. 팀이 가지고 있는 다양성의 힘을 활용하지 않는다니! 하지만 팀으로 모여서 토론하기 전에 개인적으로 쟁점을 고민해보라고 하면 이런 문제는 사라진다.[27]

이 해결책은 상당히 설득력이 있다. 구성원 개개인은 처음에는 도전과제에 대해 다양한 프레임을 활용하여 혼자 생각한 뒤 팀에서 토론할 때 자신의 의견을 내놓는다. 반면 처음부터 팀으로 도전과제에 대해 논의하면 개별 구성원은 바로 다른 사람들의 영향을 받아서 빠르게 합의에 이른다. 따라서 프레임 재구성이라는 도전에 직면한 조직에게는 다양한 사람으로 팀을 구성하여 처음에는 각자 문제를 살펴보고 이후에 팀으로 모여서 논의하는 것이 훨씬 더 적절한 방법이다.

포돌니에 따르면 애플은 같은 목적을 다른 방식으로 달성한다. 애플의 경영자들은 대부분의 큰 회사에서처럼 박학다식한 '총괄 관리자'라기보다는 특정 영역의 전문가다. 이들은 뚜렷이 구별되는 프레임에 근거하여 강력하지만 다양한 의견을 견지한다. 이들은 모여서 쟁점에 관해 논의할 때 빠르게 합의를 보지 않고 서로서로의 등을 두드리며 간부 식당을 돌아다닌다. 이 방법으로 팀의 이득이 되는 결과를 만들어내는 것이다. 포돌니는 애플이 원하는 경영자의 세 가지 핵심 특징은 자기 분야의 지식, 세부사항의 파악, '집단적으로 의사결정을 할 때 다른 분야와 협력하여 논의하려는 의지'라고 말한다.[28]

팀의 구성 방식과 그들이 함께 일하는 방식은 생산적인 프레임 형성을 위한 환경을 조성하는 데 중요하다. 팀의 구성원에게 비슷한 시간을 주고 자신들의 주장을 펴게 하면서 다수결의 원칙을 지키는 것도 한 가지 방법이다. 이 방법은 직관적으로 들릴지도 모르지만 기업에서 폭넓게 사용되지는 않았다. 하지만 연구 결과를 보면 다수결의 원칙은 집단지성을 도출해낼 수 있다는 점에서 가장 잘 작동하는 방법이다.[29]

최근에 조직과 기업은 제도적 경계를 넘어서서 다양한 통찰을 얻기 위한 실험을 하기 시작했다. 충분히 이해할 만한 일이다. 실리콘밸리의 괴짜 빌 조이Bill Joy는 1990년대에 "당신이 누구든지 간에, 가장 영리한 사람들 대부분은 다른 누군가를 위해 일한다"라고 떠들었다.[30] 조직이 다양한 사람으로 팀을 구성할 수 있다고 하더라도, 특히 어려운 프레임 재구성 상황에서는 다른 곳에 있는 사람이 가장 적절한 심성모형을 가지고 있을 수 있다. 인터넷은 외부인을 포함하고, 개방적인 혁신을 뒷받침하며, 이노센티브InnoCentive 및 캐글Kaggle과 같은 크라우드소싱 플랫폼에 대한 거래비용을 줄인다. 그저 다른 사람이 아니라 다양한 프레임을 모으는 것이다.

이 접근방식은 때로 정말 잘 작동한다. 일본의 쿠수Cuusoo는 레고 팬들이 아이디어를 공유할 수 있는 사이트를 만들었다. 전 세계 사람들이 쿠수가 레고의 마스터 빌더보다 훨씬 더 창의적이라는 것을 입증했고, 2008년에 덴마크의 레고 본사는 이 팬 커뮤니티와 힘을 합쳤다. 레고 팬들의 아이디어 중 하나가 1985년 〈백투더퓨처Back to the Future〉에 나온 드로리안의 타임머신 자동차로, 접히는 바퀴(그리고 유동 콘덴서)로 제작되었다. 현재 레고 아이디어Lego Ideas 라는 브랜드로 출시되는 쿠수의 디자인은 보통의 레고 세트에 담겨 있는 벽돌과 조각으로 만들어졌다. 하지만 그것으로 무엇을 만들 수 있는지 다시 상상해보게 하는 방식으로 조립한다.[31]

바보를 칭찬하며

다양성은 공짜가 아니다. 조직에서는 문제에 적용할 적합한 프레임을 찾기 위해 격렬한 논쟁이 벌어질 수 있다. 그때 에너지가 많이 소모되고, 긴장감이 너무 커지면 일시적으로 조직의 성과가 악화될 수 있다.[32] 하지만 대부분 결과가 개선된다. 프레임을 선택할 때 가장 핵심적인 기준은 결과이기 때문에 다양성이 더 나은 결과로 이어진다는 점에서 기꺼이 마찰을 받아들여야 한다. 다양성은 가장 좋은 해결책을 찾으려고 노력할 때 이득을 가져온다.

이 아이디어는 수학자이자 의사결정 연구자인 미시간대학의 스콧 페이지Scott Page가 정확하게 보여주었다. 그는 산맥에서 가장 높은 봉우리에 오르려고 노력하는 상황을 비유로 들었다. 당신이 있는 곳에서는 위로 올라가는 길을 쉽게 알 수 있지만, 정작 높은 곳에 오르고 보니 그곳이 가장 높은 봉우리가 아닐 위험이 있다. 즉 전체적으로 최상인 '전역적 최적global optimum'이 아니라 특정 영역에서 최상인 '국소적 최적local optimum'에 빠지고 만다. 그 영역 전체를 볼 수 없으면 '문제 공간' 전체를 살필 수 없다.[33]

이 상황에서 사람들 대부분은 국소적 최적에 머무른 채로 승리를 선언하거나, 계곡을 내려가 더 높은 곳에 도달하거나, 더 멀리 볼 수 있을 것이라는 희망을 안고 인접한 몇 개의 언덕을 올라간다. 시간, 돈, 의지가 절대적으로 충분하지 않은 세상에서 이미 오른 몇 개의 언덕 중에 가장 높은 것에 만족하는 것이다. 하지만 더 나은 해결책은 다른 프레임을 가진 사람들을 불러서 그들이 산맥에서 완전히 다른 부분을 다른 방식으로 오르게 하는 것이다. 시작점과 접근 경로를 여러 개로 해보면 누군가가 전역적 최적에 도달할 가능성이 증가한다.

실제 상황에서 이렇게 하기란 쉽지 않다. 조직의 저항에 부딪히면 다양성의 가치를 제도화하기 어렵다. 그래서 다른 프레임을 가진 사람들이 존재하게 하고 (그들이 말하는 것이 보통 조직이 듣고 싫어하지 않는 것이기 때문에) 그들이 말할 때 귀 기울이게 하려면 특별한 종류의 조직이 필요하다. 기업에서는 그런 지식인 아웃사이더와 카산드라를 양성해야 한다. 하지만 그런 경우는 드물다.

고대 그리스 신화에서 카산드라는 프리아모스 왕의 어여쁜 딸이다. 그녀에게 반한 위대한 신 아폴로는 그녀의 사랑을 얻기 위해 그녀에게 예지 능력이라는 선물을 바쳤다. 하지만 카산드라는 아폴로의 구애를 거부했고, (신의 선물은 되돌릴 수 없었기 때문에) 아폴로는 그녀를 저주했다. 카산드라는 여전히 미래를 볼 수 있었지만, 아폴로는 아무도 그녀의 예언을 믿지 않게 만들어버렸다. 그래서 카산드라는 어떤 일이 일어날지 예측할 수 있지만 그 능력을 발휘할 수 없었다. 카산드라는 아무도 이해하지 못하는 말로 바람에게 소리쳤다. 트로이가 함락된다! 하지만 사람들은 그녀가 미쳤다고 생각해서 아무도 주의를 기울이지 않았다.

포춘지 선정 500대 기업에게는 그저 진부한 이야기일 수도 있다. 이 이야기를 현재에 적용해보면, 우리는 귀 기울여야 하는 예지력을 가진 그리스 신화의 인물이 아니라 최적이 아닌 결정으로 이끄는 순응주의자의 모습을 보여준다. 관료주의로 인해 '회사 내의 카산드라'의 의견은 제대로 반영되지 않는다. 재앙을 예측해서 대비책을 제안했으나 무시당한 직원들이 바로 카산드라다. 그 유명한 인텔Intel의 공동설립자 앤디 그로브Andy Grove는 카산드라를 기업의 성공에 필수적인 존재라고 생각했고, 회고록의 한 챕터에 「이로운 카산드라「Helpful Cassandras」라는 제목을 붙이고 새로운 시각을 제시하는 사람들을 찬양했다.[34]

카산드라 신화의 결말은 좋지 않다. 트로이는 함락되었다. 하지만 애니메이션 영화 스튜디오 픽사Pixar의 공동설립자이자 회장인 에드 캣멀Ed Catmull은 이 신화를 다르게 해석한다. 그는 이렇게 말한다. "카산드라를 저주받은 사람이라고 생각하는 이유가 항상 궁금했다. 내가 보기에 진짜 저주는 그녀가 말하는 진실을 인식할 수 없어 모든 사람이 피해를 입는 것이다."

캣멀은 기업주로서 이 문제를 마음에 새긴다. "나는 인식의 한계에 대해 생각하는 데 많은 시간을 쏟는다. 특히 경영의 차원에서 끊임없이 스스로에게 질문해야 한다. 우리가 얼마나 많은 것을 볼 수 있을까? 얼마나 많은 것이 시야에서 가려져 있는가? 우리가 경청하지 못하고 있는 카산드라가 있는가? 다시 말해 의도가 아무리 좋아도 저주를 받을 수 있는가?"[35]

다른 사람들이 보지 못하는 것을 보는 것은 절대로 저주가 아니다. 오히려 다른 사람들이 여러 가지 심성모형을 받아들일 수 있는 인지 능력이 부족한 것이다. 카산드라 주위에 있는 사람들은 의사소통을 하지 못하는 것이 아니라 카산드라의 말을 경청하지 못하는 것이다. 공중보건 전문가들은 몇 년 전부터 동물에서 사람으로 전이되는 코로나 바이러스로 인한 감염병의 세계적 대유행을 경고했다. 하지만 그 프레임이 너무 과장되어 보이고 생경했기 때문에 주목하는 사람이 거의 없었다. 1856년에 유니스 푸트와 1988년에 이네즈 펑은 대기 중의 탄소가 지구온난화로 이어진다고 경고했으나 대중은 아주 오랫동안 이를 받아들이려 하지 않았다.

저주를 극복하려면, 별도의 공간을 만들어서 상황에 따라 여러 프레임을 가지고 와서 조직 구성원을 다양한 심성모형에 노출시켜야 한다. 정치의 영역에서 1800년대 영국에서 만든 용어인 '여왕 폐하의 충성스러운 반대파 의원Her Majesty's loyal opposition'이라는 개념은 정당이 실용적인 정책에서 충돌할지 모르나 국가에 봉사한다는 더 높은 공동의 목표를 공유하고 있다는 것을 설명한다. 마찬가지로 조직의 방어 능력을 시험하기 위해 적대적인 위치를 취하는 내부 집단인 '레드팀'이라는 개념은 군사 계획, 기업 전략, 컴퓨터 보안의 주요 요소다. 이 집단은 외부인의 위치에서 약점을 살핀다. 또한 프레임의 충돌을 허용해서(또는 조건부적 사고를 허용해서) 조직이 하는 일을 다른 시각에서 바라보기 위해 공격을 장려한다.

중세의 궁정 광대도 비슷한 기능을 수행했다. 나라를 전쟁으로 몰아가고 세금을 징수하고 법을 집행하는 궁정에 있는 중요한 사람들 사이에서 모서리가 세 개 있는 모자를 쓰고 짤랑거리는 방울 소리를 내는 지팡이를 손에 쥔 광대는 우스꽝스러운 장난꾸러기 같았다. 그러나 현실과 동떨어진 것은 아무것도 없다. 궁정의 바보 중에는 음유시인이나 희극인도 있었지만, 오직 광대만이 (왕의 체면을 고려해서 희극적인 방식으로) 왕에게 진실을 말할 수 있었다.[36]

1386년에 오스트리아의 공작 레오폴트 피우스Leopold the Pious는 장군들과 스위스를 침공할 계획을 세우고 있었다. 그의 광대는 상황을 자세히 살피고 의견을 제시했다. "이 바보들아, 너희들은 모두 그 나라로 어떻게 들어가야 하는지 논쟁하고 있는데, 어떻게 빠져나올지는 아무도 생각을 안 해!"

프랑스에서 트리불레Triboulet라는 광대는 루이 12세Louis XII와 프랑수와 1세François I를 섬겼다. 그가 프랑수와 왕에게 궁인 중 하나가 살해 위협을 한다고 알렸을 때, 프랑수와 왕은 소문대로 이렇게 말했다. "만약 그렇다면 내가 그를 15분 후에 교수형에 처할 것이다." 트리불레는 이렇게 응답했다고 전해진다. "아, 폐하, 15분 전에 교수형에 처할 수는 없으실까요?"[37]

어떤 '바보들'은 지속해서 유용한 기능을 수행한다. 예를 들어 장기간의 우주여행에 관한 NASA의 최근 연구를 보면, 팀에는 긴장 상황을 진정시키고 필요할 때 새로운 생각을 내놓을 수 있는 광대나 장난꾸러기, 또는 바보와 같은 성격을 가진 승무원이 한 명 있어야 한다.[38]

올바르게 설정하기

개개인은 레퍼토리를 늘리고, 인지적 수렵채집을 하며, 빈 서판 전략을 발전시켜 인지적으로 알려지지 않은 영역으로 뛰어드는 방식으로 프레임을 선택하는 능력을 개선한다. 조직도 수많은 프레임을 발전시키는 데 중요한 역할을 한다. 조직은 다양한 환경을 조성하고 유지해서 팀이 적합한 규칙을 적용하여 프레임 형성의 잠재력을 활용할 수 있게 해야 한다.

하지만 조직은 이렇게 하는 데 종종 어려움을 느끼며, 아무리 선의에서 운영하는 기관이라 해도 이런 환경을 만들기를 주저한다. 바로 다양성과 독립적 사고의 수호자로 오랫동안 자부심을 가지고 있는 〈뉴욕타임스〉에서 경험한 일이었다. 2020년 6월 14일, 칼럼 기고자 중 한 명으로 쟁점에 따라 좌우를 오가는 기자계의 잔소리꾼인 바리 바이스Bari Weiss는 잔뜩 화가 나서 사임했다.

〈뉴욕타임스〉는 3년 전에 기명 논평 섹션의 관점을 확장하기 위해 보수적인 〈월스트리트 저널Wall Street Journal〉에서 그녀를 스카우트했다. 동부 주력 언론의 대부분을 놀라게 한 도널드 트럼프Donald Trump의 깜짝 당선 이후, 신문사의 수뇌부는 그들이 취재한 국민들의 생각과 보조를 맞추지 못했다고 느꼈다. 중도 우파의 의견을 반영하는 기고자를 데려오는 것이 독자에게 다양한 범위의 관점을 제시하는 하나의 방법이었다. 이는 신문사의 가족 소유주이며 기고문 코너의 편집자인 제임스 베넷James Bennet의 의도였다.

하지만 굴 안의 모래는 진주를 만들지 못한다. 기고나 논설이 아닌 뉴스 면을 담당하는 기자들 상당수는 보수 쪽으로 치우친 논평을 불편해했다. 시간이 지나면서 내부의 불만은 트위터로 향했고, 기자들이 공개적으로 기사와 저자를 규탄했다. 지적이고 입심 좋은 30대의 유명 기자로 진보적인 신조에 도전하는 것을 즐기는 바이스는 십자포화에 빠졌다.

그녀는 트럼프 취임 이후의 여성 행진Women's March을 비판했으며 미투운동이 도를 넘을 수 있다고 경고했다. 그녀는 비주류 지식인들의 '지성의 암흑망intellectual dark web'을 프로파일링하고 검열, 미묘한 차별, 문화전쟁을 대표하는 안전 공간을 맹렬히 비난했다. 그녀의 글은 양쪽 모두에게 반감을 불러일으켰다. 트롤troll(인터넷 커뮤니티에서 공격적인 게시물을 올려 감정적인 반응을 유발하는 사람 - 옮긴이)은 유대인인 그녀에게 나치라는 꼬리표를 붙였다.

2020년 6월에 기명 논평란에 트럼프에게 '흑인의 생명도 소중하다' 시위와 함께 일어나고 있는 약탈과 폭동을 군대를 동원해서 진압할 것을 촉구하는 글이 실린 후, 직원들이 들고일어나서 바이스를 영입한 기명 논평란의 편집장인 베넷을 몰아냈다. 자신에 대한 분노가 고조되자 바이스도 5주 후에 회사를 떠났다. 그녀는 사직서에 이렇게 적었다. "잘못된 생각을 건드려서, 나는 내 견해에 동의하지 않는 동료들에 의해 끊임없는 괴롭힘의 대상이 되었다. 신문사에서 원칙을 옹호하는 행위는 칭찬받지 못한다. 그건 당신의 등에 표적을 붙이는 일이다." 그녀가 설명한 대로, "새로운 합의가 언론에 등장했고, 이 신문사에서는 특히 그렇다. 그 합의는 '진실은 집단적인 발견의 과정이 아니라 다른 사람들에게 알리는 것이 직업인 사람들 몇 명만이 이미 알고 있는 정설'이라는 것이다".

어떤 면에서 그 논쟁은 미덕의 과시, 정책의 정체성, 철회문화cancel culture가 횡행하는 시대에 언론의 자유를 위한 싸움처럼 보인다. 하지만 더 깊은 무언가가 있다. 인지적 다양성은 프레임의 원재료에 의해 결정된다. 그리고 조직은 이를 발전시키는 데 핵심 역할을 한다. 그러나 쉬운 일은 아니다. 미국 적십자사의 여성 자원봉사자Gray Lady조차 시도했지만 실패했다.[39] 조직이 인지적 다양성을 달성하기도 어렵지만, 인지적 다양성이 가장 필요한 곳인 사회에서는 훨씬 더 어렵다. 바로 그곳이 우리가 지금 돌아봐야 하는 곳이다.

8장
다원주의

Pluralism

다양한 프레임의 공존은

인류가 생존하는 데

반드시 필요하다.

게슈타포의 장교는 그녀를 좋아했다. 그는 며칠 동안 맞은편에 앉아 있는 귀여운 젊은 여성을 심문했다. 그녀의 범죄 혐의는 조직, 기관, 개인의 세상에 대한 다양한 생각을 획일적인 반유대주의적 나치의 선전으로 바꾼 방식을 기록한 것이었다. 요원이 그녀의 아파트를 수색해서 수상한 코드를 찾았는데, 고대 그리스어로 쓰인 철학자의 인용구였다.

그 장교는 그녀가 그 인용구를 어떻게 활용하려는 것인지 알아내지 못했다. 그는 범죄 수사관으로 근무해오다가 최근에 정치범죄 전담 부서로 승진했다. 그는 심문하는 동안 "내가 당신을 어떻게 해야 할까요?"라고 큰 소리로 묻곤 했다.

그녀는 그 장교가 '정직한 얼굴'을 가졌다고 느꼈다. 그녀가 담배를 달라고 하자 그 장교는 여러 갑을 가져다주었다. 커피가 맛이 없다고 불평했을 때는 더 맛있는 커피를 가져다주었다. 이에 대한 보답으로 그녀는 정교하게 거짓말을 꾸며내면서 그의 환심을 샀다. 그는 그녀를 풀어주겠다고 약속했고 실제로 풀어주었다. 베를린의 구치소에 8일 동안 구금되었던 (지금은 한나 아렌트Hannah Arendt로 알려진) 요한나 스턴Johanna Stern은 석방되었다.[1]

그해는 히틀러Adolf Hitler가 권력을 공고하게 다지고 있던 1933년이었다. 26세의 아렌트는 자신의 행운이 다음번까지 이어지지 않으리라는 것을 알고 있었다. 그래서 독일에서 탈출해서 파리에 도착했다. 나치는 '예방 차원에서' 다른 의견이나 신념을 가진 사람들을

구금하거나 억압했다. 오페라와 교향곡, 미술관과 출판사, 정치인
들의 살롱과 고풍스러운 클럽으로 활기차고 화려했던 베를린은 서
서히 칙칙하고 단조로운 잿빛으로 변해가고 있었다.

베를린만이 아니었다. 지난 10년 동안 전 세계 주요 도시에서의
삶은 에너지와 상상력으로 북적거렸다. 새로운 아이디어와 신선한
생각이 넘쳐나는 시기였다. 이탈리아의 미래파futurist, 독일의 표현
주의 학파expressionist, 프랑스의 다다이스트dadaist가 그 활기찬 분
위기를 대변했다. 페트로그라드의 볼셰비키 연설, 프랑스 정부를
위협하는 급진주의 정치가, 매사추세츠의 이탈리아인 무정부주의
자와 샌프란시스코의 중국인 무정부주의자의 주장에서도 이 분위
기를 읽을 수 있었다.

1920년대와 1930년대 초기는 이렇게 다양한 프레임, 즉 세상을
보는 다양한 관점으로 가득했다. 광란의 시대에 파리에서는 이고
르 스트라빈스키Igor Stravinsky가 음악을 재정의하고, 파블로 피카소
Pablo Picasso가 회화를 재발명하며, 제임스 조이스James Joyce가 문학
을 재해석하고, 르 코르뷔지에Le Corbusier가 건축을 재창조하는 장
면을 목격할 수 있었다. 흥미롭게도 이들 중 어느 누구도 프랑스인
이 아니었다. 미국의 1920년대도 마찬가지였다. 이 시기의 '신여성
flapper'은 춤을 추고 술을 마시고 담배를 피우면서, 사회문화적 제약
에 의도적으로 도전하고 사회가 용인할 수 있는 행동을 재정의했다.

한 문학 평론가는 "도처에서 방탕한 분위기가 길게 이어졌다. 오

케스트라는 너무 빠르게 연주했다"라고 말했다. 정치, 사회, 경제, 문화 분야에서 아이디어가 넘쳐 마치 끓어오르는 가마솥 같았다. 자본주의, 공산주의, 파시즘이 뒤섞였다. 평화주의와 군국주의는 우위를 차지하기 위해 경쟁했다. 입체파와 초현실주의, 극단주의와 미니멀리즘, 반유대주의와 나치주의 모두 이 시기에 충돌하고, 결합하고, 서로를 물리치고, 바뀌어갔다.[2]

하지만 생각의 다양한 스펙트럼은 서서히 좁혀지기 시작했다. 마치 녹이 스는 것처럼, 때로 거의 알아보기 어려울 정도로 점진적이었다. 부분적으로는 극단주의자 집단이 증가한 결과였다. 사람들이 가장 좋은 것만 바라보고 희망하게 되면서 우연적으로 또는 최소한 의도치 않게 발생한 부분도 있었다. 한때 다양한 프레임이 번성한 곳에서, 이제는 그런 분위기가 사라지고 발을 붙이기 어려워졌다. 과학자들은 공장의 조립라인으로 밀려났다. '퇴폐'적인 작품은 미술관 벽에서 철거되었다. 교사, 언론인, 사업가는 다원주의 프레임에서 번창하기보다는 지배적인 심성모형을 섬기고 숭배하라는 요청을 받았다.

암흑의 시대가 시작되었다. 젊은 남성은 군대처럼 거리를 가득 메우고 매일 야만적인 행동을 저질렀다. 히틀러, 무솔리니Benito Mussolini, 스탈린은 반체제 인사를 구금하고 정치적 경쟁자와 그들의 가족을 죽였다. 인지적 침략은 물리적인 침략으로 바뀌었다. 네덜란드의 14세 소녀는 1944년에 일기 쓰기를 중단했다. 그리고 그

날 이렇게 덧붙였다. "아, 가장 중요한 것을 잊었어요. 한 군인이 생후 몇 개월밖에 안 된 아이를 엄마의 품에서 빼앗아서 아이의 머리를 전신주에 후려치는 것을 보았어요. 아이의 머리에서 흐른 피가 전신주를 붉게 물들였고, 엄마는 정신을 잃었어요."[3]

산업화의 엔진은 화물기차에서 가스실로 그리고 화장터로 이어지면서 수백만 명의 목숨을 기계적으로 앗아가게 변형되었다. 전쟁은 기갑부대와 기마포병대로 시작되고 폭격과 핵무기로 끝이 났다. 최악의 전쟁이 끝났을 때 인류는 상상을 초월하는 고통을 스스로에게 안겨주었다.

진실이라는 단일 프레임

압박은 여러 형태로 나타난다. 겉으로 드러나는 폭력 뒤에는 눈에 잘 띄지 않는 왜곡된 제도, 증오, 불평등이라는 제약이 있다. 이는 프레임을 형성하고 주어진 세상을 평가하며 달라질 수 있는 것을 다시 상상해보는 자유를 억제한다. 그것은 그 자체로 드러나지는 않고 결과로만 인식할 수 있다. 인지적 압박은 공허함을 남기며, 존재하는 것이 아니라 부재하는 것으로 구별된다. 사회가 다양한 심성모형을 제한하고, 대안적 프레임의 타당성이나 존재를 거부하면 그로 인해 고통받는 것은 개인만이 아니다. 모든 인류가 보이지 않는 손실을 감내해야 한다.

인지적 압박은 1930년대와 1940년대 유럽에서 파시즘과 공산주의의 출현과 함께 나타났다. 1960년대와 1970년대 중국 문화혁명의 특징이기도 하다. 캄보디아의 킬링필드와 르완다의 집단학살에서도 분명히 볼 수 있었다. 그러나 이렇게 겉으로 드러나는 폭력으로만 끝나는 것은 아니다. 현실에 대한 왜곡된 인식은 덜 끔찍할지는 모르지만 그만큼 나쁘다. 1950년대에 교수, 작가, 할리우드 영화 제작자들이 공산주의에 동조하는지 증언하기 위해 의회장에 끌려갔던 매카시 청문회를 일컫는 미국의 '적색공포red scare'에서 그 특징이 잘 드러난다. 오늘날에도 대학생 그리고 동유럽 정치인들이 사람들이 의견을 표현하거나 그들의 말을 듣거나 함께 어울리는 것을 저지하는 데서 드러난다.

우리는 심성모형을 사용해서 현실세계에 관해 골똘히 생각하고 상호작용한다. 프레임을 선택하고 적용하는 것은 우리가 가진 가장 강력한 도구다. 다양한 생각이 더 나은 프레이머를 만들고 팀의 구성원이 다양해야 더 나은 해결책을 도출한다. 여러 개의 프레임을 수용할 때 얻는 이점은 사회와 인류 전반에 영향을 준다. 개인이 다양성에서 이득을 얻는 것처럼 사회도 다원주의에서 이득을 얻는다. 핵심은 도덕적으로 판단하기보다 실용적으로 접근하는 것이다. 아주 많은 수의 다양한 프레임에 대해 개방성과 관용성을 가지면 사회가 진보할 가능성이 높아진다.

프레임의 다원주의pluralism라는 아이디어는 경제학 영역에서 분명하게 보인다. 시장경제의 본질은 시장 참가자가 자신의 행위를 가장 적절한 방식으로 조정하기 위해 판단하면서 상호작용한다는 점이다. 모든 사람은 결정에 필요한 다양한 프레임을 가지고 있다. 그래서 경쟁하고 협력하고 거래할 수 있다.[4] (도덕철학자 애덤 스미스Adam Smith가 '자유시장free market'이라고 칭했을 때, 경솔한 세금, 자기 잇속만 차리는 관세, 임대인의 부당한 요구 같은 것들을 방지하는 여러 장애물로부터의 자유를 언급한 것이다. 그렇지만 심성 모형에서 한계점으로부터의 자유에도 해당할 수 있다.) 마찬가지로 철학 영역에서도 다원주의가 명확하게 보인다. 시민이 지도자와 법을 결정할 수 있는 민주주의는 통치를 위한 공개 경쟁을, 그리고 프레임을 위한 자유를 허용한다.

사회적 영역에서 다원주의는 순응의 반대다. 다원주의는 차이를 녹여 단일하고 획일적인 무언가로 만들기 위해 노력하는 것이 아니라 차이를 있는 그대로 받아들인다. 무지개의 모든 색이 하나의 빛으로 합쳐지면 무색無色이 된다. 다원주의는 각각의 색상을 유지하는 것을 찬양한다. 즉 무색이 아니라 다채로움을 위해 노력한다. 수많은 프레임에 열려 있는 관대한 사회는 모든 구성원에게 더 효과적으로 작동한다.

다원주의는 그 자체가 목적이 아니라 목적을 이루기 위한 수단이다. 그 목적은 사회를 구성원들을 지지하고 그들의 신체적·인지적 권리와 자유를 보호하는 것이다. 프레임 형성의 자유는 인간의 존엄을 드높이지만 그 힘은 효과, 즉 개인뿐만 아니라 공동체를 위해서 중요한 많은 것에 대해 더 나은 결정을 하게 해준다는 데 있다. 사회적 수준에서 다원주의의 목적은 여러 프레임에서 하나를 선택하여 거기로 수렴하는 것이 아니다. 오히려 서로 충돌하는 다양한 프레임이 번성하고 동시에 적용될 수 있게 해주는 것이 주요 목적이다. 이를 통해 개인과 조직이 성공적으로 프레임을 형성할 수 있는 환경을 만든다.

사회가 항상 다원주의를 유지하고 있으면 갑작스럽고 파괴적인 변화에 대응할 준비를 할 수 있다. 기존의 프레임을 고수해서 큰 위험에 처할 때 회복탄력성과 긴급한 프레임 재구성의 필요성을 제공해준다. 생물학적 진화가 적응을 위해 다양성에 의존하는 것처럼, 다원주의는 사회가 진화하는 데 필요한 다양한 프레임을 제공한다. 진화론적으로 볼 때 사회가 중요한 시기에 방대한 프레임을 이용하지 못한다면 자연선택 과정에서 살아남지 못할 것이다. 그것이 사회에서 프레임의 다원주의가 매우 중요한 전략인 이유다. 다원주의는 우리가 모를 수도 있는 것의 도전에 맞설 수 있게 도와준다.

다원주의를 포기하면 사회의 생존이 위협받는다. 하지만 다원주의를 수용하는 것은 심성모형의 다양성을 병폐로 보는 프레임도 불가피하게 나타날 수 있다는 것을 의미한다. 바로 이런 일이 1930년대에 나치, 파시즘, 공산주의가 사상의 다양성을 옥죄는 데 성공하면서 일어났던 일이다. 철학자 칼 포퍼Karl Popper가 '관용의 역설 paradox of tolerance'이라고 칭했던 우려다. 편협에 대한 관용은 결과적으로 무관용으로 이어진다(뒤의 주석 참조).[5]

우리는 이 책에서 나쁜 프레임 같은 것은 없고 단지 상황에 잘 들어맞지 않는 프레임만 있다는 것을 보여주려고 노력했다. 그리고 그런 프레임은 공존할 수 있어야 한다. 하지만 이런 관대한 규칙에도 조건이 있다는 것도 조심스럽게 강조했다. 요점은 다른 프레임을 거부하는 프레임이 유일하게 나쁜 프레임이라는 것이다.

우리는 기본적으로 도덕적이거나 윤리적 근거를 통해 이렇게 주장하는 것이 아니다. 종교적 계율이나 마음속에 있는 따뜻한 느낌에서 나온 것이 아니라 실용적인 측면에서 주장하는 것이다. 프레임의 다원주의는 더 나은 프레임을 형성하게 해준다. 프레임의 다원주의는 또한 변화의 시간을 위한 인류의 심적 '보험증권'이다. 반면 사회의 프레임 공간을 제한하면 인간의 독특한 인지적 능력을 충분히 이용하지 못하고 인간을 지나치게 단순화한다.

나쁜 프레임을 확인할 수 있는 쉬운 방법이나 나쁜 프레임을 어떻게 다루어야 하는지에 관한 간단한 해결책은 없다. 전체주의자가 아니라면 해답이 있을 것이라고 생각하지 않는다. 나쁜 프레임을 다루려면 열린 마음으로 모든 프레임을 받아들이려고 노력하는 동시에 편협한 프레임의 발흥을 경계하면서 항상 실용적으로 접근해야 한다. 그리고 이러한 도전을 인식하는 것 자체가 중요한 단계이기도 하다.

　마찬가지로 나쁜 프레임은 예외적으로 나타나며 우리는 기본적으로 이를 관용하는 자세를 가져야 한다는 점을 이해하는 것이 중요하다. 즉 프레이머로서 우리는 아주 비판적인 눈으로 다른 프레임을 보는 경향이 있기 때문에 의심스러운 프레임을 접했을 때 억압하기보다는 관대한 자세를 가지기 위해 노력해야 한다. 게다가 이런 예외적인 나쁜 프레임을 평가하는 것은 그 사회의 매우 중요한 과제이므로 위임하거나 위탁할 수 없으며, 공동의 책임감을 가지고 다루어야 한다.

일원화냐 다양성이냐

　인류는 진실에 대한 단일 프레임에 상당히 취약하기 때문에, 그로 인해 유발되는 위험은 매우 실질적이다. 앞서 보았듯이 인간은 이전에 성공적으로 사용했던 프레임을 적용하려고 한다. 예를 들면 조금이라도 못처럼 보이는 것이 있으면 망치를 집어 든다. 표준적인 프레임을 빠르게 적용하는 것은 유용할 수 있지만 그로 인해 불리한 점도 있다.

　이는 우리를 관행적인 반응에 가두어서, 우리는 다른 시각으로 전환해야 할 때를 포착하지 못한다. 더 안 좋은 점은 프레임 적용에 성공한 경험이 많을수록 그 프레임을 더 지키려고 한다는 것이다. 프레임이 너무 훌륭해서 대안을 고려하지 않아도 된다고 생각하고 싶어하는 것이다. 이는 마치 어떤 전략을 채택해서 갑자기 큰돈을 번 주식 투자자가 시장의 추세가 바뀌는데 기존의 전략을 고수하고도 무엇이 잘못되었는지도 모르는 안타까운 상황과 같다.

진실에 대한 단일 프레임은 개인에게 위협이 되며, 사회 전체에도 피해를 입힌다. 한번 생각해보자. 수십 년간 경제적·사회적으로 성공이 이어지면, 그 사회의 지배적인 프레임이 타당하다고 생각하기 십상이다. 독재국가에서는 자신들이 활용하는 심성모형을 선전하기 위해 그 프레임이 성공했다고 주장한다. 선전 기구는 이런 일에 능통해서 정권의 정당성에 대한 믿음을 강화한다. 이는 개개인의 생각과 공공 영역에서 그나마 남아 있는 프레임의 다양성을 제거한다는 점에서 사회를 지적인 공백으로 조금씩 이동시키는 위험한 동력이다.

하지만 독재국가의 대척점에 있는 민주주의는 이에 대한 대비가 거의 되어 있지 않다. 물론 민주주의에서 프레임의 다양성이 줄어드는 속도가 더 느릴수록 인지적 다양성의 감소 역시 더 더디게 진행될 것이다. 문제는 그 때문에 다양성이 줄어드는 것을 감지하기 어렵고 게다가 초기에는 거의 알아차리기 어려울 수 있다는 것이다. 방심하다가는 명시적이고 법적인 방식이 아니라 하더라도 사회적 압력으로 인해 그 사회가 가진 다양한 프레임이 축소될 수 있다.

한나 아렌트는 게슈타포에서 빠져나와 나치 독일에서 도망쳤고 미국으로 가는 방법을 찾기 전까지 여러 번 죽음의 위험에 직면했지만, 미국에 도착해서 동시대의 선도적인 지식인 중 하나가 되었다. 그녀는 정치철학에 관해 사람의 마음을 사로잡는 글을 썼고, 『전체주의의 기원The Origins of Totalitarianism』 같은 흔치 않은, 대담한 제목을 가진 묵직한 책을 출간했다. 그녀는 1960년에 홀로코스트 조직에 조력했던 나치의 관료 아돌프 아이히만Adolf Eichmann의 전범 재판에서 증언한 후 자신의 가장 유명한 작품인 『예루살렘의 아이히만Eichmann in Jerusalem』을 집필했고 '악의 평범성banality of evil' 이라는 용어를 만들었다.[6]

아렌트는 정치이론가로 알려져 있지만, 그녀의 가장 흥미로운 작품은 그녀가 만든 용어인 '인간의 조건human condition'에 관해서다. 그녀는 인간다움의 본질을 '생각하고 결정하고 행동하는 능력'으로 묘사했다. 아렌트는 프레임의 다원주의 또는 그녀의 용어로 '관점standpoints'의 지지자였다.

아렌트는 "주어진 문제에 대해 심사숙고하는 동안 더 많은 사람의 관점을 떠올릴수록 최종적으로 더 타당한 결론을 내리게 된다" 라고 썼다.

아렌트는 개개인의 생각을 균일화하여 집단의 것으로 만드는 데 저항했다. 루소는 '일반의지general will'를 갈망했으나 아렌트는 '관점의 다원성a plurality of standpoints'을 주장했다. 그녀가 간결하게 기

술한 대로, "한 사람이 아니라 여러 사람이 지구에서 살아가며 이 세상에 거주한다".[7]

아렌트는 독재사회의 심성모형인 단일문화를 혐오했다. 그녀는 프랑스혁명과 러시아혁명을 비판했는데, 사람들이 다양한 심성모형을 자유롭게 표현하는 것을 억압하고 현실에 대한 하나의 관점에 사람들을 밀어넣었기 때문이다.

더 중요한 점은 아렌트가 서구의 우쭐대는 보편주의를 경계했다는 것이다. 보편주의는 외견상으로는 관대한 자유주의 사회의 관점을 진실에 대한 단일 프레임으로 전 세계에 적용할 수 있다는 생각을 말한다. 그녀는 수많은 심성모형이 공존하길 원했다. 이는 그녀의 인생과 작품의 핵심 주제이며, 그녀가 어떤 사람인지를 보여준다. 아렌트는 유대인 여성이며, 당대의 가장 유명한(그리고 가장 논란이 많은) 독일의 철학자 마르틴 하이데거Martin Heidegger의 제자였고, 미국 여성으로서 '어두운 시대의 사람들'을 연구했다. 어떤 명칭을 내세우든 간에, 국가가 사람들의 인지 능력을 제한하면 사회가 질이 떨어지고 취약해진다. 아렌트는 사람들이 프레임 다원주의의 중요성을 인식하길 원했지만, 이를 이해한 사람은 거의 없었다.

1990년대 초 냉전의 종말과 공산주의의 몰락은 서양의 가치뿐만 아니라 서양의 프레임, 즉 세상에 대한 그들의 심성모형이 '다른 것에 비해' 우월하다는 서구사회의 확신을 더 심화시켰다. 미국의 정치학자 프랜시스 후쿠야마Francis Fukuyama는 1992년에 이 민음에 저항하여 인류 문명은 '역사의 종말'에 도달했다고 선언했다.[8] 소련 붕괴 후 남은 지배적인 프레임인 '자유시장 민주주의'는 정치적인 사고에서는 종착점에 다다른 것으로 보인다. 미국으로 대표되는 자유시장 민주주의 프레임은 통치방식의 신뢰할 만하거나 논리 정연한 대안을 가지고 있지 않다. 그래서 세계 정세는 '단극의 시기 unipolar moment'에 진입했다.

미국은 유일한 초강대국으로 자신의 가치와 심성모형을 전 세계에 수출했고, 이런 모습은 마치 승리주의자와 보편주의자라는 신념과 이상의 행진 같았다. 베를린장벽이 무너진 다음 해에, 예전 동베를린 지하철에 "서구사회를 시험하라Test the West!"로 읽히는 웨스트West라는 담배 브랜드의 광고가 붙어 있었다. 그때의 10년은 비현실적 낙관주의로 정의된다. 러시아는 투자에 개방적이었고 선거를 치렀다. 2001년 중국은 미국의 지지를 얻어 세계무역기구World Trade Organization 가입했다. 중국이 경제 개방과 자유의 신장을 향한 길로 가지 않을 것이라고 생각한 사람은 거의 없었다.

9·11 이후 미국은 이라크와 아프가니스탄을 침공했고 선거 준비에 착수했다. 2010년 '아랍의 봄Arab Spring'이 시작되었을 때, 미국의 전문가는 1776년의 정신이 마침내 테헤란과 튀니스 사이에 퍼졌다고 확신했다. 이들은 자신이 가장 잘 아는 프레임으로 사건을 보았던 것이다. 문제는 이 관점이 상황 자체보다는 이를 활용한 개인과 더 많이 관련되어 있다는 것이다. 즉 거기에서 보아야 할 것이 아니라

누가 보고 있는지에 더 초점을 맞춘다는 것이다. '프레임이 잘 작동하는데 굳이 바꿀 필요가 있을까?'라는 편향이 자연스럽게 나타난다는 점에서 이러한 실수를 전혀 이해하지 못하는 것은 아니다.

문제는 단지 사람들이 더 이상 유효하지 않은 프레임을 사용한다는 것이 아니다. 대안 프레임이 배제되었을 때 기존의 통념에 도전하지 않고, 공존하고 수용되기 위해 경쟁할 수 있는 다양한 프레임을 더 이상 지지하지 않는다는 데 큰 위험성이 있다.

다양성은 새로운 해결책을 찾아서 도전과제를 극복할 가능성을 높여준다. 좁은 프레임 세트나 단 하나의 지배적인 프레임은 우리가 심적인 함정에 빠져 도전과제를 제대로 다루지 못하게 할 가능성을 높인다. 마치 고대 왕국이나 외딴 섬의 주민처럼 우리의 무능으로 인해 문명이 파괴되는 것을 넋 놓고 지켜보는 것과 같다. 하지만 이를 방지할 수 있는 방법이 있다.

심적인 단일문화 방지하기

미국의 동부지역은 정보화 시대를 여는 데 주도적인 역할을 했다. 거대 통신회사 AT&T의 본사는 뉴저지주에 있었다. 전자제품의 최강자 GE는 코네티컷에 자리를 잡았다. 거대 컴퓨터 기업 IBM과 필름회사 코닥, 복사기회사 제록스는 뉴욕주에 설립되었다. 많은 컴퓨터 회사가 보스턴의 128번 도로를 따라 늘어서 있었다. 1959년에 128번 도로 구역에서 구직공고에 올라온 기술직의 수는 실리콘밸리의 세 배였다. 그런데 1990년에는 실리콘밸리에서 기술직을 훨씬 많이 채용했고, 보스턴 128번 도로보다 세 배나 많은 새로운 일자리를 창출하고 있었다. 실리콘밸리의 성공 요인은 무엇일까?

그 이유는 동부의 기술 기업들이 정부의 관료조직처럼 획일적이고 고도로 중앙집권화되어 운영되었기 때문이다. 이때가 바로 회색 모직 정장을 입은 회사원들의 시대였다. 128번 도로의 회사들(지금은 잊힌 디지털 이큅먼트 코퍼레이션Digital Equipment Corp., 아폴로 컴퓨터Apollo Computer, 왕 연구소Wang Labs 등)은 형식적이고 위계적인 조직을 가지고 있었으며, 의사결정권자는 최고위층에 집중되었고 정보는 회사 밖에서 공유되지 않고 차단되었다. 노동시장은 이직을 원하는 사람에게 열려 있지 않았다. 이직의 감소는 노동자들이 기업이 옳다고 생각하는 방식을 준수하여 보상을 받았고 외부의 아이디어를 접할 기회가 적었다는 것을 의미한다. 경영학자 애너리 색스니언AnnaLee Saxenian은 자신의 역작 『지역의 우위Regional Advantage』에서 새로운 생각이 아니라 안정성의 가치를 중요시했다고 언급했다.

반면 실리콘밸리는 작고 기민한 회사들로 구성된 네트워크의 본거지였다. 점점 번창하는 네트워크에서 서로 경쟁하기도 하고 새로운 아이디어를 적극적으로 찾아나서기도 했다. 그곳에는 지배적인 구성원이 없었고 스타트업은 분권화되어 있었으며, 위험을 감수하는 도전을 존중했다. 경쟁은 여러 가지 작은 실험으로 이어졌고, 덕분에 모든 사람이 더 영리해졌다. 여러 회사의 노동자는 회사 밖에서 만나 아이디어를 공유했고, 노동시장은 이직을 권장해서 회사가 직원으로부터 더 많은 프레임을 끌어낼 수 있었다. 그 덕분에 파편화된 실리콘밸리가 순응적인 동부의 회사들보다 더 혁신적이고 효율적으로 작동했다.[9]

경제역사학자 조엘 모키르Joel Mokyr와 인류학자 재러드 다이아몬드Jared Diamond에 따르면, 비슷한 상황이 지난 2천 년 동안 중국과 유럽 간의 경제전쟁에서 펼쳐졌다. 역사적으로 대부분의 시기에 아시아는 과학적으로나 경제적으로 훨씬 더 앞서 나아갔고 유럽은 원시적인 단계로 후미진 곳에 머물러 있었다. 사회의 운명에서 프레임의 다원주의가 하는 역할을 확인하기 위해 역사를 되짚어볼 필요가 있다. 기원전 221년으로 가보자.

전국시대가 끝나고 진시황이 중국을 통일했다. 이로써 강력한 왕권을 바탕으로 많은 일을 더 효율적으로 추진할 수 있었다. 모든 결정이 중앙에서 이루어져서 전국으로 전파되었다. 천 년이 훨씬 넘는 동안 중국은 과학과 혁신에서 세계를 이끌었다. 당시 발명품으로 주철, 화약, 조선술, 나침반, 복잡한 시계탑, 종이, 인쇄를 들 수 있다. 콜럼버스Christopher Columbus가 작은 배 세 척으로 대서양을 횡단하기 한참 전인 1400년대 초에 중국은 함대를 보내 인도양을 거쳐 동아프리카에 닿았다.

1400년대 중반 내부 권력다툼 끝에 배타적인 파벌이 정권을 잡았다. 중국의 함대는 멈추었고 선박 건조는 중단되었으며 조선소는 해체되었다. 선박의 대양 항해는 금지되었고 무역도 중단되었다. 1661년에 황제는 중국 남부 주민들을 내륙으로 28킬로미터 정도 이주시킴으로써 유럽의 무역상과 외교사절단에게 거절의 의사를 분명히 표현했다. 고도로 중앙집권화된 중국에서 단지 몇 번의 결정이 있은 후에 탐험, 발명, 세계화가 이루어졌던 중국의 위대한 시대는 막을 내렸다.

유럽과 비교해보자. 14세기에 유럽은 1천여 개의 작은 주로 나뉘어 서로 경쟁하고 있었다. 전 대륙에 걸친 전쟁은 1500년대 중반에 '쿠이우스 레기오 에이우스 렐리기오Cuius regio, eius religio'(자신이 거주하는 지역의 왕이나 영주가 선택한 종교를 믿어야 한다는 원리-옮긴이)라는 원칙하에 끝이 났고, 종교적 다원주의를 향한 길이 열렸다. 대신 권력과 부를 놓고 영지, 공국, 왕국이 싸웠다. 이로 인해 심각한 마찰이 있었고 수많은 전쟁으로 이어졌다. 하지만 유럽의 분열은 실험을 위한 비옥한 토양을 제공하여 정치, 경제, 과학 분야에서 새로운 프레임을 실험할 수 있었다.

중국의 정책은 일원화되어 있던 반면 유럽의 정책은 분산되어 있었다. 중국이 하나의 지배적인 언어를 가지고 있던 반면 유럽은 개별적인 문자가 있는 여러 개의 언어를 가지고 있었다. 중국은 중앙집권적 통치체제를 가지고 있던 반면 유럽의 나라들은 독립적인 생각을 할 수 있을 정도로 충분히 떨어져 있는 동시에 아이디어를 교환하고 효과적인 것을 공유할 수 있을 정도로 충분히 가깝고 열린 공간이 있었다. 이탈리아에서는 도시국가가 독일에서는 렌더 Länder(연방에 소속된 주 - 옮긴이)가 번성했다. 유럽을 통일하려는 시도는 샤를마뉴Charlemagne부터 나폴레옹Napoléon까지 모두 실패했다. 전성기의 로마제국도 유럽 전체의 절반도 안 되는 면적을 점유했을 뿐이다. 지방 분권은 다양성을 의미하며, 문제를 평가하고 해결책을 찾기 위해 여러 가지 프레임을 만들어낸다.

중국은 중앙집권적인 단일민족 국가였다. 유럽은 조각조각 흩어져 있었고 다양한 프레임으로 바글거렸다. 사회적 조건을 보면, 한 곳에서는 프레임 다원주의를 금지했고 다른 곳에서는 프레임 다원주의를 장려했다. 중국은 화약을 발명했지만 경쟁자가 끊임없이 존재하지는 않았기 때문에 그저 폭죽으로 사용했다. 유럽 국가들은 경제적으로 경쟁해왔고 항상 주변 국가를 두려워해서 다른 용도를 찾았고 안타깝지만 폭탄으로 만들기도 했다. 오늘날 경제 상황은 달라 보인다. 중국은 많은 기업이 경쟁하는 장소인 반면 서구는 사업의 역동성과 혁신에 대한 갈증을 잃은 것으로 보인다. 지배 상황은 개인, 기업, 국가에 영향을 준다. 조건이 중요하다.[10]

아이러니하게도 실리콘밸리가 새로운 단일문화가 되어가고 있다. 엔지니어, 개발자, 디자이너들이 서로 비슷하게 보이고, 비슷한 생각을 하고 종종 같은 가치에 따라 움직이는 경향을 보인다. 전지전능한 리더가 이끄는 거대하고 획일적인 회사는 극도로 작은 스타트업 위에 토템처럼 우뚝 서 있다. 캘리포니아 공과대학의 과학자든 고등학교를 중퇴한 해커든 인지적 다양성이 부족해 보인다. 그들은 노르웨이 이사회와 사회적으로 같은 지위에 있다. 핀테크 회사 스트라이프Stripe의 설립자 패트릭 콜리슨Patrick Collison과 경제학자 타일러 코웬Tyler Cowen은 '진전도 연구progress studies'라는 새로운 분야를 도입하여 일부 혁신 생태계가 다른 쪽에 비해 더 잘하는 이유 그리고 성공을 유지하는 방법을 아주 자세하게 이해했다.[11] 아마도 컴퓨터광들은 서로의 복제품처럼 닮았을 것이다. 그들은 모두 애플대학에서 조엘 포돌니의 강의를 들었고 같은 방식으로 '다르게 생각'하려고 노력하고 있을 것이다.[12]

단일문화는 결코 제대로 작동하지 않는다. 균일한 심성모형은 모든 사회에서처럼 경제집단에서도 실패한다. 프레임 다원주의 원칙(우리는 다른 프레임을 거부하는 프레임을 제외하고는 모든 프레임을 받아들여야 한다)은 간단하고 강력한 해결책을 제공한다.

프레임 다원주의가 모든 프레임의 효용과 가치가 동등하다고 말하는 것은 아니다. 대부분의 상황에서 다른 것보다 확연히 나쁜 프레임도 있으므로 모든 프레임은 고려하기 전에 매우 주의를 기울여야 한다. 물론 어떤 프레임이 다른 프레임에 대해 비판적일 수 있으며, 이는 상황에 따라 다른 프레임이 열등하거나 특정 조건에서 자신의 프레임이 더 우수하다는 것을 의미한다. 그것이 바로 우리 모두에게 이득이 되는 프레임을 형성하기 위해 할 수 있는 탄탄한 타협이다.

지구가 평평하다는 프레임은 결함이 있지만 짧은 거리를 측정하는 데 여전히 유용한데, 그 이유는 지구 표면의 굽은 상태는 국지적 규모에서는 사소한 수준이기 때문이다. 우리는 그 프레임이 현실에 부합하지 않는 이유를 설명할 권리가 있지만, 그 프레임이 존재한다는 것을 완전히 거부해서는 안 된다. 우리는 지구온난화가 인간에 의해 야기되지 않는다는 심성모형을 근절하기 위해 노력해서는 안 된다. 이 심성모형은 과학적으로 부정확하며 잘못된 결정으로 이어지게 하지만, 이는 잘못된 프레임에 저항해야 하는 이유이지 그 존재 자체를 부정해야 하는 이유는 될 수 없다.

프레임 다원주의의 정확한 목적은 프레임이 서로 경쟁하고 보완하고 반박하고 공존하는 것이다. 하지만 대안 프레임의 존재를 제거하거나 무효화하려는 목적을 가진 프레임은 받아들여서는 안 된다. 이것이 바로 다른 관점을 검열하는 사회적 압력으로, 최근에 부상한 '철회문화'가 아주 치명적인 이유다. 이는 단지 언론의 자유를 제한하는 데 그치지 않고 다른 사람의 생각, 즉 현실에 대한 그들의 관점을 받아들이기를 거부한다.

프레임 다원주의는 더 나은 결과를 만든다. 그럼에도 윤리적이고 도덕적인 이유로 우리가 공유하는 레퍼토리에 프레임 추가를 금지하고 있기도 하다. 그리고 그렇게 금지가 시행되면 결국 프레임 공간을 축소하는 결과를 낳는다는 사실을 인식해야 한다.

프레임 다원주의는 사회적 마찰이라는 비용을 지불하기도 한다. 모든 사람이 세상을 같은 방식으로 본다면 토론하거나 다툴 일이 거의 없다. 하지만 우리 사회는 절벽에서 뛰어내리도록, 즉 심적으로 상황을 제대로 판단하지 못해 나쁜 결정을 하도록 그대로 두지는 않을 것이다. 다른 시각을 가지도록 권장하는 사회는 신중하게 접근해서 충돌하는 프레임을 받아들이고 마찰을 특징으로 바꾸는 방법을 찾는다.

그렇다면 공동체가 어떻게 프레임 다원주의와 함께 성공적으로 살아갈 수 있을까? 가장 근본적인 방법은 적합한 환경, 즉 여러 가지 프레임이 경쟁하고 발전하는 환경을 구축하는 것이다. 앞에서 개인의 인지적 다양성이 좀 더 일반적으로 다양한 환경과 어떻게 연결되는지 설명했다. 다양한 친구와 동료는 우리가 가진 심성모형의 범위를 넓혀주는 비옥한 토양이다. 이는 사회적인 차원에서도 마찬가지다.

다원주의 사회가 자유민주주의와 반드시 일치하지는 않는다. 예를 들어 구성원이 매우 비슷한 관점을 가진 민주주의가 있을 수 있다(1800년대 빅토리아 여왕이 통치하던 영국이나 20세기 일본의 의사결정 합의 모형을 생각해보라). 같은 맥락에서 여러 가지 다른 관점을 받아들이지만 민주주의는 아닌 사회를 상상해볼 수 있다

(로마제국은 문화적으로 다양했지만 분명히 민주적으로 통치하지는 않았다). 대부분의 사람들이 직접 통치하지는 않지만, 프레임의 다원성은 특히 파괴적인 변화의 시기에 혁신과 더 나은 사회적 결정으로 이끌 수 있다.

인지적 자유를 보호하고 프레임의 다양성을 촉진하는 환경이 자연스럽게 조성되는 것은 아니다. 실제로 부족중심주의는 인지적 균질성으로 밀어붙이는데, 이는 마치 보이지 않는 지적인 중력처럼 작동한다(상사가 소집한 회의에 참석하는 모든 직원은 어떤 느낌인지 안다). 프레임 다원주의를 조성하는 분위기를 구축하고 유지해야 한다. 우리는 승리를 선언하고 멈추어서는 안 된다. 다원주의를 위한 조건을 유지하는 것이 사회의 중요한 과제다. 그리고 그것은 권한을 부여하는 것이기도 하다. 인지적 다양성을 무너뜨리려는 사람들에게만 도움이 되는 현 상태에 안주하고 소극적으로 행동하기를 거부한다면, 이러한 노력은 아주 작지만 오래도록 효과를 나타낼 것이다.

천 개의 프레임이 번성하게 하라

사회는 프레임 다원주의를 조성해서 다양한 관점이 번성하게 만들 수 있다. 이를 위한 네 가지 전략을 살펴보자. 개인 차원에서는 다양성의 수용과 교육의 활용, 그리고 사회 차원에서는 이직 장려와 마찰 수용이다. 각각의 측면을 차례대로 살펴보자.

첫 번째는 다양성이다. 다양성은 무언가가 발생하기를 수동적으로 바라는 것이 아니라 관점의 차이를 적극적으로 찾는 것이다. 관점의 범위를 삶에서 피해야 할 불편한 사실이 아니라 널리 알려야 할 특징으로 간주한다. '나는 다르게 본다'라는 간단한 문장은 긴장을 고조하지만 동시에 자신의 견해뿐만 아니라 다른 사람의 견해도 존중한다는 의미를 담고 있다. 다양한 프레임을 가진 사람들이 생산적으로 상호작용할 수 있다는 주장이 타당하다는 것을 보여준다. 세상이 인지적으로 균질하지 않으며, 다양한 심성모형이 문명 진보의 흔적이라는 것을 받아들인다는 의미다.

미국의 동성 결혼 운동가들이 기민하면서도 절묘한 방식으로 생산적인 상호작용을 수행했다. 1995년에 미국인의 4분의 1이, 2020년에는 거의 70퍼센트가 동성 결혼을 지지했다. 어떻게 된 일일까? 예전보다 낮아진 출산율이나 결혼을 재생산보다는 안정적인 관계로 생각하는 등의 사회인구학적 변화가 설명할 수 있는 부분은 일부에 지나지 않는다. 무언가 더 깊은 것이 있었다.

1980년대 이후로 결혼은 동성애자 권리 수호 운동의 중심이었으며, 바로 그 법적인 권리를 강조했다. 그러나 아무런 진전이 없었다. 보수주의자들은 "신은 아담과 스티브가 아니라 아담과 이브를 만들었다"라며 으르렁거렸다. '결혼의 자유Freedom to Marry'라는 운동

조직의 소통 전략을 이끌었던 케빈 닉스Kevin Nix는 "권리라는 단어를 포함해서 그 법이라는 프레임은 제대로 작동하지 않았다. 그 프레임은 아무 소득 없고, 물질주의적이고, 설득할 수 없는 것이었다"라고 설명했다.[13]

2000년대 초에 닉스와 동료들은 여론을 보여주는 자료를 상세히 조사해서 대중이 거리끼는 것을 알아내는 데 집중했다. 그는 이렇게 말했다. "우리는 그 사람들의 생각이 어디에 있는지를 확인해서 그들을 만족시키고 그들이 동참할 수 있게 도울 방법을 알아내야 했다. 우리는 사람들이 결혼을 하는 이유에 관한 가치 프레임을 정했다. 그건 사랑, 헌신, 가족이었다."

다시 말해 닉스 팀은 동성 결혼을 자유나 권리가 아니라 사랑에 대한 헌신의 표현으로 규정했다. 이것은 결정적인 변화였다. 이들은 각계각층의 동성애자들에게 자신의 주장을 펼치게 했다. 그리고 이성애자 부모와 같은 제3의 '승인자validator'가 자신들의 자녀가 결혼할 권리를 지지하는 것을 확인했다. 이들은 광고를 내보내고, 그 이야기를 정치 매체와 유명 언론에 싣고, TV 스토리 라인에 연결했다.

이들의 목적은 자신의 프레임이 '옳음'을 전제하면서 다른 사람이 세상을 보는 방식을 의심하거나 틀렸다고 주장하는 것이 아니다. 오히려 타당한 프레임이 많다는 것을 보여줌으로써 많은 이성애자가 이미 가지고 있는 사랑과 헌신이라는 프레임으로 동성 결혼

을 바라보게 만들었다.[14]

이 전략은 유효했다. 2011년 드디어 미국인 중 동성 결혼을 반대하는 사람보다 지지하는 사람이 더 많아졌다. 놀랍게도 설문조사에서 동성 결혼을 '자유'라고 답한 사람은 단 14퍼센트였고, 32퍼센트가 '사랑과 인류애'라고 답했다.[15] 2015년 6월 25일 대법원은 헌법이 동성 커플의 결혼 권리를 보장한다고 판결했다. 특별한 의미가 있는 이 사회적 승리는 사람들에게 특정 프레임을 수용할 것을 강요해서 얻은 것이 아니다. 다원주의 사회의 초석인 수많은 심성 모형이 공존할 수 있다는 개념이 성공의 열쇠였다.

프레임 다원주의를 발전시키는 두 번째 방법은 교육과 아이들의 사회화에 있다. 지금의 수업과 교수법은 100년 전보다 개방적이며 다양한 관점을 권장하고 있다. 여전히 교육 현장에 남아 있는 시골과 도시 간의 수행 격차와 비교해보면, 아주 뚜렷하게 드러나는 보편적인 변화다. 새로운 생각에 대한 개방성은 현대 교육의 특징이다. 그 결과 청소년은 자신의 생각을 더 분명하게 표현하고 자신감은 더 충만하며 겁을 덜 낸다. 그런데 이보다 더 중요한 것은 이런 방식으로 교육받은 개개인이 프레임 다원주의를 유지하기 때문에 사회에 유익하다는 것이다.

특히 뒤처진 곳에서 더 많은 것이 이루어질 수 있고 이루어져야 한다는 것은 틀림없다. 여러 가지 시각을 수용하는 교육 환경을 만드는 것은 덜 허용적인 분위기에서 성장한 교사에게는 도전적인 일이다. 누군가의 관점에 의문을 제기하려면 더 많이 알아야 하고 특히 그 관점의 장단점을 알고 있어야 한다. 또한 토론을 진행하는 기술과 다른 사람의 관점이 더 우수할 때 이를 받아들이려는 의지가 있어야 한다. 이는 지식의 증가, 행정 부담의 증가, 자원의 감소를 관리하는 데 이미 어려움을 겪고 있는 교육 전문 인력에게 상당히 어려운 과제다. 그래서 강의를 듣는 학생 전부가 고개를 끄덕이면서 필기를 할 때, 자신의 관점을 확신하기 쉽다.

열린 사회의 특징은 아이디어에 도전하고 이로 인한 충돌을 인정하는 것이다. 채용 담당자는 오랫동안 탄탄한 학문적 배경을 가진 인문학 전공자가 취업시장에서 이점을 가진다고 주장해왔다.[16] 이는 고등교육의 주요 과제가 기술 훈련일 필요가 없고 인지적 다양성의 촉진이라는 것을 시사한다. 즉 무엇을 생각하는지가 아니라 어떻게 생각하는지가 중요하다는 말이다. 이를 통해 개개인이 더 나은 프레이머가 되도록 도울 수 있다. 더 넓은 관점에서 보면, 우리 사회에서 다음 세대가 프레임 다원주의를 보장할 수 있게 도와주는 것이다.

사람들에게 세상을 바라보는 여러 개의 시선이 있을 수 있다는 것을 수용하도록 어떻게 가르치느냐가 중요하다. 차이를 무시하고 숨기기보다는 확인하고 알림으로써 차이를 중요하게 평가하며 존중하고 정당화하도록 가르쳐야 한다. 우리는 우리가 볼 수 있는 것에 대해 말할 수 있다. 사회학에서 이런 현상을 연구하는 흥미로운 분야의 연구 결과를 보면 자녀에게 인종에 대해 말하는 방식이 미국의 백인과 흑인 부모 간에 극명한 차이가 있다고 보고한다.

백인 부모는 좋은 뜻으로 인종을 지적하지 않거나 인종 차별 문제를 꺼내지 않는 경향이 있다. 이들은 이렇게 '인종에 눈을 감는 color-blind' 행동으로 아이들을 인종 차별을 하지 않는 사람으로 키울 수 있다는 믿음을 가지고 있다. 마틴 루서 킹 주니어가 전하려는 메시지는 사람의 피부색이 아니라 성격이 중요하다는 것이다. 그러나 흑인 부모는 아이들과 인종 그리고 인종 간의 문제에 대해 일상적으로 논의한다. 인종에 눈을 감으려면 명백히 보이는 것을 의도적으로 무시해야 한다. 예를 들어 상점 통로를 걸어가는 것부터 정지 신호에 한쪽으로 차를 세우는 것까지 이렇게 명백하게 보이는 것이 어떻게 일상에 영향을 주는지 알지 못해야 한다. 그런데 흑인 아이는 인종을 인식할 때 '인종을 인정하도록colorful' 배운다.

사회학자는 '인종불문주의color-blindness'가 일종의 프레임으로 실제로 인종 차별의 중요한 요인이 된다고 생각한다. 백인은 좋은 의도를 가지고 갑자기 인종이 상관없어야 한다고 주장하면서 유색 인종이 경험하는 일상적 차별에 자기도 모르게 눈을 감는 것이다. 절대적으로 인종에 눈을 감는 프레임은 다양성을 지우고 무시하며, 무지개를 구별 불가능한 잿빛으로 바꿔버린다. 사람들이 살아가는 현실을 무시하고, 프레임 다원주의의 대척점에 있는 균일성의 장점을 치켜세우는 것이다.

(사회학자가 말하는) '인종인정주의colorfulness'라는 대안 프레임은 다양성을 인정할 뿐만 아니라 차이가 보여주는 고통, 어려움, 긴장을 강조하여 프레임 형성 과정에서 긍정적으로 추구해야 하는 다양성으로 바꾼다. 교육과 사회화의 목적은 우리 사회에 실재하는 차이를 책임과 기회로 바라보는 것이다.[17]

　프레임 다원주의를 발전시키는 세 번째 방법은 이주와 이동성 영역에 있다. 사람들이 문화와 사고방식을 한 장소에서 다른 장소로 전달하여 서로 섞이고 변형되는 일이 더 많아질수록 환경이 풍요로워지고 여러 가지 프레임이 번성할 가능성이 증가한다. 역사적으로 새롭고 역동적인 생각의 중심지는 아테네와 로마에서 바이올린으로 유명한 17세기의 이탈리아 크레모나와 같은 혁신 단지에 이르기까지 정기적으로 나타났다. 파리의 라틴구Latin Quarter는 그곳이 라틴어로 의사소통하는 전 유럽의 학자들이 모인 곳이라서 붙은 이름이다.

　이동성과 이주가 중요한 이유는 그것이 전제하는 개방성 때문이다. 2000년대 초 도시이론가 리처드 플로리다Richard Florida는 지방이나 도시의 경제적 성공과 실패를 뒷받침하는 요인을 살펴보았다. 그는 자신의 저서 『신창조계급The Rise of the Creative Class』에서 이런 결과를 적극적으로 소개했다. 리처드 플로리다는 성공의 이면에 무엇이 있는지 알아내기 위해 방대한 요인을 조사했고, 그 결과 기술·재능·관용 세 가지 요인이 두드러졌다.

마지막 요인인 관용이 핵심이다. 가장 열린 공간에서 가장 좋은 성과를 얻는다. 플로리다는 "열린 공간은 더 큰 심적 지도를 가지고 있다. 열린 공간에서 사람들은 모험을 하며 균일한 전망을 하지 않는다"라고 말했다. 창조 계급은 관용과 개방성이 높은 곳으로 이동한다. 이는 다양성과 다원주의 그리고 프레임 다원주의가 만들어내는 경제적 차이에 대한 선행 지표다.

하지만 개방성은 장기간의 노력을 요구한다. (지리적으로 인접한 다른 지역에 비해) 비교적 관용적인 도시인 두바이와 싱가포르에서 확인한 것처럼, 최고 수준의 창조 계급은 초이동적이다. 이들은 관용이 유지되지 않으면 빠르게 떠난다. 초이동적인 창조 계급의 엘리트를 유치하려고 노력하기보다, 그곳에 와서 기꺼이 오랫동안 머무르려고 하는 사람들에게 충분히 개방적인 곳이라고 알리는 것이 더 합리적일 것이다.[18]

더 큰 규모로 보면, 사회 전체의 프레임 다원주의는 이주의 영향을 받을 수 있다. 여러 선진국에서 낮은 출산율을 보이고 있는데, 이주는 인구를 다시 늘리는 한 가지 방법이다. 하지만 사회마다 이민자에 대한 기대가 다르다. 예를 들어 유럽 대륙에서는 상당한 규모의 공공 지출 프로그램을 수십 년 동안 시행하면서 새로운 이민자가 빠르게 동화될 수 있도록 도왔다. 이민자들이 기존의 주민과 조화를 이루게 하는 것이 목적이다. 경제에서 추가적인 노동자가 필요하고 사회가 긴장 상태의 증가에 별 신경을 쓰지 않을 때 적합한 전략이다.

유럽에서 2015년부터 주로 중동과 아프리카로부터 수백만 명의 이민자를 수용하자 관련 분야의 전문가들은 인구의 유입이 상당수 유럽 국가의 상대적 균질성을 바꾸어서 사회적 긴장으로 이어질 것이라고 예측했다. 그리고 그 예측은 정확했다. 다양성은 공짜로 얻는 게 아니다.

하지만 프레임 형성의 관점에서 보면 인구 유입은 뜻밖의 좋은 결과로 이어질 수 있다. 이제 유럽은 수십 년 전에 비해 문화적 다양성이 증가했다. 문화적 다양성이 증가하면 프레임의 다원성도 증가할 것이다. 여러 가지 새로운 관점을 촉진하여 유럽 국가를 인지적 단일문화의 위협에서 보호한다. 사회가 순조롭게 유지되고 프레임 재구성이 필요하지 않은 안정성의 시대에는 문화적 다양성이 필수적이지 않았다. 하지만 환경이 변하고 대안 프레임으로의 전환이 불가피한 시점에, 이를테면 사회가 환경문제, 끔찍한 감염병 대유행, 경제적 불평등의 협곡을 해결해야 하는 상황에서는 프레임의 다원성이 매우 중요하다.

반면에, 미국은 '용광로'와 '스튜'라는 신화(용광로는 다양한 인종과 언어, 역사와 전통이 다른 이민자들이 미국의 시민으로 동화된다는 의미이며, 스튜는 이민자들이 자신만의 고유한 특징을 유지한 채로 미국 시민으로 살아간다는 의미다 – 옮긴이)의 균형을 잘 맞추고 있어서, 개별 구성원이 자신들만의 특징을 유지하며 살아간다. 그래서 LA의 한 인타운이나 샌프란시스코의 차이나타운, 그리고 남부 텍사스의 라틴계, 플로리다의 쿠바인, 보스턴의 브라질인은 영어를 사용하지 않아도 불편함 없이 살 수 있다. 동화의 속도가 느릴 수는 있으나 덕분에 미국은 다양성이 주는 혜택을 유지할 수 있다. 외부인은 내부인이 보지 않는 것을 보고 그들의 새로운 프레임을 사용해 이득을 얻을 수 있다.

생각해보자. 구글의 공동설립자 세르게이 브린Sergey Brin과 보수적인 작가인 아인 랜드Ayn Rand는 러시아에서 태어났다. 마이크로소프트의 최고경영자 사티야 나델라Satya Nadella와 구글의 최고경영자 순다르 피차이Sundar Pichai는 인도인이다. 구글의 재무 총괄책임자 루스 포랫Ruth Porat은 영국인이다. 테슬라와 스페이스X의 일론 머스크는 남아프리카공화국인이고, 항공우주 기업가가 된 우주비행사 아누셰흐 안사리Anousheh Ansari는 이란인이다. 미디어 황제 루퍼트 머독Rupert Murdoch은 오스트레일리아 출신이다. 인텔의 공동설립자 앤디 그로브Andy Grove는 헝가리에서 태어났고, 엔비디아NVIDIA의 공동설립자 젠슨 황Jen-Hsun Huang은 타이완에서 태어났다. 벤처 투자가 피터 틸Peter Thiel과 브루스 윌리스Bruce Willis는 독일에서 태어났다. 스티브 잡스의 아버지는 시리아에서 이주했다. 버락 오바마Barack Obama만이 미국에서 태어났다.

이들은 모두 틀을 깨고 롤모델이 되었다. 이들은 이렇게 미국의 프레임 다원주의를 향상시켰고, 미국은 풍성하고 다양한 심성모형

레퍼토리를 활용할 수 있는 능력을 가지게 됐다. 이 능력은 미국이 그들의 정치사회적 삶을 규정하는 다양한 정체성으로 인한 긴장에 직면하고 있다는 점에서 특히 유용하다.

다원주의는 대가가 따른다. 마찰은 프레임 다원주의를 발전시키는 마지막 영역이다. 서로 다른 프레임의 충돌로 인한 불협화음은 결점에서 이점으로 바뀔 수 있다.

프레임 다원주의를 유지하면 구성원 간에 불편함과 충돌이 나타날 수 있다. 프레임 다원주의는 자신과 의견이 다른 사람들과 실제로 만나고 상호작용해야 가능하기 때문에 토론과 논쟁을 촉발하고 긴장을 부추길 수도 있다. 이는 다른 시각을 가진 사람들이 서로 부딪힐 때의 일반적인 모습이다. 분명한 위계구조나 프레임의 우선권이 없다면(황제나 교황 또는 왕과 같은 존재가 통치하는 사회가 아니라면), 사회가 채택해야 하는 프레임은 (소비자나 시민 등의 자격으로) 사람들의 손에 맡겨진다. 평온함, 예측 가능성, 효율성에 가치를 부여한다면 사회적 불화가 발생할 것이라는 확고한 전망은 위협적으로 들릴지도 모른다.

하지만 이러한 마찰은 사회를 변화시키는 에너지와 동기가 있다는 표현이기도 하다. 기회는 뚜껑으로 덮거나 가리는 것이 아니라 토론을 수용하고 충돌하는 관점이 존재한다는 것을 받아들임으로써 이러한 마찰을 적절한 방향으로 흘러가게 하는 데 있다. 이 전략은 수백 년 동안 이상적이었다. 다시 말해 의견의 차이를 재현하고 말할 수 있는 자유는 (미국인의 입장이 아니라 고전적인 의미로) 자유주의의 기반이었다. 게다가 2차 세계대전의 공포를 겪은 후, 차이를 허용하는 수준을 넘어서서 적극적으로 장려하고 보호할 수 있게 보장해주는 것이 우선 순위가 되었다.

하나의 프레임이 다른 프레임과 우연히 맞닥뜨릴 때 나타나는 마찰은 독일의 철학자 위르겐 하버마스Jürgen Habermas가 언급한 '공적 영역public sphere'에서 발생한다. 공적 영역은 개인이 만나서 사회적 쟁점을 토론하는 공간이다. 고상한 옥스퍼드 토론 클럽이 아니라 선술집이나 커피숍, 모임이나 클럽에서 이루어지는 토론을 생각하라. 마찰은 이런 장소에서 일어날 때 생산적일 수 있다.[19]

문제는 사회적 논쟁의 주체가 보통 사람들로부터 정치인, 미디어 전문가, 그리고 다른 목소리로 옮겨갔다는 것이다. 다시 말해 직접 민주주의가 대의민주주의로 대체되었다. 대의민주주의는 적극적이고 개인적인 참여의 기회를 앗아갔다. 정치적 논쟁은 사람들 자체가 아니라 사람들의 관점을 대변하는 대리인들에 의한 연극 같은 전투가 되었다. 미국은 비판할 권리와 정치적 목소리를 우익 성향의 폭스Fox의 터커 칼슨Tucker Carlson과 좌익 성향의 MSNBC의 레이철 매도Rachel Maddow에게 위탁하여 이들이 서로 싸우게 했다. 미국만 그런 것은 아니다. 모든 곳에서 이런 사회적 긴장이 나타난다. 일본에서는 요미우리와 아사히 신문이, 프랑스에서는 베르나르앙리 레비Bernard-Henri Lévy와 미셸 우엘벡Michel Houellebecq이 옥신각신

한다.

우리는 공적 영역을 부활시켜 프레임을 드러내어 프레임끼리 서로 맞붙고 충돌하고 결합하도록 해야 한다. 하버마스는 활동가와 단체를 중심으로 사람들이 공공의 문제에 관여하고 시민토론에 참여할 수 있게 활력을 불어넣어야 한다고 주장했다. 이런 활동으로 사회는 다양성의 영향력을 활용하여 어느 방향으로 가야 하는지 논의하고 결정할 수 있다. 합의의 의사결정과 다수결을 결합한 숙의 민주주의deliberative democracy는 토론을 정치적 과정의 중심으로 만든다. 숙의민주주의 지지자는 숙의 기간을 정해서 공휴일에 여러 지역사회 사람들이 모일 수 있게 해야 한다고 주장해왔다. 필요하다면 공공의 쟁점을 논의하려는 의지에 대해 보상을 할 수도 있을 것이다. 목적은 더 많은 시민이 민주적 통제의 근간이 되는 일종의 '말싸움'에 관여하도록 유도하는 것이다.[20]

좀 더 조심스러운 설명으로는 다양한 사람이 모여 중요한 정책을 심의하는 것이다. 논의를 시작하기 전과 끝난 후에 참가자들의 의견을 조사한다. 브리핑 자료를 제공하고 전문가의 도움을 얻어 질문에 답하고 필요한 부분을 지원한다. 이때 여러 관점이 격돌하는 것이 허용된다. 또한 의견 일치를 기대하지는 않지만, 성실하게 참여하고 다른 사람의 관점을 심사숙고할 것이라는 기대를 한다. 공론 조사는 수십 개의 국가에서 실시되었고 그중 하나는 1994년에 영국에서 〈권력과 사람들Power and the People〉이라는 TV 프로그램으로 제작되었다.

정치에 깊이 개입하고 마찰을 이득으로 바꾸는 또 다른 방법으로 '권한 강화 민주주의empowered democracy'라는 개념을 들 수 있다. 이 개념은 대안적 사회체제에 관한 생동감 넘치고 독창적인 지식인인 하버드 법학대학원의 로베르토 웅거Roberto Unger가 제기했다. 그는 서로 다른 심성모형을 적극적으로 접촉하게 해서 정치의 온도를 높여야 한다고 주장한다. 예를 들어 그는 정치적 분권화가 더 많이 이루어져서 국가의 미래에 관한 대안 모형을 만드는 것을 지지한다.[21]

그는 "사회가 특정 경로를 따라 단호하게 나아갈 때, 그로 인한 위험을 피할 수 있어야 하고 일반적인 해결책에서 특정 지역이나 영역을 분리해서 다른 방향으로 향할 가능성을 확인하는 실험을 진행할 수 있어야 한다"라고 설명한다.[22]

웅거는 어디에서든 프레임의 마찰은 장점이 있다고 추켜세운다. 교육에서는 변증법적이어야 한다고 생각한다. 모든 참가자에게 최소한 두 가지 대비되는 관점을 가르친다. 이것은 그가 애플대학의 포돌니와 공유하는 가치다. 기본적인 생각은 사회를 단일 형태로 정의하지 않고 대안적 방법을 실험할 수 있게 보장해야 한다는 것이다.[23]

다원주의로 인한 마찰을 위협으로 여길 필요는 없다. 공동의 미래에 대한 감각이 있다면 마찰은 사회의 이득을 위해 생산적으로 전환될 수 있다. 절망감을 느끼기 쉬울 때 낙관적인 점을 보자. 우리는 통제 밖의 힘에 의해 흔들리지 않는다. 오히려 우리는 프레이머로서 우리가 원하는 사회를 구축하는 전략으로 무장되어 있다.

돌진하는 황소상, 두려움 없는 소녀상

한나 아렌트는 1975년에 맨해튼에서 사망했는데, 그녀의 69번째 생일이 지난 지 얼마 되지 않은 때였다. 그녀는 삶의 마지막 순간까지 필수적이기 때문에 보호해야 할 '관점의 다원성'이 소멸되는 것을 걱정했다. 그녀는 다른 사람의 프레임 형성에서 배우고 혜택을 얻는 사회적 기제가 부재하다는 사실을 걱정했다. 하지만 아렌트가 마련한 토대 위에 주디스 슈클라Judith Shklar가 그 사회적 기제를 구축했다.[24]

아렌트처럼 슈클라도 유대 전쟁의 피난민이었다. 그녀도 남성중심적인 환경에서 정치철학을 전공했다. 아렌트가 사망하기 4년 전 슈클라는 하버드대학 통치학과에서 종신교수직을 보장받은 첫 번째 여성이 되었다. 그때가 교수로 근무한 지 15년 되는 시점이었다. 슈클라와 아렌트는 개인의 권리에 대한 혐오감을 공유했는데, 그 이유는 개인의 권리가 잘못되었기 때문이 아니라 부족하기 때문이다. 관점의 다원주의는 개인의 권리만으로는 보장받을 수 없다.

대신에 슈클라가 지적한 대로(그리고 이 장에서 설명한 대로),

프레임의 다원주의를 실현하기에 적합한 사회적 조건의 형성과 유지가 필요하다. 이것이 바로 그녀가 1989년에 집필한 역사적인 에세이에서 "모든 성인은 삶의 여러 측면에서 두려움이나 호의 없이 많은 효과적인 결정을 내릴 수 있어야 한다"라는 표현이 의미한 것이다. 아렌트는 '생각'과 '행위'를 강조했고, 슈클라는 '두려움 없는 결정'을 강조했다.

아렌트와 슈클라의 관점에서 다른 부분도 있었다. 슈클라는 자유를 실현할 수 있는 실용적인 방법을 제시하지 않는 아렌트의 이론적 접근을 특히 싫어했다. 하지만 그들은 다수의 규칙이 아닌 다원주의를 강조하는 점, 그리고 권리보다는 조건을 강조하는 점에서 의견이 일치했다. 슈클라에게 사회적 진보는 두려움의 부재와 직접적으로 연관되어 있으며, 추상적인 권리의 소유가 아니라 인간이 두려움 없이 권력에 맞서 일어날 수 있는 구체적 능력과 연관되어 있다. 그때서야 프레임의 다원주의가 실현된다.

슈클라가 제시하는 프레임 다원주의의 실재하는 상징물은 뉴욕의 월가 근처에 있는 마주 보고 있는 두 개의 조각상일 것이다. 1989년부터 돌진하는 황소상Charging Bull은 금융가의 작은 공원 옆에 서 있었다. 3.2톤에 달하는 거대한 동상으로 높이 약 3.3미터, 길이 약 4.9미터에 달한다. 벌겋게 달아오른 콧구멍, 격렬하게 움직이는 꼬리, 뿔로 들이받으려는 듯 숙인 머리까지 공격적인 자본주의의 강력한 상징이다. 그런데 2017년 3월 7일, 또 다른 동상이 황소상 앞에 설치되었다. 이 동상은 높이는 약 1.2미터, 무게는 약 113킬로그램밖에 안 되었다.

황소를 내려다보는 두려움 없는 소녀상Fearless Girl은 조각가 크리스틴 비스발Kristen Visbal의 작품이다. 고개를 높이 들고 턱을 내밀고 말총 머리를 휘날리며 손은 도전적으로 엉덩이에 올린 힘 있는 자세의 작은 소녀상은 그녀 앞에 있는 맹수에 대한 상징적인 대척점이었다. 비스발은 동상을 나란히 설치하여 프레임의 다원주의를 표현했다. 두 동상은 권력 대 무기력이 아닌 공존을 상징했다. 그곳에는 분명한 위계구조도 지위의 차별도 없었다. 두 개의 동상 모두 타당했다. 그러나 누가 더 강했는지는 의심의 여지가 없다.[25]

2020년 여름 미국의 로버트 E. 리Robert E. Lee 장군의 동상부터 벨기에 국왕 레오폴트 2세Leopold II의 동상에 이르기까지 전세계적으로 동상의 외관이 훼손되고 쓰러지는 상황에서 돌진하는 황소상과 두려움 없는 소녀상의 대결은 아렌트와 슈클라가 인정할 만한 교훈을 주었다. 대담함을 불어넣는 조건이 있다면, 엄청난 힘에 맞서 무력감을 느끼지 않고 맞설 수 있다는 것이다. 다원주의는 두려움이 아니라 확신이 있어야 존재할 수 있다. 그런 확신을 가지고 있는 사람은 누구인가?

9장
경계

Vigilance

직관이나 기계에

권력을 이양하지 않도록

경계해야 한다.

2020년 봄 미국에서 코로나19 봉쇄조치가 본격적으로 시작되었을 때, 짧은 틱톡 영상 시리즈가 소셜미디어에서 입소문을 타기 시작했다. 무질서하고 아무 말 대잔치처럼 보이지만 마치 쉰 목소리처럼 익숙하게 들렸다. "우리는 엄청난 빛으로 몸에 부딪히지. 그게 자외선이든 강력한 빛이든." 하지만 이것은 젊고 역동적인 새라 쿠퍼Sarah Cooper가 트럼프 대통령이 제안한 코로나19 치료법을 립싱크한 것이다. "당신이 그 빛을 피부를 통하든 다른 방법을 사용하든 몸 안으로 들여보냈다고 가정해봐라……. 재미있게 들리지 않는가? 자, 이제 살균제가 보이지. 1분 안에 바이러스를 없애버릴 거야."[1]

파급 효과는 엄청났다. 여러 코미디언이 트럼프를 흉내냈다. 허리둘레, 빨간 모자, 빗어올린 머리 등 신체적인 부분까지 따라 하기도 했다. 쿠퍼의 작품은 훨씬 더 민감하게 상황을 반영했다. 그녀는 실제 트럼프의 목소리를 들려주면서 다른 모든 측면에서는 그녀 자신의 모습을 그대로 보여주었다. 쿠퍼는 트럼프와 완전히 다르다. 젊고 호리호리한 흑인 여성이 나이 들고 뚱뚱한 백인 남성을 흉내 낸다. 그녀 덕분에 우리는 잠시 멈추고 우리가 가정하는 것을 다시 생각해보게 되었다.[2]

이런 방식으로 제약조건을 바꾸어 대안 현실을 상상하면 모든 것을 바꿀 수 있다. 그리고 그 충격적인 영상의 효과가 드러나고 있다. 그 영상은 충격적이었다. 그녀는 일부러 그렇게 했다고 설명한다.

"내가 하려고 했던 것은 만약 새라 쿠퍼가 이런 말을 한다면 어떨까였다. 나는 정말 그게 타당한 아이디어라고 생각했기 때문이다. 양복과 연단 그리고 그의 뒤에서 미소를 짓고 고개를 끄덕이며 존경을 표시하는 사람들을 모두 치워버렸더니 남은 것은 그의 공허한 말뿐이었다."[3]

쿠퍼는 흉내내는 사람처럼 보여야 한다는 제약조건을 완전히 버리는 방식으로 희극적인 흉내라는 프레임을 재구성했다. 그녀의 코미디는 흉내를 낸다기보다는 폭로하는 것이다. 두려움을 모르는 소녀가 돌진하는 황소를 노려보는 것처럼 무명의 코미디언이 미국의 대통령과 대결했다. 그녀는 엄청난 성공을 거두었고, 트럼프는 트위터에서 그녀를 차단해버렸다.

이제 니에 윤천Nie Yunchen을 살펴보자.

니에는 2012년에 중국 남방 지역의 지안멘시에 있는 학교를 졸업한 뒤 세상을 바꿀 사업 아이디어를 찾아 나섰다. 그는 중국 역사와 문화의 중심인 차tea가 또래들 사이에서는 별 인기가 없다는 것을 알게 되었다. 당시 판매되는 차는 주로 중장년층 이상을 대상으로 한 아주 비싼 제품이거나 인스턴트 차와 분유를 섞어 많은 싸구려였다. 그렇다 보니 특별히 좋아하는 사람이 없는 제품의 마케팅에 꽤 많은 돈을 쓰는 형국이었다.

니에는 다른 사업과 마찬가지로 차 사업도 방법을 바꿀 수 있다고 생각했고 제약조건을 이용해서 차 사업이 어때야 하는지에 대해 새로운 조건부적 사고를 해보았다. 그는 수천 달러를 투자해 지안 멘시에 유행에 민감한 중국인들에 맞춘 헤이티Heytea라는 차 가게를 열었다. 고급 찻잎으로 우려내고 진짜 우유를 섞어 기가 막힌 향이 나는 차를 합리적인 가격에 팔았다. 니에는 전통적인 마케팅 방식에서 벗어나 고급 재료를 사용하는 데 돈을 아끼지 않았고 소셜미디어를 통해 홍보했다.

헤이티는 크게 성공했고 지점을 중국 전역으로 늘려나갔다. 매장은 밝고 널찍했고, 품질과 신선도가 부각되도록 인테리어했다. 고객들은 향이 가미된 차를 마셔보려고 몇 시간이나 기다리기를 마다하지 않았다. 2020년에 중국 전역에 400개가 넘는 매장이 문을 열었고, 회사는 해외로 진출하기 시작했으며, 니에는 30세가 되기 전에 5억 달러가 넘는 자산을 축적했다.[4]

스타벅스의 설립자 하워드 슐츠Howard Shultz는 커피를 고급 음료로, 매장을 집과 직장 사이의 '제3의 장소'로 만들었으나, 니에는 다르게 접근했다. 그는 문화적 자부심과 스타일을 중시하는 젊은 층의 품질에 대한 요구를 반영해서 시대에 맞는 브랜드를 만들었다. 니에는 전통적인 중국 찻집의 프레임 안에 머물렀지만 새로운 세대에 맞추어 방법을 바꾸었다. 그 덕분에 젊은 중국인들은 오랜 풍습을 다시 알 수 있었다.

세 번째로 소개할 성공적인 프레이머는 아프리카에 전기를 공급한 남아프리카계 가나인 사업가 은타비셍 모시아Nthabiseng Mosia다.

요하네스버그 외곽의 흑인 거주구역에서 성장한 모시아는 안정적인 전력 공급의 중요성을 일찍부터 깨달았다. 그녀는 이렇게 말했다. "종종 우리 집에서도 전기가 끊기곤 해서 우리 가족은 어둠 속에서 이리저리 찾아 헤맸다. 갑자기 '아, 지금 해야 하는 것도, 하고 싶은 것도 아무것도 할 수가 없어!'라며 한탄하는 상황이 수시로 벌어졌다. 고등학교 시절 시험준비를 할 때 나는 촛불을 켜고 공부한 적이 많았다."[5]

모시아는 미국에서 대학원 과정을 마친 후 서아프리카의 시에라리온으로 이주했다. 그 지역 주민의 약 85퍼센트는 전력 부족에 시달리고 있었다. 그들 대부분이 시골에 거주하기 때문에 전력망에 연결하기가 불가능했다. 그래서 위험하고 독성이 강한 등유를 사용할 수밖에 없었고 휴대전화를 충전하려면 멀리까지 다녀와야 했다. 모시아는 전국 송전망을 확장하려고 시도하는 대신 저렴한 태양광 패널을 사용해서 직접 전기를 공급할 수 있다고 생각했다.[6]

모시아와 두 명의 공동창업자는 2016년에 이지 솔라Easy Solar를 설립했다. 이 회사는 태양광 패널과 배터리 세트를 공급해서 전등과 가전기구를 사용할 수 있게 해주었다. 시스템이 저렴하긴 했지만, 주민들 대부분은 현금을 내고 구입하기 어려웠다. 그런데 휴대전화 서비스의 '선불pay-as-you-go' 방식에는 익숙했다. 그래서 모시아와 동료들은 만약 고객이 태양광 발전 키트를 전액을 지불하고 구매해야 할 필요가 없고 후불로 지불할 수 있다면 어떨까라는 질문을 던졌다. 이지 솔라는 참신한 지불 계획을 제공하는 것으로 비즈니스 모델을 조정했다. 고객은 비용을 나누어 지불하면서 발전 키트를 사용하고, 비용 지불을 완료하면 키트의 소유권을 갖게 된다.

2020년 현재 이지 솔라는 30만 가구에 전기를 공급해서 약 50만 명이 전기를 사용하고 있다. 그 덕분에 소규모 회사들이 늦게까지 문을 열고, 야간에 주택과 농장의 보안 상황이 개선됐으며, 학생들은 더 편하게 공부할 수 있었다. 모두 모시아가 바랐던 일이다. 모시아의 혁신은 기술적인 것이 아니다. 휴대전화의 비즈니스 모델을 벤치마킹하여 전력을 분산적이고 안정적일 뿐만 아니라 저렴하게 소비하도록 만들었다.[7]

미국의 코미디언 새라 쿠퍼, 중국의 경영자 니에 윤천, 아프리카의 영향력 있는 기업가 은타비셍 모시아는 모두 프레이머다. 이들은 심성모형을 사용해서 새로운 대안을 고안했고, 여러 가지 가능성에 노출해서 더 좋은 결정으로 이끌고, 훌륭한 성과를 만들어냈다. 그리고 이들은 기존의 세상에 만족하기보다는 세상이 어떻게 되어야 하는지 고민하는 것을 두려워하지 않았다.

이들 중 어느 누구도 강의 물줄기를 바꾸거나 물리학의 새로운 법칙을 발견하거나 인류가 경외심을 가진 우주에 흠집을 내지 않았지만, 이들은 중요한 선택을 했다. 이 책의 핵심 메시지는 프레임 형성이 모든 수준에서 일어날 수 있고 세상을 바꿀 수 있다는 것이다. 프레임 형성은 우리가 생각하는 것보다 훨씬 더 자주 일어난다. 만약 예외적으로 발생하는, 패러다임을 뒤흔드는 프레임 재구성에만 초점을 맞춘다면 성공하기 어렵다. 오히려 우리는 인류의 폭넓은 프레임 형성 능력을 찬양해야 한다.

프레임을 형성하는 데는 기술이 필요하며, 훈련과 경험에서 도움을 얻을 수 있다. 하지만 인지적 다양성과 새로운 것에 개방적인 자세도 필요하다. 성공적인 프레이머는 그저 나이가 들어가면서 현명해진 사람이거나 젊고 대담한 사람이 아니다. 제대로 프레임을 형성하는 능력은 연령, 성별, 교육, 수입, 직업과 같은 명확한 범주를 초월하는 능력을 말한다. 훌륭한 프레이머는 드물지만 어디에서나 찾을 수 있다.

새롭게 생각하고 다르게 생각하기

인류의 진보는 일반적으로 인간의 협력이라는 렌즈를 통해 측정한다. 사람들은 함께 일함으로써 사회를 발전시킨다. 우리는 도시를 건설하고 바다를 여행하며 하늘을 탐험한다. 로마의 도로와 중국의 만리장성, 법정과 블록체인 업데이트도 마찬가지다. 그 형태가 사회기반시설이든 제도든 발명이든 사회가 이룬 성과는 조직과 협동 덕분이다. 그럴 만한 이유가 있다. 사람들이 행하고 아는 것 대부분이 한 사람의 생각으로 이룰 수 있는 것이 아니다. 인류의 잠재력을 달성하기 위해서는 마을 공동체가 필요하며, 오늘날에는 지구촌 전체가 필요하다.

인간의 협동을 두 배로 늘리는 것이 우리가 가진 문제에 대한 해답이라고 생각할 수도 있다. 우리에게 필요한 것은 더 좋은 연결을 더 많이 만드는 것이다. 역사학자 유발 노아 하라리는 인간의 협동이 과거의 정점만이 아니라 미래의 묘약이 될 것이라고 주장한다. 그는 2019년 페이스북의 최고경영자 마크 저커버그Mark Zuckerberg와의 대담에서 "인류는 전례 없는 지구적 문제에 직면해 있기 때문에 이전과는 다른 수준의 세계적 협력이 필요하다"라고 주장했다.[8]

그러나 이것은 절반에 불과하다. 모든 성과의 내면에는 아이디어가 있다. 모든 업적에 내포되어 있는 것이 바로 심성모형이다. 경제적·과학적·사회적 성공은 이해와 개념화하는 능력에서 비롯하며, 이를 통해 무엇이 있고 무엇이 가능한지를 확인해보고 아이디어를 행동으로 이끈다. 이것이 바로 라이트 형제의 비행과 닐 암스트롱의 위대한 도약을 가능케 한 인류 진보의 실제적 기반이다.

그렇다면 협동에 그렇게 많이 초점을 맞춘 반면 그 기반이 되는 인지적 처리 과정에는 거의 초점을 맞추지 않은 이유는 도대체 무엇일까?

협동에 주목하는 것은 어느 정도 이해할 수 있다. 눈에 보이고 명확하기 때문이다. 우리가 쉽게 만들어서 직접적으로 영향을 줄 수 있는 것이기도 하다. 이와는 대조적으로 인지적 처리는 머릿속에서 고정되어 있다. 인류 역사에서 사람의 마음을 엿볼 수 있던 적은 거의 없다. 철학자와 주술사는 내적인 성찰을 통해 다른 사람의 인지적 처리 과정을 추측할 수 있다고 도도하게 말할 수 있다. 하지만 나머지 사람들에게 이는 엄청난 미지의 영역이다. 인간의 프레임 형성은 블랙박스로 남아 있다. 우리가 경험한 결과지만 내부의 작동 방식에 대한 지식은 없는 처리 과정이다. 우리는 인지적 깊이를 파악할 수 있는 방법도 개념도 가지고 있지 않다. 그저 그걸 묘사할 수 있는 언어만 가지고 있는 정도다.[9]

변화는 고작 100년 전에 시작되었다. 인지과학·신경과학·의사결정 과학은 1900년대 초기에 꽃을 피우기 시작한 분야로, 강력한 방법론과 개념을 바탕으로 인간의 생각을 이해하려고 한다. 이 책에서 강조한 연구 대부분은 지난 30년 정도의 기간 동안 이루어졌고, 중요한 발견은 훨씬 더 최근에 나왔다. 인간이 항상 프레이머였다 하더라도 이제서야 그 의미를 인식할 수 있는 것이다.

인류의 시선이 협동을 뒷받침하는 인간의 상호작용에서 더 나은 결정을 촉발하는 프레임 형성으로 옮겨간다는 점에서, 이는 엄청나게 중요한 일이다. 대인관계에서 개인으로, 조직에서 개별 구성원으로 초점이 변화한다. 여전히 협력이 중요하지만 프레임 형성은 더 중요하다. 프레임 형성은 인류가 자신들의 운명을 개선할 수 있는 방법을 찾는 핵심 수단으로 떠오르고 있다.

이는 충분히 응원할 만한 가치가 있다. 프레임 형성의 영향력을 인식하고 그 능력을 향상시키는 방법을 배우면 의사결정 능력을 개선할 수 있다. 그렇게 해서 삶의 질, 공동체, 사회, 문화를 발전시킬 수 있다. 인류는 프레임을 성공적으로 형성하기 위한 요인을 이해해서, 프레임 형성 기술이 진화하는 데 필수적인 도구를 찾아왔다. 가장 중요한 것은 프레임 형성이 인류에게 가장 귀중한 보물인 희망을 주었다는 것이다.

그럼에도 불구하고…….

항상 다양한 모형을 수용하는 것은 아니다. 그렇다, 사람들은 지금처럼 다양한 프레임을 사용할 수 없었다. 그렇다, 협력에 필수적인 정보의 흐름이 거대한 이익을 창출한다. 그렇다, 인지적 다양성은 우리를 더 나은 프레이머로 만들어준다. 하지만 우리는 때로 이런 유산을 낭비한다. 우리는 낯선 것을 불편해한다. 다양한 종류의 생경한 프레임과 맞닥뜨리면, 우리가 가장 잘 아는 것으로 도피하기 십상이다.

전 세계적으로, 특히 미국에서 '이념적 공간ideological silos'은 전 분야에 걸쳐 공통적으로 존재해왔다. 미국에서 강력한 견해를 가진 사람들이 점점 더 주변 사람들과 의견을 공유하는 공간에서 살고 싶다고 말한다. 1980년에 지배적인 이념 프레임이 있는 지역은 전 국가의 4퍼센트에 불과했다. 퓨 리서치 센터Pew Research Center 자료에 따르면, 2016년까지 이 비율은 30퍼센트로 증가했고 2020년에는 35퍼센트로 상승했다.[10]

다이어트와 마찬가지로 아이디어에서도 우리가 추구하는 것과 우리를 지탱하는 것 사이에 큰 간극이 있다. 우리와 같은 의견을 가진 사람들에게 둘러싸여 있으면 마음은 편하겠지만, 프레임 형성에 능숙하기 위해서는 도전적인 다양한 관점에 스스로를 노출시켜야 한다. 인지적 균질성은 광범위한 조건부적 사고에 대한 사망 선고다. 획일성은 성공적인 프레임 형성의 종말이다.

프레임 형성의 중요성이 이만큼 높았던 적은 없었다. 우리 앞에 놓인 어려움은 엄청나다. 기후부터 갈등까지, 인종 간 불평등부터 경제적 불평등까지, 팬데믹부터 포퓰리즘과 알고리즘적 권위주의까지. 누군가에게 지난 반세기는 확실성, 안정성, 상대적 안락함의 시기였다. 하지만 인류의 역사에서 그런 시기는 끝났다.

우리 세대의 가장 잔혹한 도전과제는 문제가 더 많은 시대로 이행하는 것을 저지해야 한다는 것이다. 가까이는 인류의 진보가 만들어낸 병리적 문제들이 해결되어야 하는 어두운 시기가 있으며, 그 문제를 해결하지 않으면 인류가 사라질 위험에 처해 있다. 사회와 종족의 측면에서 우리가 중대한 도전에 직면함에 따라 더 이상 단순히 과거를 통해 안내를 받을 수 없다. 우리의 잠재력에 대한 비전을 수정해야 하는데, 이를 위해 정서적 충동이나 인공지능에 기대어서는 실패하고 만다. 과거에는 필수적이었던 협력 능력은 이제 해답의 일부분일 뿐이다.[11]

우리는 우리 앞에 놓인 문제에 대한 해결책을 알지 못할 수도 있지만 해결책을 찾는 방법은 알고 있다. 인류의 응답은 묵인, 신으로 부터의 선물에 대한 소망, 또는 결단에 이르지 못한 상태에서의 포기여서는 안 된다. 협력하기 전에 새로운 개념이 필요할 것이다. 해답은 인간이 잘하는 것을 수용하고, 인간이 가진 특별한 인지적 능력을 소중이 여기고, 프레임을 형성하는 능력에 다시 초점을 맞추는 것이다.

세상과 자신에 대한 프레임 형성

"우리는 사물을 있는 그대로 보지 않는다. 우리는 우리의 시선으로 사물을 본다." 유대인의 율법서인 『탈무드』에 나온 말이다.[12] 우리는 프레임이 생각의 토대가 되고, 현실을 평가하는 방법과 행동을 선택하는 방식을 이끈다는 주장을 전개해왔다. 우리는 심성모형을 통해 세상을 이해하고 대안 현실을 상상한다. 이렇게 다른 어떤 종도 가지고 있지 않은 지적인 풍요로움과 다양성을 가지게 되었다. 프레임 형성은 인간을 특별하게 만든다.

프레임을 형성할 때 두 가지 구별되는 처리 과정을 결합한다. 첫번째는 프레임을 적용하는 단계로 인과관계, 조건부적 사고, 제약 조건에 기반해 생각한다. 중요한 선택지를 효율적으로 확인하고 행동을 신속하게 준비하는 것이 이상적이다. 우리가 프레임을 적용하느라 대부분의 시간을 사용하는 데는 그럴 만한 이유가 있다. 프레임 적용은 최소한 어느 정도 친숙한 상황에서 결정을 내릴 수 있게 해주는 가장 효과적인 방법이다. 우리는 어렸을 때부터 프레임 적용 기술을 연마하기 때문에 이에 능숙하다. 프레임의 효과적인 적용은 인류 역사에서 우리가 꾸준히 개선될 수 있었던 비밀 병기다.

두 번째는 새로운 프레임으로의 전환이다. 훨씬 더 위험하지만 현실을 다르게 보게 해줌으로써 더 큰 보상을 가져올 수 있다. 새로운 관점은 결정을 내리기 위한 대안적인 선택지와 도전에 반응하는 새로운 방법의 가능성을 열어줄 수 있다. 상황이 안정적이고 환경이 변하지 않을 때는 프레임을 재구성할 필요가 없다. 그러나 상황이 변할 때는 종종 프레임 재구성이 좋은 전략이다.

레퍼토리에서 다른 프레임을 선택하든, 다른 맥락에서 가져온 프레임의 용도를 변경하든, 그도 아니면 새로운 프레임을 개발하든 간에 프레임 재구성은 더 이상 작동하지 않는 심성모형을 버리고 그 시점에 직면한 문제의 개념화를 더 잘할 수 있게 해준다. 마치 다른 사람의 눈으로 세상을 보는 것과 같다. 우리의 마음을 열어서 통념과 관행으로 인한 제한점을 없앨 수 있게 해준다.

특히 완전히 새로운 프레임을 고안한 사람들은 그들의 업적으로 묘사되곤 한다. 역사적으로 보면, 이들이 세상을 바꾸었기 때문에 그리고 상대적으로 드물기 때문에 사람들은 이들의 성공을 기려왔다. 이 기술을 개발하기 위해 밟아야 하는, 눈에 명확하게 보이는 경로가 있는 것은 아니다. 프레임 재구성은 일종의 깨달음의 순간인데, 그 순간이 언제 올지는 예측하기 어렵다. 연습이 도움이 되지도 않는다. 그러나 프레임 재구성에 더 능숙해질 수 있는 전략은 있다.

프레임 형성에 관해 생각할 수 있는 언어 그리고 프레임을 기반으로 일하는 방법이 있으면 프레임을 더 능숙하게 형성할 수 있다. 이를 통해 인지 처리 과정을 행위를 위한 도구로 변형한다.

이와 같이 분명한 이점에도 불구하고 정서주의자와 초합리주의자는 프레임 형성의 영향력을 거부한다. 정서주의자는 주류 사회가 모든 것을 지나치게 합리적으로 다루고 있다고 비난한다. 이들은 간단한 것이 더 낫다고 느낀다. 그것이 믿을 만하며, 더 빠르고 결과를 얻게 해준다는 것이다. 정서중심주의자는 충동을 따르는 것이 더 적절하므로 모든 하찮은 문제까지 저울질하느라 부산 떨지 않고 결정을 해야 한다고 주장한다.

이건 좌우의 문제가 아니다. 정서주의의 매력은 이념적 분류를 초월한다. 정서주의자는 백신에 반대하는 자유주의자 중에도 있고 기후온난화를 거부하는 보수주의자 중에도 있다. 양쪽 모두 극단으로 치닫고 있다. 하지만 좀 더 깊이 이해해보면 양쪽 모두 정서에 호소한다. 내용에서 벗어나서 지나친 감상에 빠져 있는, 본질적으로 같은 프레임의 표현이다.

그리고 이는 세계적인 현상이다. 2020년 페루에서 나라 전체가 시위대로 뒤덮인 지 5일 만에 대통령이 축출되었다. 반면 (부정투

표로 기소된) 볼리비아의 전 대통령은 추방되었다가 의기양양하게 돌아와 온건주의자에 대항하는 포퓰리즘 혁명을 옹호하고 있다. 필리핀에서는 로드리고 두테르테Rodrigo Duterte 대통령이 시민들에게 마약 거래자로 의심되는 사람들을 죽여도 된다고 말했고, 그의 인기는 치솟았다. 독일에서 일부 정서주의자가 스스로를 쿼르덴커Querdenker, 즉 '열린 사상가'라고 부르며 코로나19 봉쇄와 마스크 의무 착용에 항의한다. 향수에 잠겨(그리고 약간의 반유대주의와 함께) 1차 세계대전 이전의 독일제국 깃발을 흔든다. 정서적인 것이 우위에 있고 계몽주의는 아래에 있는 것으로 보인다.[13]

하지만 정서주의자가 옹호하는 해결책은 특이한 인지적 혼합물이다. 표면적으로는 '위험한' 계획적인 프레임 형성에 대한 대안으로 제시되고 있다. 하지만 정서주의자도 프레임 형성을 피할 수 없다. 그들이 세상을 해석하는 방식이 심성모형이다. 언어적 수사에도 불구하고 정서주의자는 프레임에 반대하는 사람이 아니다. 그저 프레임 형성에 서툴 뿐이다. 그렇다고 해서 그들이 제시한 원인이 관련이 없다거나 그들이 정직하지 않다는 의미는 아니다. 그들은 그저 생각의 자원이 제공하는 최대한의 인지적 능력을 사용하지 않을 뿐이다.

프레임 형성을 위한 인간의 노력에 회의적인 집단인 초합리주의자는 조금 다르게 생각한다. 이들은 인류가 실패한 존재이며 생각의 결점에 영원히 사로잡혀 있다고 본다. 이들에게 해답은 정서가 아니라 컴퓨터에 있고, 충동이 아니라 증거에 있다. 이들이 바라는 것은 사회가 반드시 내려야 하는 결정을 기술에 위탁하는 것이다. 이들은 불완전한 인간의 프레임을 데이터와 알고리즘의 합리적 힘으로 대체하기를 원한다. 하지만 이는 근시안적일 뿐만 아니라 인간과 인공지능의 역할을 잘못 생각하고 있는 것이다.

인공지능을 이용해서 항생제를 발견한 레지나 바질레이를 떠올려보자. 그녀는 진정한 돌파구는 기계가 수행하는 대량의 자료를 고속으로 처리하는 능력이 아니라 심성모형을 조정하는 인간에게서 나온다고 설명했다. 사실 인간의 프레임 형성은 인공지능이 우수하다고 추정하는 모든 경우에서 필수 요소였다. 바둑, 체스, 도타 2부터 대니얼 데넷의 가상 로봇, 웨이모의 소프트웨어 카크래프트, 쳉지 애나 후앙의 화음을 만드는 코코넷에 이르기까지 말이다. 새로우면서도 일반화할 수 있는 통찰을 만들어내는 데 필요 요건인 프레임 형성이 필수적인 속성이다.

이에 따른 결론에 주목해보자. 인공지능은 심성모형을 약화시키기보다 그 중요성을 강화한다. 인공지능은 자체적으로 프레임을 형성하거나 재구성할 수 없기 때문에 인간에게 의존해야 한다. 로봇은 분명 많은 일자리를 차지할 것이고 알고리즘은 우리 모두에게 영향을 주는 결정을 할 것이다. 하지만 인공지능은 인간을 열외로 취급하기보다는 인류가 중심에 있다는 것을 재확인해줄 것이다. 단 그러기 위해서는 개개인이 자신의 프레임 형성의 주체라는 것을 받아들이고 그 기술을 연마해야 한다. 기계를 관리하려면 인간이 필요하다.

인공지능 분야의 떠오르는 스타인 프랑수아 출레Francois Chollet는 이를 깔끔하게 표현한다. "가설적 상황을 다루고, 직접 경험한 것을 넘어서서 심성모형 공간을 확장하는, 그래서 추상화와 추론을 수행하는 능력은 인간의 인지를 정의하는 특성이다." 출레는 이를 '극단적인 일반화'로 표현했다. 즉 '새로운, 이전에 경험한 적이 없는 상황에서 데이터가 거의 없거나 새로운 데이터가 전혀 없음에도 불구하고 적응하는 능력'을 말한다.[14]

이는 인류에 대한 구원이자 경고다. 프레임을 형성하는 능력을 통해 인간은 중요한 존재가 되었다. 그러나 훌륭한 프레이머가 되기를 포기한다면 인간이 가진 특별한 지위를 잃을 것이다.

인공지능이 지속적으로 진화하면서 속도, 규모, 정확성에서 인간을 능가할 정도로 데이터의 패턴을 인식함에 따라 인간은 이를 점점 더 많은 상황에 적용할 것이다. 이제 인간이 하는 모든 일에서 내장된 인공지능이 없는 상태로 지구를 먹여 살리고, 병든 지구를 돌보고, 반짝반짝 빛나는 테슬라에게 전기를 공급할 방법을 상상하기란 어렵다. 그래서 프레임 형성이 점점 더 중요해지는 것이다.

정서주의자와 초합리주의자에 대한 해독제로 프레임 형성의 필요성을 호소하는 동시에 우리는 잘못 형성된 심성모형을 사용하거나 잘못된 방법으로 사용할 때의 위험을 인식해야 한다. 주의를 기울이지 않으면 잘못된 결정과 행동을 유발하며, 최악의 경우에는 공포를 야기한다.

프레임의 경직성

2015년 11월 13일 밤 10시경에 파리의 라이브 음악 거리 바타클랑에서 총성이 울렸다. 음악을 즐기던 1,500명 정도의 젊은이 중 일부는 처음에 소음과 작은 불꽃이 헤비메탈 공연의 일부라고 생각했다. 몇 초 후 공연의 일부가 아니라는 것이 확실해졌다. 세 명의 테러리스트가 M70 돌격용 자동소총을 들고 건물을 습격한 후 발포했다. 난사한 총탄에 시체가 찢긴 채로 바닥에 쌓이기 시작했다. 테러리스트는 필사적으로 탈출하려는 사람들을 살육했다. 그들이 재장전해서 연속 사격을 시작하자 비명 소리가 어둠을 집어삼켰다.

파리를 가득 채운 공포의 밤이었다. 비슷한 시간에 세 명의 테러리스트가 독일과 국가대항전 축구경기가 열리는 경기장 밖에서 자살 폭탄 조끼를 폭발시켰다. 다른 무리는 파리시의 일부를 차로 가로지르며 음식점에 총을 난사했다. 테러리스트는 바타클랑으로 돌아와서 20명을 인질로 잡았다. 경찰이 도착했을 때 이들은 폭탄을 터뜨려 자살했다. 그중 단 한 명만 지문으로 신원을 확인할 수 있었다. 결국 130명이 사망했고 수백 명이 다쳤다.[15]

프랑스는 범인을 찾기 위해 수색을 시작했다. 프랑스 경찰은 이미 테러리스트 중 수많은 사람의 신원을 파악하고 있었고 그중 일부는 감시 상태에 있었다. 그래서 이들과의 연결고리를 찾고 용의자와 공범을 특정하는 것은 그리 어렵지 않았다. 경찰은 신속하게 이들의 우두머리로 28세의 압델하미드 아바우드Abdelhamid Abaaoud를 특정했다. 모로코계로 벨기에에서 태어난 그는 시리아에서 전투에 참여했고, 이전에 유럽에서 테러 혐의로 기소된 적이 있었다. 참혹한 사건이 발생한 지 5일 후 100여 명의 경찰이 파리 북부의 교외에 위치한 아파트를 습격했다. 1시간가량의 교전과 폭발이 있은 후 아바우드는 사망했다.

테러리스트는 비합리적이고 비논리적으로 행동한다는 일반적인 견해가 있다. 이런 결론에 도달하기는 쉬운데, 그 이유는 마치 바타클랑의 지옥 같은 밤에 일어났던 일처럼 마구잡이로 무감각하게 사람들을 죽이는 그들의 동기를 대부분의 사람들이 이해하기 어렵기 때문이다. 그러나 최근 연구에 따르면, 테러리스트 중 상당수는 자신들의 본능을 비합리적으로 따르는 것이 아니라 오히려 그 반대, 즉 냉정하고 합리적으로 그 기괴한 폭력을 바라본다.

테러리스트는 신중한, 심지어는 세심한 프레이머다. 이들은 정교하게 만든 심성모형을 세상에 적용한다. '극단적 사고extreme thinking'에 관해 연구해온 파리대학의 사회학자 제랄드 브로네르Gérald Bronner의 말을 빌리면, 테러리스트는 "거의 인간이라고 볼 수

없는 일관성"과 "어떠한 타협도 수용하지 않는 기계적 이성"을 소유하고 있다.[16]

아바우드는 이 범주에 속한다. 그는 자신에게 일어난 모든 일은 알라신의 선물이라고 설명한다. 그가 벨기에 당국의 수배를 받고 있는 중에 프랑스에 입국하려고 했을 때, 출입관리국 직원이 그를 제지하여 사진과 대조했으나 그대로 통과시켰다. 아바우드는 파리 테러 전에 이슬람 무장 잡지 〈다비크Dabiq〉와의 인터뷰에서 "알라신이 그 직원의 눈을 가렸다"라고 말했다. 벨기에 특수부대가 그의 아파트를 급습했을 때 두 명의 조력자는 사살되었지만 그는 사라졌다.

그는 "이 모든 것은 알라신이 정했다"라고 설명했다. 현실의 전개 방식에 관한 심성모형은, 비록 본질이 잘못되었다고 하더라도, 인과관계에서 조건부적 사고와 제약조건에 이르기까지 정확하게 적용되었다.[17]

테러리스트는 프레임을 형성할 때 핵심 요소인 유연성을 제대로 반영하지 않는다. 심성모형은 필요에 따라 조절하고 수정하며 이견을 받아들여 그 안에서 인지적 에너지를 촉발시켜야 한다. 반면 테러리스트가 합리적으로 행동한다고 생각한다 하더라도 그들의 생각에는 비껴갈 틈이 없다. 그래서 자신들의 프레임을 조절하지 못하고 자신들의 프레임이 세상을 바라보는 유일한 방식이라고 생각한다.

실제로 연구 결과를 보면, 테러리스트는 평범한 사람들이 이렇게 프레임을 조절할 용의가 있다는 바로 그 이유 때문에 그들을 경멸한다. 테러리스트는 인지적 유연성을 변절이라고 판단하고 자신들이 가진 프레임의 경직성을 순수함과 질서정연함으로 본다. 사람들 대부분에게 자신들이 형성한 프레임은 스스로를 대변하는 근원이지만, 테러리스트는 프레임 형성을 자신들의 자유의지를 제거하는 것이라고 생각한다. 그래서 자신들의 이상을 좇아 기쁘게 프레임 형성의 자유를 버린다. 브로네르는 이들에게는 현실이 더 간단하고 더 명확해질 수 있다고 설명한다.[18]

제약조건을 고려하여 조건부적 사고를 통해 행위를 추론할 때도, 심지어 프레임 형성이 잘되었다고 느낄 때도 정말 끔찍스럽고 놀랄 정도로 잘못되었을 수 있다. 우리는 완벽하게 합리적으로 생각한다고 믿을 수도 있지만, 우리가 추출한 선택지가 대안 현실에 대한 실제 무지갯빛의 잿빛 반사일 수도 있다. 너무 경직된 프레임은 유연한 세상을 대변하는 사람이 아니라 조악한 추론을 아무 생각 없이 수행하는 사람으로 만든다.

이는 우리의 합리적인 프레임 형성이 우리 스스로를 제한해버리는 여러 가지 중 하나에 불과하다. 하지만 그러한 프레임 형성으로 인해 발생하는 위험을 크게 가중시키는 것은 우리가 완벽하게 논리적으로 행동하고 있으며 마땅히 해야 하는 대로 의식적으로 프레임을 형성했다고 믿는 것이다. 우리의 결정에서 심각한 결점은 외견상으로 추론을 가장한 채 숨어 있어서 스스로 빠져나오거나 다른 사람들이 이해하기 더 어렵게 만드는 것이다. 형편없는 프레임 형성은 이를 무시하는 것보다 훨씬 더 위험하고 중대한 결과를 초래하는데, 그 이유는 바로 옳다는 추정 때문이고 그래서 두 배로 실수를 범하는 것과 같다.

이것이 인간의 프레임 형성 과정에서 경계가 필요한 이유다. 프레임은 제대로 형성되었을 때만 영향력을 발휘할 수 있다. 하지만 그걸 어떻게 보장할 수 있을까?

심적 민첩성

정보의 자유로운 흐름은 협력의 등불이자 공동 작업의 자양분이다. 그리고 시장을 효율적으로 기능하게 하고 과학이 지속적으로 발전하게 해준다. 생각의 흐름을 방해하는 것은 인간의 진보를 억압한다. 과거에 이런 일이 발생했을 때 책을 불태우는 것부터 사람을 태워 죽이는 것까지 엄청난 고통을 안겨주었다.[19] 지식의 흐름을 장려하고 유지하고 지키기 위해서 사회는 규칙을 제정하고 제도를 만들고 과정을 구축해왔다.

이는 상장 기업과 환경오염 유발 기업의 공시 의무에서 확인할 수 있다. 국회나 법원의 투명성에서도 볼 수 있다. 기업 거래 규칙과 과학적 의무 원칙에도 스며들었다. 종신교수직을 보장받은 학자들은 부당한 제약을 받지 않고 연구하고 발언할 수 있게 되었다. 현대의 헌법은 표현의 자유를 보장한다.

하지만 오늘날 인류 진보의 본질적 요소가 엄청난 협력이라기보다는 인지이기 때문에, 우리의 초점은 외부로 향하는 정보의 흐름에서 내부로 향하는 의사결정으로 옮겨올 필요가 있다. 그래서 단지 대의명분을 위해서 함께 일하는 것이 아니라 대안 현실을 상상해야 한다. 이는 다음과 같은 질문으로 이어진다. 정보의 자유로운 흐름에 상응하는, 21세기에 지켜야 할 가치가 있는 새로운 원칙은 무엇인가?

우리는 분명하지 않은 아이디어, 무언의 이상, 잠재된 개념, 가능성에 갇힌 새로운 현실을 마음속으로 그려보는 지적인 민첩성을 키워나가야 한다. 다시 말해 프레임을 성공적으로 형성하려면 심적 민첩성agility of mind이 필요하다.

이는 단지 새로운 아이디어에 개방적이거나 심적 유연성 또는 인지적 다양성을 가지고 있는 것이 아니다. 이보다 훨씬 더 심오한 의미를 담고 있다. 가소성과 탄력성을 바탕으로 세상을 마음속에 그려보고 다시 그려보아야 한다. 생각의 경로가 본질적으로 고정되어 있지 않고 적응 가능한 것이라는 아이디어다. 우리의 생각이 이전에 밟아왔던 인지적 단계를 따라가는 것에 그치지 않는다는 것이 분명하다. 다시 말해 우리의 생각은 새로운 방향으로 탐험할 수 있고 같은 심적 단계를 천 번이나 밟았다 하더라도 원한다면 새로운 심적 도약을 할 수 있다. F. 스콧 피츠제럴드F. Scott Fitzgerald의 유명한 표현에 따르면, 우리는 "동시에 두 가지 상반되는 생각을 가지고 있을 수 있다".[20]

그 원리는 마음속 깊숙이 자리잡은 명백하고 친숙한 것을 넘어서서 생각할 수 있는 능력에 달려 있다. 우리는 목적을 가지고 꿈꾸고, 특정한 방식으로 상상을 하며, 알고 있는 것과 상식적인 것에 지나치게 얽매이지 않고 방향을 정하는 능력을 가지고 있다. 이는 오래된 것을 새로운 것으로, 과거를 미래로, 기본적인 것을 소중한 것으로 바꾸는 심적 연금술이다.

심적 민첩성은 주어지는 것이 아니라 노력해서 얻는 것이다. 이를 얻고 유지하려면 훈련해야 한다. 이를 위해서 새로운 관점에 대한 호기심을 지속적으로 키워나가야 하며, 여기에는 동의하지 않는, 그리고 동의받지 못하는 것을 받아들이는 용기도 포함된다.

새로운 동작을 만들기 위해 몸을 비틀거나 구부리거나 물결치게 만들 수 있는 체조선수 또는 무용수와 비슷하다고 생각해보자. 모든 동작이 스스로를 더 빠르게 나아가게 하는 단거리 육상선수도 마찬가지다. 사람들의 신체적 역량, 상체, 팔, 다리 등은 같지만 그 능력이나 단련된 체격은 같지 않다. 우리는 필요할 때 달릴 수 있지만 운동선수처럼 질주하기 위해서는 훈련하고 단련해야 한다. 직업 무용수처럼 몸을 뒤틀 수 있는 사람은 매우 드물다. 하지만 연습하고 또 연습하면 할 수 있다.

심적 민첩성도 마찬가지다. 우리 모두는 역량을 가지고 있으며, 그 역량은 엄청난 노력을 통해서 능력이 된다. 이는 이상적인 열망이 아니라 성취할 수 있는 것이다. 우리는 프레임을 형성하는 데 적합한 전략, 즉 인지의 평범한 측면에서 우리의 삶을 개선하기 위해 사용할 수 있는 강력한 도구인 심성모형을 가지고 있다. 그러나 우리는 심적 민첩성을 개발하기 위해 노력해야 한다. 이해와 개념적 해석을 확대하고, 다른 프레임 또는 아직 그려보지 않은 프레임을 받아들이며, 새로운 문제를 만났을 때 다른 시각과 가치를 인정하고 대안을 생각해야 한다.

프레이머는 세상을 있는 그대로가 아니라 구현 가능한 모습으로 본다. 프레이머는 이를 위해서 프레임을 이해하거나 살펴보거나 거절하거나 받아들이며, 이에 관해 다른 사람들과 소통한다. 심적 민첩성을 키우려면 프레임을 형성하는 기술의 연마를 중단하지 않아야 한다. 인과관계를 보고, 다양한 조건부적 사고를 하며, 특성을 바꾸어나가야 한다. 간단히 말해서 제약조건을 고려해서 상상해야 한다. 정보의 자유로운 흐름이 상호 협조의 근간인 것처럼, 심적 민첩성은 프레임 형성의 토대다.

사회가 정보의 흐름이 원활할 수 있도록 적절한 환경을 조성하여 심적 민첩성을 촉진하는 것처럼, 정보의 흐름은 과정과 제도 덕분에 가능했다. 우리의 교육 시스템을 조절해서 아이들이 프레임 형성 기술을 습득할 뿐만 아니라 프레임 형성을 갈망하게 할 수 있다.

우리는 이민에서 노동법, 경제 발전에 이르는 정책을 재점검해서 새로운 아이디어에 더 강하게 노출시킬 수 있다. 심적 민첩성을 발전시키기 위해 혁신적인 참여 과정을 만드는 것도 고려할 수 있다. '숙의민주주의' 프로그램도 그 일익을 담당할 수 있다. 고령층의 심적 민첩성을 강화하는 경제적 인센티브부터 개인들을 여러 가지 시각에 의도적으로 노출하는 계획까지 많은 것이 있다. 아마 심적 민첩성을 담당하는 새로운 재단이나 정부조직이 필요할 수도 있다. 물론 핵심에서 조금 벗어난 이야기이긴 하다.

이런 프로그램과 정책이 유용하지만, 인간의 협동과 달리 프레임 형성은 내적으로 이루어진다는 것을 잊지 않아야 한다. 사회적 제도와 과정은 개인의 인지적 과부하를 해결해줄 수는 없다. 심적 민첩성은 우리 모두를 위해 개인적으로 필요한 프로젝트다. 프레이머는 프레임에 대한 프레임을 형성하지만, 조직은 그렇게 하지 못한다.

인간의 상상력의 한계는 인간이 사는 세상의 경계다.[21] 인류는 하나의 현실에 갇혀 있지 않고, 스스로 만들어내려고 결정한 현실세계를 즐길 수 있다. 그 힘은 우리 안에 있다. 우리의 세상을 그려보고 개념화하는 방식과 지금의 우리 그리고 원하는 우리를 보여주는 삶에 의해 그 힘이 발현된다. 우리는 협력을 통해 발전하지만 프레이머가 되어야만 생존할 수 있다.

프레임 활용 가이드

1. 심성모형을 활용하라

언제나 프레임을 형성하지만 결정을 개선하기 위해서 신중하게 사용해야 한다.

- 심성모형의 가정을 확인하고 점검하라.
- '왜'와 '어떻게'에 대해 질문하라. 이 결론에 도달한 이유는 무엇인가? 이런 일이 발생할 것이라고 예측한다면 세상 사람들은 어떻게 해야 할까?
- 현명한 친구, 역사적인 영웅, 경쟁자는 주어진 도전을 어떤 프레임으로 보았는지 상상해보라.
- 상황을 다른 프레임으로 바라보고 싶다면 어떤 변화가 필요한지 스스로에게 물어보라.
- 당신의 관점이 다른 사람의 관점과 충돌할 때는 그들이 세상을 바라보는 근본적인 방식을 설명하려고 노력하라.

2. 제약조건을 고려해서 상상하라

프레임을 적용하기 위해 적절한 선택지를 신속하고 효율적으로 확인해야 한다.

- 가장 쉽게 바꿀 수 있는 요소에 집중하라.
- 제약조건의 최소 변화로 시작해서 점차적으로 좀 더 정교하게 수정하는 것을 고민하라.
- 변화가 근본적인 가정이나 신념과 충돌하는지 검토하여 일관성을 유지하라.
- 모든 제약조건을 한꺼번에 떠올려서 생각해보기가 너무 어렵다면 물리적 모형에 포함하라.

3. 프레임을 현명하게 재구성하라

대안 프레임으로 전환하면 세상을 다르게 볼 수 있지만 위험을 감수해야 하는 과정이다.

- 본인의 레퍼토리에 유용한 프레임이 있는지 확인하라.
- 다른 영역의 프레임을 가져와서 용도를 변경해보라.
- 새로운 프레임 개발은 가장 부담이 되고 어려운 방법이므로 되도록 마지막 수단으로 활용하라.
- (빠르지만 제한적인) 엄격한 프레임과 (포괄적이지만 시간이

소요되는) 폭넓은 프레임 간의 교환적 득실관계를 염두에 두어라.

- 프레임 재구성을 반복하다 보면 오히려 방향감각을 상실할 수 있으므로 자제하라.

4. 조건이 중요하다

인지적 다양성을 통해 더 나은 프레임을 형성할 수 있다.

- 낯선 것에 호기심을 가져서 지속적으로 자신의 세계관을 검토하고 개발하라.
- 프레임 간에 촉발되는 긴장감을 받아들여라. 그 긴장감은 잘못된 추론의 표시라기보다는 현실의 복잡성을 보여주는 것이다.
- 진실을 말하라. 설령 개인이나 조직을 불편하게 한다고 해도 진실을 말하라. 중요한 사람들은 그 용기를 존중한다.
- 확증보다는 반대 의견을 구하라.
- 팀에서 결정할 때, 주어진 문제의 프레임을 각각의 구성원이 독립적으로 형성한 다음 관점을 공유하고 함께 결정하라.

5. 스스로를 넘어서서 생각하라

사회의 역할은 프레임 다원주의를 보장하여 변화의 시대에 최적의 대응을 하는 것이다

- 인종에 눈을 감는 것이 아닌 인종을 인정하는 관점을 가지려고 노력하라. 차이에 대해 존중을 담아 솔직하게 말하라.
- 사회적 마찰을 단점이 아닌 장점으로 생각하라.
- 교육으로 다른 사람의 프레임을 존중하는 마음이 생기게 하라.
- 사회에 상상, 혁신, 역동성을 불어넣기 위해 문화의 이합집산을 촉진하라.
- 단일 프레임으로 표현하고자 하는 그 어떤 것도 거부하고 현실의 모든 측면을 포용하라.

주석

1 어맨다 고먼의 시에서 인용. 조 바이든(Joe Biden) 대통령의 취임사에서 재인용. Amanda Gorman, "The Hill We Climb: the Amanda Gorman poem that stole the inauguration show," *The Guardian*, January 20, 2021, https://www.theguardian.com/us-news/2021/jan/20/amanda-gorman-poem-biden-inauguration-transcript.

1장 결정

1 Health Organization, "New Report Calls for Urgent Action to Avert Antimicrobial Resistance Cri sis," joint news release, April 29, 2019, https:// www.who.int/ news/ item/ 29-04-2019-new-report-calls-for-urgent-action-to-avert-antimicrobial-resistance-crisis. WHO 자료에 따르면 항생제 내성으로 인한 사망자 추정치가 2050년에 천만 명에 달할 것으로 예측된다.

2 Joe Myers, "This Is How Many People Antibiotic Resistance Could Kill Every Year by 2050 If Nothing Is Done," World Economic Forum, September 23, 2016, https://www.weforum.org/agenda/2016/09/thisishow-many-people-will-die-from-antimicrobial-resistance-every-yearby2050ifnothingisdone/

3 Chelsea Follett, "U.S. President's Son Dies of an Infected Blister?," HumanProgress, March 1, 2016, https://www.humanprogress.org/uspresidents-son-diesofaninfected-blister/.

4   Jonathan M. Stokes et al., "A Deep Learning Approach to Antibiotic Discovery," *Cell* 180, no. 4 (February 20, 2020): 688 – 702.

5   Regina Barzilay, in an interview with Kenneth Cukier, February and November 2020.

6   Eric Reid, "Why Colin Kaepernick and I Decided to Take a Knee," *New York Times*, September 25, 2017, https://www.nytimes.com/2017/09/25/opinion/colin-kaepernick-football-protests.html.

7   신체와 황도의 12궁도 연결은 필라델피아 의과대학의 '역사적인 의학 도서관(Historical Medical Library)'을 참조하라. 2020년 11월 1일 접속. https://www.cppdigitallibrary.org.

8   Sam Kean, " The S oviet E ra's D eadliest S cientist I s R egaining Popularity in Russia," *Atlantic*, December 19, 2017, https://www.theatlantic.com/science/archive/2017/12/trofim-lysenko-soviet-union-russia/548786/; Edouard I. Kolchinsky et al., "Russia's New Lysenkoism," *Current Biology* 27, no. 19 (October 9, 2017): R1042 – 47.

9   Rebecca J. Rosen, " The M agical, Revolutionary Telephone," *Atlantic*, March 7, 2012, https://www.theatlantic.com/technology/archive/2012/03/the-magical-revolutionary-telephone/254149/; "실린더 축음기의 역사" 2020년 11월 10일 미국 의회도서관에서 검색. https://www.loc.gov/collections/edison-company-motion-pictures-and-sound-recordings/articles-and-essays/historyofedison-sound-recordings/historyofthe-cylinder-phonograph/.

10   Todd Oppenheimer, *The Flickering Mind: Saving Education from the False Promise of Technology* (New York: Random House, 2004).

11   Amos Tversky and Daniel Kahneman, "The Framing of Decisions and the Psychology of Choice," *Science* 211, no. 4481 (January 30, 1981): 453 – 58.

12   Thomas S. Kuhn, The Structure of Scientific Revolutions (Chicago: University of Chicago Press, 1962).

13 Giorgio Vasari, "The Life of Filippo Brunelleschi, Sculptor and Architect," in *The Lives of the Artists*, trans. Julia C. Bondanella and Peter Bondanella (Oxford: Oxford University Press, 2008), 110–46.

14 합리주의자로 불리는 미국의 기술-사회 사상가와 같은 특정 집단이 아닌 일반적인 의미로 언급한 것이다. Klint Finley, "Geeks for Monarchy: The Rise of the Neoreactionaries," Tech-Crunch, November 23, 2013, https://techcrunch.com/2013/11/22/geeks-for-monarchy/?guccounter=1. Metz, "Silicon Valley's Safe Space," *New York Times*, February 13, 2021, https://www.nytimes.com/2021/02/13/technology/slate-star-codex-rationalists.html.

15 Ray Kurzweil, *The Singularity Is Near: When Humans Transcend Biology* (New York: Viking, 2005).

16 저명한 인공지능 개발자이자 사업가이며 인지과학자인 개리 마커스 (Gary Marcus)는 인공지능 비판가이기도 하다. 그는 지금의 인공지능 기술에는 문제점이 많다고 강조한다. Gary Marcus and Ernest Davis, *Rebooting AI: Building Artificial Intelligence We Can Trust* (New York: Pantheon, 2019).

17 Jean-Jacques Rousseau, "Correspondence Générale XVII, 2–3," in *The Question of Jean-Jacques Rousseau*, Ernst Cassirer (Bloomington: Indiana University Press, 1963), Claes G. Ryn, *Democracy and the Ethical Life: A Philosophy of Politics and Community*, 2nd ed. (Washington, DC: Catholic University of America Press, 1990), 34.에서 인용.

18 Jack Welch, *Jack: Straight from the Gut* (New York: Grand Central, 2003).

19 E. Meehl, *Clinical versus Statistical Prediction: A Theoretical Analysis and a Review of the Evidence* (Minneapolis: University of Minnesota Press, 1954).

20 2019년 3월에 케네스 쿠키어가 딥마인드의 데미스 허사비스(Demis Hassabis)와 진행한 인터뷰 그리고 체스 그랜드마스터인 매슈 새들러 (Matthew Sadler)와 마스터 나타샤 리건(Natasha Regan)과의 인터뷰에

서 많은 도움을 얻었으며, 이들에게 감사를 표한다.

21 Silver et al., "A General Reinforcement Learning Algorithm That Masters Chess, Shogi and Go," DeepMind, December 6, 2018, https://deepmind. com/blog/article/alphazero-shedding-new-light-grand-games-chess-shogi-andgo. Silver et al., "Mastering Chess and Shogi by Self-Play with a General Reinforcement Learning Algorithm," DeepMind, December 5, 2017, https://arxiv.org/pdf/1712.01815.pdf. 주: 뮤제로(MuZero)로 불리는 알파제로의 후속 프로젝트에서는 보드 게임의 규칙을 스스로 학습할 수 있다. 다음을 참조하라. Julian Schrittwieser et al., "Mastering Atari, Go, Chess and Shogi By Planning With a Learned Model," *Nature* 588, no. 7839 (December 23, 2020): 604-609, https://www.nature.com/articles/s41586-020-03051-4.

22 Matthew Sadler and Natasha Regan, *Game Changer: AlphaZero's Groundbreaking Chess Strategies and the Promise of AI* (Alkmaar, the Netherlands: New in Chess, 2019).

23 이 프로젝트와 재정적인 후원자에 관한 정보는 "Our Supporters"에서 확인할 수 있다. 2020년 11월 2일 접속. https://ourworldindata.org/funding.

24 Yuval N. Harari, *Homo Deus: A Brief History of Tomorrow* (London: Harvill Secker, 2016).

25 Francis Fukuyama, *The End of History and the Last Man* (New York: Free Press, 1992).

2장 프레임 형성

1 2020년 8월에 케네스 쿠키어가 알리사 밀라노와 진행한 인터뷰와 아래의 기사를 종합해 편집했다. Bennett, "Alyssa Milano, Celebrity Activist for the Celebrity Presidential Age," *New York Times*, October 25, 2019, https://www.nytimes.com/2019/10/25/us/politics/alyssa-milano-activism.html; Codrea-Rado, "#MeToo Floods Social Media with Stories

of Harassment and Assault," *New York Times*, October 16, 2017, https://www.nytimes.com/2017/10/16/technology/metoo-twitter-facebook.html; Jim Rutenberg et al., "Harvey Weinstein's Fall Opens the Floodgates in Hollywood," *New York Times*, October 16, 2017, https://www.nytimes.com/2017/10/16/business/media/harvey-weinsteins-fall-opens-the-floodgatesinhollywood.html.

2 인용 문구는 우리가 진행한 밀라노와의 인터뷰와 그 시점에 그녀의 생각을 물은 인터뷰에서 가져왔다. Nadja Sayej, "Alyssa Milano on the #MeToo Movement: 'We're Not Going to Stand for It Any More,' " *Guardian*, December 1, 2017, https://www.theguardian.com/culture/2017/dec/01/alyssa-milano-mee-too-sexual-harassment-abuse 참조.

3 밀라노가 트윗을 올린 지 2년 후 본인의 성폭행 경험을 공개했다. Joanne Rosa, "Alyssa Milano on Sharing Alleged Sexual Assault Story 25 Years Later," ABC News, October 16, 2019, https://abcnews.go.com/Entertainment/alyssa-milano-sharing-alleged-sexual-assault-story25/story?id=66317784.

4 미투라는 용어는 2006년에 타라나 버크(Tarana Burke)가 만들어서 초기 소셜네트워크인 마이스페이스에 올렸다. 온라인상에서 성폭력을 알리는 대중적 운동은 2017년 이전까지 그다지 효과적이지 않았다.

5 프레임은 여러 분야에 걸쳐 있어서 분명하게 정의하기 어렵다. 텍사스 A&M대학의 호세 루이스 베르무데스(José Luis Bermudez)는 "프레임이라는 개념은 그 자체로 다양한 방식으로 프레임이 형성될 수 있다는 것이다"라고 주장한다. José Luis Bermúdez, *Frame It Again: New Tools for Rational Decision-Making* (Cambridge: Cambridge University Press, 2020), 11. 초기의 중요한 분석은 Erving Goffman, *Frame Analysis: An Essay on the Organization of Experience* (Cambridge, MA: Harvard University Press 1974).

6 Eric Schmidt and Jonathan Rosenberg, *How Google Works* (New York: Grand Central, 2014).

7   Wolfram Eilenberger, *Time of the Magicians: Wittgenstein, Benjamin, Cassirer, Heidegger, and the Decade That Reinvented Philosophy* (New York: Penguin, 2020).

8   심성모형이라는 아이디어는 케임브리지대학의 철학자 케네스 크레익 (Kenneth Craik)에서 유래한 것으로 알려져 있다. 1943년에 그가 집필한 얇은 책에서 "유기체가 머릿속에 외부의 현실과 스스로 구현 가능한 행위에 관한 작은 규모의 모형을 가지고 있다면, 다양한 대안을 시도해서 어느 것이 가장 좋은지 결론을 내리고 미래 상황에 반응할 수 있다. (…) 그리고 긴급한 상황에 대해서도"라고 기술했다. Kenneth Craik, *The Nature of Explanation* (Cambridge: Cambridge University Press, 1952), 61. 필립 존슨레어드(Philip Johnson-Laird)는 "시계가 지구 자전의 모형으로 기능하는 것과 마찬가지로 실체의 모형으로 기능하는 심성 표상"이라고 설명한다. Philip Johnson-Laird, *Mental Models: Towards a Cognitive Science of Language, Inference, and Consciousness* (Cambridge, MA: Harvard University Press, 1983), 2; Philip Johnson-Laird, *How We Reason* (Oxford: Oxford University Press, 2006) 참조. 신경과학자는 뇌의 주요 목적이 세상에 대한 모형을 만드는 것이라고 주장한다. 최근 논의로는 David Eaglemen, *Livewired: The Inside Story of the Ever-Changing Brain* (London: Pantheon Books, 2020) 참조. 좀 더 일반적인 설명은 Chris D. Frith, *Making Up the Mind: How the Brain Creates Our Mental World* (Oxford: Blackwell Publishing, 2007) 참조.

9   Katherine L. Alfred et al., "Mental Models Use Common Neural Spatial Structure for Spatial and Abstract Content," *Communications Biology* 3, no. 17 (January 2020).

10   과학철학자 바스 밴 프라센(Bas van Fraassen)은 지도와 과학적 표상은 여러 측면에서 같은 것이라고 주장한다. 그의 관점에 따르면, 우리는 과학적 모형을 과학적 지도라고 생각할 수 있다. Bas van Fraassen, *The Scientific Representation* (Oxford: Oxford University Press, 2008) 참조.

11   Noble Wilford, "Arthur H. Robinson, 89, Geographer Who Reinterpreted

World Map, Dies," *New York Times*, November 15, 2004, https://www.nytimes.com/2004/11/15/obituaries/arthurhrobinson89geographer-who-reinterpreted-world-map-dies.html ; John Noble Wilford, "The Impossible Quest for the Perfect Map," *New York Times*, October 25, 1988, https://www.nytimes.com/1988/10/25/science/the-impossible-quest-for-the-perfect-map.html.

12 Michael J. Klarman, *The Framers' Coup: The Making of the United States Constitution* (New York: Oxford University Press, 2016); on Europe and demos versus demoi, Kalypso Nicolaïdis, "We, the Peoples of Europe . . . ," Foreign Affairs, November/ December 2004, https://www.foreignaffairs.com/articles/europe/20041101/wepeoples-europe.

13 Francis de Véricourt, "Ebola: The Onset of a Deadly Outbreak," ESMT-317-0177-1 (Berlin: European School of Management and Technology, 2017). MSF raised the alarm on March 31, 2014; "Mobilisation against an unprecedented Ebola epidemic," MSF, press release, March 31, 2014, https://www.msf.org/guinea-mobilisation-against-unprecedented-ebola-epidemic. 그다음 날 세계보건기구는 제네바에서 열린 기자회견에서 국경없는의사회의 의견에 응답했다. "Geneva/ Guinea Ebola," Unifeed, 2:39, posted by CH UNTV, April 1, 2014, https://www.unmultimedia.org/tv/unifeed/asset/U140/U140401a/ 참조.

14 Ed Yong, "The Rank Hypocrisy of Trump's Ebola Tweets," *Atlantic*, August 3, 2019, https://www.theatlantic.com/health/archive/2019/08/the-rank-hypocrisyoftrumps-ebola-tweets/595420/.

15 "Coronaviruses: SARS, MERS, and 2019-nCoV," Johns Hopkins Center for Health Security, updated April 14, 2020, https://www.centerforhealthsecurity.org/resources/fact-sheets/pdfs/coronaviruses.pdf.

16 영국 매체에 실린 뉴스로 이탈리아 정부는 부인했으나 이탈리아 의사가 확인했다. Lucia Craxì, et al., "Rationing in a Pandemic: Lessons from Italy." *Asian Bioeth Rev* (June 16, 2020): 1–6, https://www.ncbi.nlm.nih.

gov/pmc/articles/PMC7298692.

17 2020년 6월 케네스 쿠키어가 정부의 보건 자문위원인 마이클 베이커
    (Michael Baker)와 진행한 인터뷰

18 "Britain Has the Wrong Government for the Covid Crisis," *Economist*,
    June 18, 2020, https://www.economist.com/leaders/2020/06/18/britain-
    has-the-wrong-government-for-the-covid-crisis.

19 "Coronavirus: UK Daily Deaths Drop to Pre-lockdown Level," BBC
    News, June 8, 2020, https://www.bbc.co.uk/news/uk52968160.

20 "COVID-19 Pandemic Data in the United Kingdom," Wikipedia, 2020
    년 10월 30일 접속. https://en.wikipedia.org/wiki/Template:COVID-19_
    pandemic_data/United_Kingdom_medical_cases_chart.

21 Robbie Gonzalez, "Read the *New York Times*' 1969 Account of the Apollo
    11 Moon Landing," *Gizmodo*, August 25, 2012, https://io9.gizmodo.
    com/277292567?jwsource=cl.

22 Bjorn Carey, "*New York Times* to NASA: You're Right, Rockets DO
    Work in Space," *Popular Science*, July 20, 2009, https://www.popsci.com/
    military-aviation-amp-space/article/200907/new-york-times-nasa-
    youre-right-rocketsdowork-space/.

23 Sabine Hossenfelder, "The Uncertain Future of Particle Physics," *New
    York Times*, January 23, 2019, https://www.nytimes.com/2019/01/23/
    opinion/particle-physics-large-hadron-collider.html. 블랙홀에 관해
    서는 Jonathan Amos, "Dancing Gargantuan Black Holes Perform on
    Cue," BBC News, April 29, 2020, https://www.bbc.com/news/science-
    environment-52464250 참조.

24 W. Chan Kim and Renée Mauborgne, *Blue Ocean Strategy: How to Create
    Uncontested Market Space and Make the Competition Irrelevant*, expanded
    ed. (Boston: Harvard Business Review Press, 2015).

25 Johnson-Laird, *How We Reason*; David Mc-Cullough, *The Wright Brothers*
    (New York: Simon & Schuster, 2015). Richard P. Hallion, *Taking Flight:*

Inventing the Aerial Age, from Antiquity through the First World War (Oxford: Oxford University Press, 2003) 참조.

26 Orville Wright, "How We Made the First Flight," *Flying and the Aero Club of America Bulletin* 2 (December 1913): 10, 2020년 12월 16일 접속. https://www.faa.gov/education/educators/curriculum/k12/media/k12_how_we_made_the_first_flight_orville_wright.pdf.

27 "Mind, S ociety, a nd B ehavior," World Bank (Washington, DC: The World Bank Group), Chapter 13: Thinking With Mental Models, 2015.

28 Donald MacKenzie, *An Engine, Not a Camera: How Financial Models Shape Markets* (Cambridge, MA: MIT Press, 2006).

29 Karla Hoff and Joseph E. Stiglitz, "Equilibrium Fictions: A Cognitive Approach to Societal Rigidity," *American Economic Review* 100, no. 2 (May 2 010): 141 – 46, https://www.aeaweb.org/articles?id=10.1257/aer.100.2.141.

30 Rhonda Abrams, "Remembering Eugene Kleiner," *Inc Magazine*, December 1, 2003, https://www.inc.com/articles/2003/12/eugene kleiner.html.

31 Paul Saenger, *Space Between Words: The Origins of Silent Reading* (Palo Alto: Stanford University Press, 1997).

32 John McCarthy and Patrick Hayes, "Some Philosophical Problems from the Standpoint of Artificial Intelligence," vol. 4 of *Machine Intelligence*, eds. Bernard Meltzer and Donald Michie (Edinburgh: Edinburgh University Press, 1969), 463 – 502.

33 Daniel Dennett, "Cognitive Wheels: The Frame Problem of AI," in *Minds, Machines and Evolution*, ed. Christopher Hookway (Cambridge: Cambridge University Press, 1984), 129-151. http://dl.tufts.edu/concern/pdfs/7d279568g.

34 John Adair, *Training for Decisions* (London: Macdonald, 1971). 『퍼즐백과』에 관해서는 Sam Loyd, *Sam Loyd's Cyclopedia of 5000 Puzzles*

(New York: Lamb, 1914) 참조. 창의성에 관한 심리학 실험에 관해서는 Norman Maier, "Reasoning in Humans: I. On Direction," *Journal of Comparative Psychology* 10, no. 2 (1930): 115 –43; Norman Maier, "Reasoning in Humans: II. The Solution of a Problem and Its Appearance in Consciousness," *Journal of Comparative Psychology* 12, no. 2 (1931): 181 –94 참조.

3장 인과성

1   Ben Bernanke, *The Courage to Act: A Memoir of a Crisis and Its Aftermath* (New York: Norton, 2015), 83.

2   Joel Mokyr, "The Intellectual Origins of Modern Economic Growth," *Journal of Economic History* 65, no. 2 (June 2005): 285 –351, https://www.jstor.org/stable/3875064; Daniel R. Fusfeld, The Age of the Economist, 9th ed. (Boston: Addison-Wesley, 2002); Callum Williams, "Who Were the Physiocrats?," *Economist*, October 11, 2013, https://www.economist.com/free-exchange/2013/10/11/who-were-the-physiocrats; Kate Raworth, "Old Economics Is Based on False 'Laws of Physics' — New Economics Can Save Us," *Guardian*, April 6, 2017, https://www.theguardian.com/global-development-professionals-network/2017/apr/06/kate-raworth-doughnut-economics-new-economics.

3   1929년 시장 붕괴 이후 연방준비은행의 정책적 결함에 관한 버냉키의 관점은 2012년 3월 27일 조지워싱턴대학에서 '연방준비은행과 2008년 재정 위기'라는 제목의 벤 버냉키의 연설 영상에서 가져왔다. https://www.cspan.org/video/?3051301%2Ffederal-reserve-2008-financial-crisis; 〈60분(60 minutes)〉에서 2009년 3월 15일 스콧 펠리가 진행한 벤 버냉키와의 인터뷰, "의장" 유튜브 영상의 13분 23초 https://www.youtube.com/watch?v=odPfHY4ekHA.

4   2002년 11월 21일 워싱턴 DC에서 열린 전국 경제학자 모임에서 한 벤 버냉키의 연설 "디플레이션: 발생을 용인할 수 없었다" 전사 기록. https://

www.federalreserve.gov/BOARDDOCS/SPEECHES/2002/20021121/default.htm.

5   권위 있는 설명은 Andrew Ross Sorkin, *Too Big to Fail: The Inside Story of How Wall Street and Washington Fought to Save the Financial System— and Themselves* (New York: Viking, 2009) 참조.

6   Ross Sorkin interviewed by Robert Smith, "Inside the Minds of Wall Street Execs," NPR Weekend Edition, September 18, 2010, 전사와 녹음 자료. https://www.npr.org/templates/story/story.php?storyId=129953853.

7   *Panic: The Untold Story of the 2008 Financial Crisis*, directed by John Maggio, aired December 11, 2018, on HBO, https://www.hbo.com/vice/special-reports/panic-the-untold-storyofthe-2008-financial-crisis.

8   Elizabeth Schulze, "The Fed Launched QE Nine Years Ago—These Four Charts Show Its Impact," CNBC, November 24, 2017, https://www.cnbc.com/2017/11/24/ the- fed-launched-qe-nine-years-ago—these-four-charts-show-its-impact.html. 또한 다음을 보라. Michael Ng and David Wessel, "The Fed's Bigger Balance Sheet in an Era of 'Ample Reserves,'" Brookings, May 17, 2019, https://www.brookings.edu/blog/up-front/2019/05/17/ the- feds-bigger-balance-sheet-in-an-era-of-ample-reserves/.

9   인과적 연쇄가 아닌 인과적 연결에 관한 언급이다. 더 자세한 내용은 Joseph Henrich, *The Secret of Our Success: How Culture Is Driving Human Evolution, Domesticating Our Species, and Making Us Smarter* (Princeton, NJ: Princeton University Press 2015) 참조.

10 Eric E. Nelson, Steven E. Shelton, and Ned H. Kalin, "Individual Differences in the Responses of Naïve Rhesus Monkeys to Snakes," *Emotion* 3, no. 1 (March 2003): 3 − 11; Masahiro Shibasaki and Nobuyuki Kawai, "Rapid Detection of Snakes by Japanese Monkeys (Macaca fuscata): An Evolutionarily Predisposed Visual System," *Journal of Comparative Psychology* 123, no. 2 (May 2009): 131 − 35.

11 Vanessa LoBue and Judy S. DeLoache, "Detecting the Snake in the Grass: Attention to Fear-Relevant Stimuli by Adults and Young Children," *Psychological Science* 19, no. 3 (March 2008): 284–89.

12 Renée Baillargeon, "Infants' Physical Knowledge: Of Acquired Expectations and Core Principles," in *Language, Brain, and Cognitive Development: Essays in Honor of Jacques Mehler*, ed. Emmanuel Dupoux (Cambridge, MA: MIT Press, 2001), 341–61.

13 Leyre Castro and Ed Wasserman, "Crows Understand A nalogies," *Scientific American*, February 10, 2015, https://www.scientificamerican.com/article/crows-understand-analogies.

14 Alex H. Taylor et al., "Do New Caledonian Crows Solve Physical Problems through Causal Reasoning?," *Proceedings of the Royal Society* B 276, no. 1655 (January 22, 2009): 247–54.

15 앨리슨 고프닉의 테드 강연을 보고 떠오른 이야기다. Alison Gopnik, "What Do Babies Think?," filmed July 2011, TED video, https://www.ted.com/talks/alison_gopnik_what_do_babies_think.

16 핑커가 사용한 용어는 아니지만 그의 주장과 밀접하게 연관되어 있다. 핑커가 지적한 대로 개념과 표현은 인류학자 존 투비(John Tooby)와 어번 드보어(Irven DeVore)에서 나왔다. "Listen to psycholinguist Steven Pinker speak about 'cognitive niche' in early modern human evolution," transcript, Britannica, May 29, 2015, https:// www.britannica.com/ video/ 193409/ Psycholinguist- Steven-Pinker-humans-evolution-niche.

17 구체적인 사례와 인용구의 출처는 Steven Pinker, "The Cognitive Niche: Coevolution of Intelligence, Sociality, and Language," *Proceedings of the National Academy of Sciences* 107, supplement 2 (May 2010): 8993–99, https://www.pnas.org/content/pnas/early/2010/05/04/0914630107.full.pdf다. 인공지능의 선구자 더글러스 호프스태터(Douglas Hofstadter)가 말년에 이와 유사한 현상인 '유추'를 연구했다는 것에 주목해야 한

다. 그는 유추를 인간이 현실을 이해하는 방법의 중추로 여겼다. Douglas Hofstadter and Emmanuel Sander, *Surfaces and Essences: Analogy as the Fuel and Fire of Thinking* (New York: Basic Books, 2014). 참조.

18 Michael Tomasello, *A Natural History of Human Thinking* (Cambridge, MA: Harvard University Press, 2014); Michael Tomasello, *Becoming Human: A Theory of Ontogeny* (Cambridge, MA: Harvard University Press, 2019).

19 Felix Warneken, Frances Chen, and Michael Tomasello, "Cooperative Activities in Young Children and Chimpanzees," *Child Development* 77, no. 3 (May/ June 2006): 640–63.

20 Rachel L. Kendal, "Explaining Human Technology," *Nature Human Behaviour* 3, no. 5 (April 2019): 422–23. https://www.nature.com/ articles/s4156201905786

21 Maxime Derex et al., "Causal Understanding Is Not Necessary for the Improvement of Culturally Evolving Technology," *Nature Human Behaviour* 3, no. 5 (April 2 019): 446–52, https://www.nature.com/ articles/s41562-019-05679. "Can Technology Improve Even Though People Don't Understand What They Are Doing?," press release, Arizona State University, April 1, 2019, https:// www.eurekalert.org/ pub_ releases/ 2019-04/ asu- cti032819.php. 참조.

22 Rachel L. Kendal, "Explaining Human Technology," *Nature Human Behaviour* 3, no. 5 (April 2019): 422–23. https://www.nature.com/ articles/s4156201905786

23 Maxime Derex and Robert Boyd, "The Foundations of the Human Cultural Niche," *Nature Communications* 6, no. 1 (September 24, 2015): 8398.

24 John R. McNeill and William H. McNeill, *The Human Web: A Bird's-Eye View of World History* (New York: Norton, 2003).

25) Sherwin Nuland, *The Doctors' Plague: Germs, Childbed Fever, and the*

다. 그는 유추를 인간이 현실을 이해하는 방법의 중추로 여겼다. Douglas Hofstadter and Emmanuel Sander, *Surfaces and Essences: Analogy as the Fuel and Fire of Thinking* (New York: Basic Books, 2014). 참조.

18 Michael Tomasello, *A Natural History of Human Thinking* (Cambridge, MA: Harvard University Press, 2014); Michael Tomasello, *Becoming Human: A Theory of Ontogeny* (Cambridge, MA: Harvard University Press, 2019).

19 Felix Warneken, Frances Chen, and Michael Tomasello, "Cooperative Activities in Young Children and Chimpanzees," *Child Development* 77, no. 3 (May/ June 2006): 640–63.

20 Rachel L. Kendal, "Explaining Human Technology," *Nature Human Behaviour* 3, no. 5 (April 2019): 422–23. https://www.nature.com/ articles/s4156201905786

21 Maxime Derex et al., "Causal Understanding Is Not Necessary for the Improvement of Culturally Evolving Technology," *Nature Human Behaviour* 3, no. 5 (April 2 019): 446–52, https://www.nature.com/ articles/s41562-019-05679. "Can Technology Improve Even Though People Don't Understand What They Are Doing?," press release, Arizona State University, April 1, 2019, https:// www.eurekalert.org/ pub_ releases/ 2019-04/ asu- cti032819.php. 참조.

22 Rachel L. Kendal, "Explaining Human Technology," *Nature Human Behaviour* 3, no. 5 (April 2019): 422–23. https://www.nature.com/ articles/s4156201905786

23 Maxime Derex and Robert Boyd, "The Foundations of the Human Cultural Niche," *Nature Communications* 6, no. 1 (September 24, 2015): 8398.

24 John R. McNeill and William H. McNeill, *The Human Web: A Bird's-Eye View of World History* (New York: Norton, 2003).

25) Sherwin Nuland, *The Doctors' Plague: Germs, Childbed Fever, and the*

Strange Story of Ignác Semmelweis (New York: Norton, 2004); Rebecca Davis, "The Doctor Who Championed Hand-Washing and Briefly Saved Lives," NPR Morning Edition, January 12, 2015, transcript and audio, https://www.npr.org/sections/health-shots/2015/01/12/375663920/the-doctor-who-championed-hand-washing-and-saved-womenslives?t=1577014322310.

26 Louise E. Robbins, *Louis Pasteur and the Hidden World of Microbes* (New York: Oxford University Press, 2001).

27 Lindsey Fitzharris, *The Butchering Art: Joseph Lister's Quest to Transform the Grisly World of Victorian Medicine* (New York: Farrar, Straus, and Giroux, 2017).

28 Michael S. Gazzaniga, *The Ethical Brain* (New York: Dana Press, 2005).

29 Joseph J. Williams and Tania Lombrozo, "The Role of Explanation in Discovery and Generalization: Evidence from Category Learning," *Cognitive Science* 34, no. 5 (July 2010): 776-806.

30 연구를 상세히 설명할 수 있게 도움을 준 롬브로조에게 고마움을 전한다. Reginald Lahens, "Tania Lombrozo Shares the Benefits of Brief Explanations," *Brown and White*, September 30, 2018, https://thebrownandwhite.com/2018/09/30/tania-lombrozo-breaks-down-the-benefitsofbrief-explanations-the-brown-and-white 참조. 설명이 학습에 끼치는 영향을 연구한 학자는 롬브로조 외에도 다수가 있다. Michelene T. H. Chi et al., "Eliciting Self-Explanations Improves Understanding," *Cognitive Science* 18, no. 3 (1994): 439-477. 참조

31 Koichi Ono, "Superstitious Behavior in Humans," *Journal of the Experimental Analysis of Behavior* 47, no. 3 (May 1987): 261-71.

32 Anthony Giddens, *The Constitution of Society: Outline of the Theory of Structuration* (Berkeley: University of California Press, 1984).

33 Christian Wolmar, "How Railways Changed Britain," *Christian Wolmar*, October 29, 2007, https://www.christianwolmar.co.uk/2007/10/how-

railways-changed-britain.

34 Samuel Arbesman, *The Half-Life of Facts: Why Everything We Know Has an Expiration Date* (New York: Current, 2012).

35 Judea Pearl and Dana Mackenzie, *The Book of Why: The New Science of Cause and Effect* (New York: Basic Books, 2018), 5. 수년간 자신의 아이디어를 케네스 쿠키어와 공유한 펄에게 감사를 표함.

36 Arda Ocal, "Dota 2's the International Surpasses $40 Million in Prize Money," ESPN, October 9, 2020, https://www.espn.com/esports/story/_/id/30079945/dota2international-surpasses40million-prize-money.

37 Nick Statt, "OpenAI's Dota 2 AI Steamrolls World Champion e-Sports Team with Back-to-Back Victories," *The Verge*, April 13, 2019, https://www.theverge.com/2019/4/13/18309459/openai-five-dota2finalsaibot-competitionogesports-the-international-champion.

38 Christopher Berner et al., "Dota 2 with Large Scale Deep Reinforcement Learning," OpenAI, 2019, https://arxiv.org/abs/1912.06680. 더 자세한 사항은 Ng Wai Foong, "Beginner's Guide to OpenAI Five at Dota2," *Medium*, May 7, 2019, https://medium.com/@ngwaifoong92/beginners-guidetoopenai-fiveatdota2-b49ee5169b8; Evan Pu, "Understanding OpenAI Five," *Medium*, August 12, 2018, https://medium.com/@evanthebouncy/understanding-openai-five-6f8d177a957 참조.

39 Christy Dennison et al., "OpenAI Five," OpenAI, June 25, 2018, https://openai.com/blog/openai-five.

40 T. S. Eliot, *The Waste Land* (New York: Boni and Liveright, 1922).

4장 조건부적 사고

1 Eunice Foote, "Circumstances Affecting the Heat of the Sun's Rays," *American Journal of Science and Arts* 22, no. 66 (November 1856): 382-83, https://archive.org/stream/mobot31753002152491#page/382/

mode/2up.

2 조지프 헨리의 의견은 Raymond P. Sorenson, "Eunice Foote's Pioneering Research On CO2 And Climate Warming," Search and Discovery article #70092, January 31, 2011에서 가져왔다(article #70092). http://www.searchanddiscovery.com/pdfz/documents/2011/70092sorenson/ndx_sorenson.pdf.html. Tara Santora, "The Female Scientist Who Discovered the Basics of Climate Science—and Was Forgotten," Audubon, July 17, 2019, https://www.audubon.org/news/the-female-scientist-who-discovered-basics-climate-science-and-was-forgotten, Leila McNeill, "This Suffrage-Supporting Scientist Defined the Greenhouse Effect But Didn't Get the Credit, Because Sexism," *Smithsonian Magazine*, December 5, 2016, https://www.smithsonianmag.com/science-nature/lady-scientist-helped-revolutionize-climate-scienceIget-credit-180961291, John Schwartz, "Overlooked No More: Eunice Foote, Climate Scientist Lost to History," *New York Times*, April 21, 2020, https://www.nytimes.com/2020/04/21/obituaries/eunice-foote-overlooked.html.

3 2020년 4월 케네스 쿠키어가 진행한 이네즈 펑과의 인터뷰.

4 James Hansen, "Hearing Before the Committee on Energy and Natural Resources," US Senate, June 23, 1988, https://babel.hathitrust.org/cgi/pt?id=ucl.b5127807&view=1up&seq=48; Philipp Shabecoff, "Global Warming Has Begun, Expert Tells Senate," *New York Times*, June 24, 1988, https://www.nytimes.com/1988/06/24/us/global-warming-has-begun-expert-tells-senate.html 핸슨은 외교적으로 증언할 때 '인간의 행위'라는 용어를 사용한 적이 없고 "자연적 기후 변동성보다 큰"이라는 완곡한 표현을 사용했다.

5 Renee Skelton, *Forecast Earth: The Story of Climate Scientist Inez Fung* (Washington, DC: Joseph Henry Press, 2006); National Academies of Science. "InterViews: Inez Fung," 2011, http://www.nasonline.org/news-and-multimedia/podcasts/interviews/inez-fung.html.

6   Roger Carl Schank and Robert P. Abelson, *Scripts, Plans, Goals, and Understanding: An Inquiry into Human Knowledge Structures* (Hillsdale, NJ: Erlbaum, 1977).

7   "Mandzukic Makes World Cup History with Early Own Goal," *FourFourTwo*, July 15, 2018, https://www.fourfourtwo.com/news/mandzukic-makes-world-cup-history-early-own-goal.

8   Tobias Gerstenberg et al., "Eye- racking Causality," *Psychological Science* 2 8, no. 12 (December 2017): 1731 - 44.

9   José Manuel Montejo Bernardo, "Galileo's Most Famous Experiment Probably Never Took Place" (original: "El Experimento Más Famoso de Galileo Probablemente Nunca Tuvo Lugar"), *Conversation*, May 16, 2019, https://theconversation.com/elexperimento-mas-famosodegalileo-probablemente-nunca-tuvo-lugar-11650. 다음도 참조하라. Paolo Palmieri, "'Spuntar lo Scoglio Più Duro': Did Galileo Ever Think the Most Beautiful Thought Experiment in the History of Science?," *Studies in History and Philosophy of Science Part A* 36, no. 2 (June 2005): 223 - 40.

10   Patrick McNamara et al., "Counterfactual Cognitive Deficit in Persons with Parkinson's Disease," *Journal of Neurology and Psychiatry* 74, no. 8 (August 2003): 1065 - 70.

11   Yuval N. Harari, *Sapiens: A Brief History of Humankind* (New York: HarperCollins, 2015).

12   Paul Bloom, "The Moral Life of Babies," *New York Times Magazine*, May 5, 2010, https://www.nytimes.com/2010/05/09/magazine/09babiest.html; "New Study Reveals Most Children Unrepentant Sociopaths," *The Onion*, December 7, 2009, https://www.theonion.com/new-study-reveals-most-children-unrepentant-sociopaths-1819571187. 프로이트에 관해서 Alison Gopnik and Caren M. Walker, "Considering Counterfactuals: The Relationship Between Causal Learning and Pretend Play," *American*

Journal of Play 6, no. 1 (Fall 2013): 15–28. 참조

13   Alison Gopnik, "A Midcentury Modern Education," in *Curious Minds: How a Child Becomes a Scientist*, ed. John Brockman (New York: Vintage, 2005), 43–51; Audio interview and article by Michael Gordon, "The Intellectual Wonderland of Dr. Alison Gopnik," *Journey2Psychology*, March 25, 2019, https://journey2psychology.com/2019/03/25/the-intellectual-wonderlandofdralison-gopnik; Alison Gopnik, "How an 18th-Century Philosopher Helped Solve My Midlife Crisis," *Atlantic*, October 2015, https://www.theatlantic.com/magazine/archive/2015/10/how-david-hume-helpedmesolvemymidlife-crisis/403195/.

14   Alison Gopnik, *The Philosophical Baby: What Children's Minds Tell Us About Truth, Love and the Meaning of Life* (New York: Farrar, Straus and Giroux, 2009); Alison Gopnik, Andrew N. Meltzoff, Patricia K. Kuhl, *The Scientist in the Crib: Minds, Brains, and How Children Learn* (New York: William Morrow, 1999).

15   Daphna Buchsbaum et al., "The Power of Possibility: Causal Learning, Counterfactual Reasoning, and Pretend Play," research paper, *Philosophical Transactions of the Royal Society* B 3 65, no. 1599 (August 5, 2 012): 2202–12; Alison Gopnik, "Let the Children Play, It's Good for Them!," *Smithsonian Magazine*, July 2012, https://www.smithsonianmag.com/science-nature/let-the-children-play-its-good-for-them-130697324 참조. 관련 설명은 Alison Gopnik, *The Gardener and the Carpenter: What the New Science of Child Development Tells Us About the Relationship Between Parents and Children* (New York: Farrar, Straus and Giroux, 2016)에서도 확인할 수 있음.

16   이해를 돕기 위해 실험 진행자가 사용한 문장을 일부 다듬었다. Buchsbaum et al., "The Power of Possibility" 참조.

17   Gopnik, "Let the Children Play."

18   Gopnik, "What Do Babies Think?" TED video.

19   Patrick Süskind, *Perfume: The Story of a Murderer*, trans. *John E. Woods* (New York: Knopf, 1986); Erich Maria Remarque, *All Quiet on the Western Front*, trans. A. W. Wheen (Boston: Little, Brown, 1929); Chimamanda Ngozi Adichie, *Americanah* (New York: Knopf, 2013).

20   Brenda Laurel, *Computers as Theatre* (Reading, M A: Addison-Wesley, 1993).

21   Todd Bridgman, Stephen Cummings, and Colm McLaughlin, "Restating the Case: How Revisiting the Development of the Case Method Can Help Us Think Differently about the Future of the Business School," *Academy of Management Learning & Education* 15, no. 4 (December 2016): 724 – 741; Bruce A. Kimball, *The Inception of Modern Professional Education: C. C. Langdell, 1826–1906* (Chapel Hill: University of North Carolina Press, 2009). 2019년 케네스 쿠키어와의 인터뷰에서 사례 기법의 장단점에 관해 유용한 정보를 제공해준 전직 하버드 경영대학원 강사 앨버토 모엘(Alberto Moel)과 MIT의 로버트 머튼(Robert Merton)에게 깊은 감사를 표한다.

22   Clinton Bittle, "The General Shoe Company," Harvard Business School, 1921.

23   Marc Lillibridge, "A Former Player's Perspective on Film Study and Preparing for an NFL Game," *Bleacher Report*, November 29, 2012, https://bleacherreport.com/articles/1427449aformer-players-perspectiveonfilm-study-and-preparing-foranfl-game.

24   Philip E. Tetlock and Erika Henik, "Theory-versus Imagination-Driven Thinking about Historical Counterfactuals: Are We Prisoners of Our Preconceptions?" in *Psychology of Counterfactual Thinking*, eds. David Mandel, Denis J. Hilton, and Patrizia Catellani (London: Routledge, 2005); Ruth Byrne, *The Rational Imagination: How People Create Alternatives to Reality* (Cambridge, MA: MIT Press, 2005).

25   Graham T. Allison, *Essence of Decision: Explaining the Cuban Missile Crisis*

(Boston: Little, Brown, 1971); Ernest May, "John F. Kennedy and the Cuban Missile Crisis," BBC, November 18, 2013, http://www.bbc.co.uk/history/worldwars/coldwar/kennedy_cuban_missile_01.shtml. 집단사고라는 용어는 조지 오웰의 소설 『1984』에서 나왔다. 일부 사회과학자는 집단사고가 피그스만 재앙의 주요 요인이었다는 주장에 의문을 제기했다.

26 Byrne, *Rational Imagination*.

27 Daniel Kahneman, "Varieties of Counterfactual Thinking," in *What Might Have Been: The Social Psychology of Counterfactual Thinking*, eds. Neal J. Roese and James M. Olson (Mahwah, NJ: Lawrence Erlbaum, 1995).

28 "15 Insane MacGyver Hacks That Would Totally Work in Real Life," CBS. 2020년 11월 2일 접속. https://www.cbs.com/shows/recommended/photos/1003085/15insane-macgyver-hacks-that-would-totally-workinreal-life/. Sam Greenspan, "11 Most Absurd Inventions Created by MacGyver," *11 Points*, March 18, 2018, https://11points.com/11-absurd-inventions-created-macgyver/.

29 Keith D. Markman et al., "The Impact of Perceived Control on the Imagination of Better and Worse Possible Worlds," *Personality and Social Psychology Bulletin* 21, no. 6 (June 1995): 588–95.

30 관련 영상은 Mayank Bansal, Alex Krizhevsky, and Abhijit Ogale, "Chauffeur-Net: Learning to Drive by Imitating the Best and Synthesizing the Worst"에 있다. 2020년 11월 2일 접속. https://sites.google.com/view/waymo-learntodrive. 시나리오는 궤도 변화로부터 회복하는 것이었다 (M2 = M1 + 환경 손실). 논문은 2018년 12월 7일 웨이모 아카이브 '쇼퍼넷'에서 확인할 수 있다. https://arxiv.org/abs/1812.03079.

31 호의적인 보도는 Alexis C. Madrigal, "Inside Waymo's Secret World for Training Self-Driving Cars," *Atlantic*, August 23, 2017에서 확인할 수 있다. https://www.theatlantic.com/technology/archive/2017/08/inside-waymos-secret-testing-and-simulation-facilities/537648.

32 "The Virtual World Helps Waymo Learn Advanced Real-World

Driving Skills," Let's Talk Self-Driving. 2020년 11월 2일 접속. https://letstalkselfdriving.com/safety/simulation.html.

33 Bansal, Krizhevsky, and Ogale, "ChauffeurNet."

34 California Department of Motor Vehicles, "2020 Disengagement Reports," https://www.dmv.ca.gov/portal/vehicle-industry-services/autonomous-vehicles/disengagement-reports.

35 인공지능 커뮤니티를 중심으로 조건부적 논리를 사용해 인공지능 시스템의 설명 가능성을 개선하는 데 관심이 증가해왔다. Sandra Wachter et al., "Counterfactual Explanations Without Opening the Black Box: Automated Decisions and the GDPR," *Harvard Journal of Law & Technology* 31, no. 2 (2018), https://jolt.law.harvard.edu/assets/articlePDFs/v31/Counterfactual-Explanations-without-Opening-the-Black-Box-Sandra-Wachteretal.pdf. 참조

5장 제약조건

1 2020년 3월 케네스 쿠키어가 노엄 타미르와 진행한 인터뷰에서 가져왔다. Saul David, *Operation Thunderbolt: Flight 139 and the Raid on Entebbe Airport, the Most Audacious Hostage Rescue Mission in History* (New York: Little, Brown, 2015). An excellent resource is: Ronen Bergman and Lior Ben-Ami, "Operation Entebbe as Told by the Commandos: Planning the Mission," Ynet, June 27, 2016, https://www.ynetnews.com/articles/0,7340,L4815198,00.html.

2 에어프랑스 조종사와 승무원은 석방을 거부하면서 유대인 승객과 함께 인질로 남기로 결정하는 고귀한 행동을 보였다. 이에 관한 여러 가지 설명이 있는데, 예를 들어 Sam Roberts, "Michel Bacos, Hero Pilot of Jet Hijacked to Entebbe, Dies at 94," *New York Times*, March 28, 2019, https://www.nytimes.com/2019/03/28/obituaries/michel-bacos-dead.html 참조.

3 David, *Operation Thunderbolt*.

4 이 작전을 다룬 좋은 글이 여러 개 있다. Jenni Frazer, "40 Years after Israel's Most Daring Mission," Jewish News, June 28, 2016, https://jewishnews.timesofisrael.com/40years-after-israels-most-daring-mission/; David E. Kaplan, "A Historic Hostage-Taking Revisited," *Jerusalem Post*, August 3, 2006, https://www.jpost.com/Features/Ahistoric-hostage-taking-revisited; Lauren Gelfond Feldinger, "Back to Entebbe," *Jerusalem Post*, June 29, 2006, https://www.jpost.com/Magazine/Features/BacktoEntebbe; Saul David, "Israel's Raid on Entebbe Was Almost a Disaster," *Telegraph*, June 27, 2015, https://www.telegraph.co.uk/news/worldnews/middleeast/israel/11701064/Israels-raidonEntebbe-was-almostadisaster.html.

5 Louis Menand, "Cat People: W hat D r. Seuss Really Taught Us," *New Yorker*, December 16, 2002, https://www.newyorker.com/magazine/2002/12/23/cat-people.

6 Jenny Dalzell, "Martha Graham: American Modern Dance Pioneer," *Dance Teacher*, January 2, 2013, https://www.dance-teacher.com/history-lesson-plan-martha-graham-2392370093.html; "Martha Graham: The Graham Technique," Human Kinetics (Canada), 2020년 11월 10일 접속. https://canada.humankinetics.com/blogs/excerpt/martha-graham-the-graham-technique; "About," MarthaGraham.org. 2020년 11월 10일 접속. https://marthagraham.org/history.

7 "Frank Gehry Teaches Design and Architecture," MasterClass, video course, 2020년 11월 4일 접속. https://www.masterclass.com/classes/frank-gehry-teaches-design-and-architecture.

8 "What It Takes—Frank Gehry," American Academy of Achievement. 2018년 4월 6일 접속. https://learningenglish.voanews.com/a/whatittakes-frank-gehry/4302218.html.

9 1969년 프랑스 작가 조르주 페렉은 자신이 속한 울리포(OuLiPo) 예술운동의 영향을 받아 알파벳 e가 없는 300쪽 분량의 소설 『실종(La

Disparition)』을 출간했다. Georges Perec, *A Void*, trans. Gilbert Adair (London: Harvill, 1995); Harry Mathews and Alastair Brotchie, *Oulipo Compendium* (London: Atlas Press, 2005). 참조

10 T. A . H eppenheimer, "SP-4221 The S pace Shuttle Decision," NASA, 2020년 11월 10일 접속. https://history.nasa.gov/SP4221/contents.htm.

11 "Space History Photo: The Birth of Hang Gliding," NASA Archives, Space, May 21, 2012, https://www.space.com/15609-hang-gliding-birth-paresev1.html.

12 Byrne, *Rational Imagination*, 122.

13 Rachel McCloy and Ruth M. J. Byrne, "Counterfactual Thinking about Controllable Events," *Memory & Cognition* 28, no. 6 (November 2000): 1071 –78; Clare R. Walsh and Ruth M. J. Byrne, "The Mental Representation of What Might Have Been," in *The Psychology of Counterfactual Thinking*, eds. David. R. Mandel, Denis. J. Hilton, and Patrizia Catellani (London: Routledge, 2005).

14 택시 대기줄에서 새치기하는 것이 정상인 문화권도 분명 있지만, 크게 보면 적용 가능하다.

15 Christopher Prendergast, *Counterfactuals: Paths of the Might Have Been* (London: Bloomsbury Academic, 2019), 42 – 56.

16 "Österreichs Weinexporte im Höhenflug," Oesterreich Wein, March 12, 2018, https://www.oesterreichwein.at/presse-multimedia/pressetexte/news1/article/oesterreichs-weinexporteimhoehenflug.

17 오스트리아산 와인 스캔들 발생 25주년 연설에서 가져왔다. Kester Eddy, "Wine: Antifreeze Scandal 'Was the Best Thing That Happened,'" *Financial Times*, October 21, 2010, https://www.ft.com/content/38f2cb2c-dbd9-11df-af09-00144feabdc0.

18 Byrne, *Rational Imagination*, 124 – 25.

19 Byrne, *Rational Imagination*, 47, 53; Ruth M. J. Byrne, "Counterfactual Thought," *Annual Review of Psychology* 67 (January 2 016): 135 – 57,

http://www.modeltheory.org/papers/2016counterfactuals.pdf. 참조

20 2019년 1, 2월에 케네스 쿠키어가 피터 슈워츠와 진행한 인터뷰에서
    가져왔다. Christina Bonnington et al., "Inside Minority Report's 'Idea
    Summit,' Visionaries Saw the Future," *Wired*, June 21, 2012, https://
    www.wired.com/2012/06/minority-report-idea-summit. 원작 단편소설
    은 Philip K. Dick, *Minority Report* (London: Gollancz, 2002) 참조. 참가
    자들의 발언은 슈워츠의 기억을 바탕으로 구성했다.

21 Kenneth C ukier, " Jimmy Carter and Fukushima," *Economist*, April
    2, 2011, https://www.economist.com/banyan/2011/04/ 02/jimmy-
    carter-and-fukushima. Ian MacLeod, "Chalk River's Toxic Legacy,"
    Ottawa Citizen, December 16, 2011, https://ottawacitizen.com/news/
    chalk-rivers-toxic-legacy; Arthur Milnes, "Jimmy Carter's Exposure to
    Nuclear Danger," CNN, April 5, 2011, https://edition.cnn.com/2011/
    OPINION/04/05/milnes.carter.nuclear/index.html.

22 피터 웨인스톡은 테드 강연과 오픈페디아트럭스(OPENPediatrics) 강연
    에서 자신의 접근법을 설명했다. Peter Weinstock, "Lifelike Simulations
    That Make Real-Life Surgery Safer," filmed January 2016, TED video,
    https://www.ted.com/talks/peter_weinstock_lifelike_simulations_that_
    make_real_life_surgery_safer. *Building an Enterprise-Wide Simulation 2.0
    Program: Part 1 "Rationale, Origins and Frameworks,"* OPENPediatrics,
    YouTube video, 35:48, November 26, 2018.

23 Cheng-Zhi A nna Huang et al., "Coconet: T he M L Model B ehind
    Today's Bach Doodle," Magenta, Google, March 20, 2019, https://
    magenta.tensorflow.org/coconet.

24 Sneha Jha, "Here's How Flipkart Is Innovating to Redefine Customer
    Experience," ETCIO.com, June 27, 2017, https://cio.economictimes.
    indiatimes.com/news/strategy-and-management/heres-how-
    flipkartisinnovatingtoredefine-customer-experience/59331335.

25 케네스 쿠키어가 2011, 2018, 2020년에 월아이엠과 진행한 인터뷰

를 정리했다. Reid Hoffman, "Make It Epic, w/ will.i.am," Masters of Scale 47, podcast audio, October 30, 2019에서 인용. https://podcasts.apple.com/ca/podcast/mastersofscale-with-reid-hoffman/id1227971746?i=1000455551842.

6장 프레임 재구성

1   2020년 5월 빅토르 메이어 쇤버거가 하벨러와 진행한 인터뷰

2   Peter Habeler, *Der Einsame Sieg: Mount Everest '78* (München: Goldmann, 1978); Karin Steinbach and Peter Habeler, *Das Ziel ist der Gipfel* (Innsbruck: Tyrolia, 2007); Reinhold Messner, *Überlebt—Meine 14 Achttausender* (München: Piper, 2013); Reinhold Messner, *Alle meine Gipfel* (Stuttgart: LangenMüller, 2019).

3   Tren Griffin, *Charlie Munger: The Complete Investor* (New York: Columbia University Press, 2017).

4   Bertil Torekull, Leading by Design: The Ikea Story, trans. Joan Tate (New York: HarperBusiness, 1999). IKEA는 제품을 1회적 사용에서 재활용 쪽으로 옮겨가기 시작했다고 알렸다.

5   문자 그대로의 예시를 보자면, 런던정경대학의 경제학자 빌 필립스(Bill Phillips)가 1949년에 (돈을 상징하는) 탱크·펌프·수문·밸브로 흐르는 물의 개념을 적용하여 경제의 물리적 모형을 구축하고, 소득·세금·예금·수출 등을 시뮬레이션했다. 영국과학박물관과 케임브리지대학에 전시되어 있다.

6   Andrew W. Lo, *Adaptive Markets: Financial Evolution at the Speed of Thought* (Princeton, NJ: Princeton University Press, 2017).

7   클라우드 섀넌(Claude Shannon)의 정보 이론을 통한 경제학 프레임의 매력적인 재구성은 George Gilder, *Knowledge and Power: The Information Theory of Capitalism and How it is Revolutionizing our World* (Washington, DC: Regnery, 2013) 참조. 순환경제라는 개념은 라이프 사이클의 측면에서 제품을 보는 사례다.

8   David Epstein, *Range: Why Generalists Triumph in a Specialized World* (New York: Riverhead, 2019).

9   Jean-Jacques Rousseau, *The Social Contract*, trans. Maurice Cranston (Harmondsworth, UK: Penguin, 1968).

10   James Watson, *The Double Helix: A Personal Account of the Discovery of the Structure of DNA* (New York: Athenaeum, 1968); "The Answer," Linus Pauling and the Race for DNA, Oregon State University Libraries. 2015년 11월 10일 접속. http://scarc.library.oregonstate.edu/coll/pauling/dna/narrative/page30.html.

11   Ruth Lewin Sime, *Lise Meitner: A Life in Physics* (Berkeley: University of California Press, 1996).

12   Petri Launiainen, *A Brief History of Everything Wireless: How Invisible Waves Have Changed the World* (Cham, Switzerland: Springer, 2018).

13   Robert Spector, *Amazon.com—Get Big Fast: Inside the Revolutionary Business Model That Changed the World* (New York: HarperBusiness, 2000).

14   Scottie Andrew, "This City Disbanded Its Police Department 7 Years Ago. Here's What Happened Next," CNN, June 10, 2020, https://edition.cnn.com/2020/06/09/us/disband-police-camden-new-jersey-trnd/index.html; Steve Tawa, "NJ Agency OKs Layoff of Camden's Entire Police Force," CBS, January 3, 2013, https://philadelphia.cbslocal.com/2013/01/03/njagency-oks-layoffofcamdens-entire-police-force; Josiah Bates, Karl Vick, and Rahim Fortune, "America's Policing System Is Broken. It's Time to Radically Rethink Public Safety," *Time*, 2020년 11월 10일 접속. https://time.com/5876318/police-reform-america.

15   Chris Hedges and Joe Sacco, *Days of Destruction, Days of Revolt* (New York: Nation Books, 2012); Hank Kalet, "Camden Didn't Defund Its Police Department—It Just Handed It Off," *Progressive*, June 30, 2020, https://progressive.org/dispatches/camden-didnt-defund-police-

department-kalet-200630

16 Jersey Matters, "County Freeholder Louis Cappelli Reacts to Camden Earning Praise," YouTube, 8:07, June 15, 2020, https://www.youtube. com/watch?v=KeA79kq9pF8. 변화를 자세히 설명해준 카펠리에게 감사를 표한다.

17 Mary Louise Kelly, "New Police Force from Scratch: N.J. City Proves It's Possible to Reform the Police," *All Things Considered*, NPR, June 8, 2020, transcript and audio, https://www.npr.org/2020/06/08/872470135/new-police-force-from-scratchnjcity-proves-its-possibletoreform-the-police.

18 Sabin Russell, "Cracking the Code: Jennifer Doudna and Her Amazing Molecular Scissors," *California*, Winter 2014, https://alumni.berkeley. edu/california-magazine/winter-2014-gender-assumptions/cracking-code-jennifer-doudna-and-her-amazing.

19 "Fermat's Last Theorem," BBC, video, 50 minutes, 2020년 11월 4일 접속. https://www.bbc.co.uk/programmes/b0074rxx.

20 Albert Einstein and Max Born, *The Born-Einstein Letters*, trans. Irene Born (New York: Walker, 1971).

21 Viktor Mayer-Schönberger, *Delete—The Virtue of Forgetting in the Digital Age* (Princeton, NJ: Princeton University Press, 2009).

22 Martin Gropp, "Autohersteller verdoppeln Investitionen in Elektro-mobilität," *Frankfurter Allgemeine Zeitung*, June 2, 2019, https://www. faz.net/aktuell/wirtschaft/auto-verkehr/autohersteller-verdoppeln-investitioneninelektromobilitaet-6218061.html.

23 W. G. Huff, "What Is the Singapore Model of Economic Development?," *Cambridge Journal of Economics* 19, no. 6 (December 1995): 735–59; Winston T. H. Koh, "Singapore's Transition to Innovation-Based Economic Growth: Infrastructure, Institutions, and Government's Role," *R & D Management* 36, no. 2 (March 2006): 143–60.

24   Sven Carlsson and Jonas Leijonhufvud, *The Spotify Play: How CEO and Founder Daniel Ek Beat Apple, Google, and Amazon in the Race for Audio Dominance* (New York: Diversion Books, 2021).

7장 학습

1   David Leonhardt, "Revamping the MBA," *Yale Alumni Magazine*, May/June 2007, http://archives.yalealumnimagazine.com/issues/2007_05/som.html. Joel M. Podolny, "The Buck Stops (and Starts) at Business School," *Harvard Business Review*, June 2009, https://hbr.org/2009/06/the-buck-stops-and-startsatbusiness-school.

2   이 절의 내용에 대해 세심하게 피드백을 제공해준 애플사에 감사를 표한다. 포돌니가 예일대학에 있을 때 나눈 대화, 인터뷰, 직접 경험, 서면 설명으로부터 정보를 추출했다. Jessica Guynn, "Steve Jobs' Virtual DNA to Be Fostered in Apple University," *Los Angeles Times*, October 6, 2011, https://www.latimes.com/archives/laxpm-011-ct06lafiapple-university-20111006-story.html; Brian X. Chen, "Simplifying the Bull: How Picasso Helps to Teach Apple's Style," *New York Times*, August 10, 2014, https://www.nytimes.com/2014/08/11/technology/-inside-apples-internal-training-program-.html; Adam Lashinsky, *Inside Apple: How America's Most Admired—and Secretive—Company Really Works* (New York: Business Plus, 2012).

3   Marvin Levine, *A Cognitive Theory of Learning: Research on Hypothesis Testing* (Hillsdale, NJ: Lawrence Erlbaum, 1975); Janet Metcalfe and David Wiebe, "Intuition in Insight and Noninsight Problem Solving," *Memory & Cognition* 15, no. 3 (May 1987): 238–46.

4   미군에 제출되었던 연구다. Craig A. Kaplan and Herbert A. Simon, *In Search of Insight*, Technical Report AIP 55 (Arlington, VA: Office of Naval Research, August 15, 1988); Craig A. Kaplan and Herbert A. Simon, "In Search of Insight," *Cognitive Psychology* 22, no. 3 (July 1990): 374–419.

5   Levine, *Cognitive Theory of Learning; Metcalfe and Wiebe*, "Intuition."

6   Susan Pozo, "Does the US Labor Market Reward International Experience?," *American Economic Review* 104, no. 5 (2014): 250 – 54.

7   Bridgman, Cummings, and McLaughlin, "Restating the Case."

8   Bittle, "The General Shoe Company."

9   Wallace Donham, "The Failure of Business Leadership and the Responsibilities of the Universities," *Harvard Business Review* 11 (1933): 418 – 35. 그는 다음과 같이 적었다. "특화된 문제를 잘 처리할 뿐만 아니라 폭넓은 관계를 보는 시각을 가지고 사회의 안정성과 평형성 유지에 제 몫을 하는 기업 및 정책 행정가가 필요하다." (Bridgman, Cummings, and McLaughlin, "Restating the Case"에서 인용·)

10 Ronald S. Burt, *Brokerage and Closure: An Introduction to Social Capital* (Oxford: Oxford University Press, 2005).

11 시스템에서 벗어나보기와 비슷한 개념으로 더글러스 호프스태더가 자신의 저서 *Gödel Escher Bach: An Eternal Golden Braid* (New York: Basic Books, 1979)에서 소개했고, 이후 Daniel C. Dennett, *Intuition Pumps and Other Tools for Thinking* (New York: W. W. Norton, 2013)에서 발전시켰다.

12 2021년 1월 케네스 쿠키어가 케이와 진행한 인터뷰에서 추출했다. 충분한 시간을 내어주고 책에 대한 통찰력 있는 생각을 공유해준 것에 감사를 표한다. Eric Elliott, "The Forgotten History of OOP," Medium, October 31, 2018, https://medium.com/javascript-scene/the-forgotten-historyofoop-88d71b9b2d9f 참조. 케이는 OOP의 전체 개념을 처음 개발했으며, 이 개념은 스케치패드와 시뮬라(simula) 프로그래밍 언어와 같은 다른 작업을 기반으로 하고 있다.

13 Alan Kay, "The Early History of Smalltalk," 1993, https://worrydream. com/EarlyHistoryOfSmalltalk. '미래 예측'에 관해서: 케이는 1970년대 이후 그 생각을 계속 표현해왔다. '현재라는 독재자'에 관해서: Robin Meyerhoff, "Computers and the Tyranny of the Present," *Forbes,*

November 11, 2015, https://www.forbes.com/sites/sap/2015/11/11/computers-and-the-tyrannyofthe-present. '하나의 맥락에서 다른 맥락으로 이행'에 관해서: Stuart Feldman, "A Conversation with Alan Kay: Big Talk with the Creator of Smalltalk—and Much More," *Association for Computing Machinery* 2, no. 9 (December 27, 2004), https://queue.acm.org/detail.cfm?id=1039523.

14 케이는 (우리와 마찬가지로) 대상을 완전한 빈 서판 전략으로 생각하는 것은 불가능하다고 강조한다. 그는 인터뷰에서 객체지향 프로그래밍의 심적 기초를 제공한다고 생각하는 기술을 빠르게 설명했다. 스몰토크의 훌륭한 지적 역사는 Kay, "The Early History of Smalltalk," 1993에서 확인할 수 있다. 또한 2005년 2월 24일 국립공학아카데미에서 찰스 스타크 드레이퍼 상 수상 소감에서 언급한 Alan Kay, "The Power of the Context" 참조.

15 Jan Morris, *Conundrum* (London: Faber, 1974).

16 데카르트 기하학(수학에서 종종 분석기하학으로 불린다)은 때로 유클리드 기하학이 쉽게 허용하지 않는 직관을 제공할 수 있는 반면, 유클리드 기하학에서는 증명이 더 쉽고 명쾌할 수 있다.

17 Patricia Linville, "Self-complexity and Affective Extremity: Don't Put All of Your Eggs in One Cognitive Basket," *Social Cognition* 3, no. 1 (1985): 94–120.

18 Jared Diamond, "The Benefits of Multilingualism," *Science* 330, no. 6002 (October 15, 2010): 332–33; Ellen Bialystok, "The Bilingual Adaptation: How Minds Accommodate Experience," *Psychological Bulletin* 143, no. 3 (March 2017): 233–62; Cristina Crivello et al., "The Effects of Bilingual Growth on Toddlers' Executive Function," *Journal of Experimental Child Psychology* 141 (January 2016): 121–32.

19 저자 중 두 명이 그의 지성미를 직접 경험했다.

20 의사결정 분야의 전문가 스콧 페이지(Scott Page)는 이를 "다양성 보너스"라고 불렀다. Scott E. Page, *The Diversity Bonus: How Great Teams Pay*

Off in the Knowledge Economy, ed. Earl Lewis (Princeton, NJ: Princeton University Press, 2017).

21 Miller McPherson, Lynn Smith-Lovin, and James M. Cook, "Birds of a Feather: Homophily in Social Networks," *Annual Review of Sociology* 27 (August 2001): 415–44.

22 Kenneth R. Ahern and Amy K. Dittmar, "The Impact on Firm Valuation of Mandated Female Board Representation," *The Quarterly Journal of Economics* 127, no. 1 (February 2012): 137–97. David A. Matsa and Amalia R. Miller, "A Female Style in Corporate Leadership? Evidence from Quotas," *American Economic Journal: Applied Economics* 5, no. 3 (July 2013): 136–69. 스콧 페이지의 '다양성 보너스'에서 적합한 설명을 확인할 수 있다. 법의 목적은 기업의 실적 개선이 아니라 성 불평등의 감소였다. 이런 측면에서 그 법은 여성 지도자들이 이사회를 경험하여 자신들의 재능을 개발하고 접촉면을 넓히며 다른 여성에게 영감을 줄 수 있는 기회를 보장했다.

23 이사회의 여성 멤버가 더 나은 재정적 성과를 가져온다는 연구 결과도 있다. Julia Dawson et al., "The CS Gender 3000: The Reward for Change," Credit Swiss Research Institute, September 2016. 하지만 방법론적인 단순성으로 비판을 받았다. "100 Women: Do Women on Boards Increase Company Profits?," BBC News, October 2017, https://www.bbc.com/news/41365364. 좀 더 엄격한 분석 결과를 보면, 일부 사례에서 기업의 성과와 최고경영진의 여성 비율 간에 정적 상관(인과관계는 아니다)이 있다. Corinne Post and Kris Byron, "Women on Boards and Firm Financial Performance: A Meta-analysis," *Academy of Management Journal* 58, no. 2, November 7, 2014, https://journals.aom.org/doi/abs/10.5465/amj.2013.0319.

24 관련 사례로 다양성에 대한 미국 대학의 접근방법이 생각의 자유로운 교류를 약화시킨다는 그렉 루키아노프(Greg Lukianoff)와 조너선 하이트(Jonathan Haidt)의 주장을 들 수 있다. Greg Lukianoff and Jonathan

Haidt, "The Coddling of the American Mind," *Atlantic*, September 2015, https://www.theatlantic.com/magazine/archive/2015/09/the-coddlingofthe-american-mind/399356/ 참조. Jonathan Haidt, "Viewpoint Diversity in the Academy," jonathanhaidt.com. 2020년 12월 31일 접속. https://jonathanhaidt.com/viewpoint-diversity/.

25   Anita W. Woolley et al., "Evidence for a Collective Factor in the Performance of Human Groups," *Science* 330, no. 6004 (October 29, 2010): 686 – 88.

26   "일반적으로 창의적 또는 혁신적인 과제를 수행하는 집단은 종종 다양성의 혜택을 받는다"라는 주장은 다음을 참조하라. Anita W. Woolley, Ishani Aggarwal, and Thomas W. Malone, "Collective Intelligence and Group Performance," *Current Directions in Psychological Science* 24, no. 6 (December 2015): 420 – 24. 6년 이상의 기간 동안 팀 수행에서 다양성의 역할에 관한 설문조사를 진행한 연구는 다음을 참조하라. Hans van Dijk, Marloes L. van Engen, and Daan van Knippenberg, "Defying Conventional Wisdom: A Meta-analytical Examination of the Differences between Demographic and Job-related Diversity Relationships with Performance," *Organizational Behavior and Human Decision Processes* 119, no. 1 (September 2012): 38 – 53. 이와 같은 연구의 결과를 보면 다양성은 창의적인 과제를 수행할 때 집단에 이득이 되는 경향이 있으나 효율성이 더 중요한 정기적이고 규칙적인 일에서는 오히려 해가 될 수 있다는 것이 분명히 드러났다.

27   André L. Delbecq and Andrew H. Van de Ven, "A Group Process Model for Problem Identification and Program Planning," *Journal of Applied Behavioral Science* 7, no. 4 (July 1, 1971); Andrew H. Van de Ven and André L. Delbecq, "The Effectiveness of Nominal, Delphi, and Interacting Group Decision Making Processes," *Academy of Management Journal* 17, no. 4 (December 1974): 605 – 21.

28   Joel M. Podolny and Morten T. Hansen, "How Apple Is Organized for

Innovation," *Harvard Business Review*, November/ December 2020, https://hbr.org/2020/11/how-appleisorganized-for-innovation.

29 Reid Hastie and Tatsuya Kameda, "The Robust Beauty of Majority Rules in Group Decisions," *Psychological Review* 112, no. 2 (May 2005): 494 – 508. 집단의 의사결정에 관해서는 R. Scott Tindale and Katharina Kluwe, "Decision Making in Groups and Organizations," in *The Wiley Blackwell Handbook of Judgment and Decision Making II*, eds. Gideon Keren and George Wu (Hoboken, NJ: Wiley Blackwell, 2015), 849 – 74 참조.

30 Rich Karlgaard, "How Fast Can You Learn?," *Forbes*, November 9, 2007, https://www.forbes.com/forbes/2007/1126/031.html.

31 Hasan Jensen, "Celebrating 10 Years of Your Ideas!," Lego. 2020년 11월 8일 접속. https://ideas.lego.com/blogs/a4ae09b6-d4c-307-da8-ee9f3d368d6/post/bebe460c-d4c-13a-0a7-a757aad1ecc.

32 이샤니 아가왈(Ishany Aggarwal)과 애니타 W. 울리(Anita W. Woolley)는 정교한 실험을 통해 인지 방식이 이질적인 팀이 동질적인 팀에 비해 전략적 합의에 도달하는 데 더 많은 어려움을 겪으며 오류를 증가시킨다는 것을 보여주었다. Ishani Aggarwal and Anita W. Woolley, "Do You See What I See? The Effect of Members' Cognitive Styles on Team Processes and Performance," *Organizational Behavior and Human Decision Processes* 122, no. 1 (September 2013): 92 – 99.

33 스콧 E. 페이지의 차이: Scott E. Page, *The Difference: How the Power of Diversity Creates Better Groups, Firms, Schools, and Societies* (Princeton, NJ: Prince ton University Press, 2008). 페이지는 2021년 1월에 진행된 케네스 쿠키어와의 인터뷰에서 "그저 2차원상에서 위아래로 움직이는 것이 아닙니다. 대부분의 아이디어와 제품은 수십 수백 개의 차원을 가지고 있습니다. 따라서 단지 왼쪽과 오른쪽을 보며 더 높은 지점을 보지 못하는 것이 아닙니다. 비유적으로 수십 개의 방향에서 어느 하나로 나아갈 수 있습니다"라고 말했다. 모형이 사회를 형성하는 방식에 관한 더 자세한 내용은 Scott E. Page, *The Model Thinker: What You Need to Know to Make*

Data (New York: Basic Books, 2018) 참조.

34   Andrew Grove, *Only the Paranoid Survive* (New York: Doubleday Business, 1996).

35   Ed Catmull and Amy Wallace, *Creativity, Inc.: Overcoming the Unseen Forces That Stand in the Way of True Inspiration* (New York: Random House, 2014).

36   Beatrice K. Otto, *Fools Are Everywhere: The Court Jester Around the World* (Chicago: University of Chicago Press, 2001). 광대는 고대 로마에서 인도, 중동, 중국, 유럽의 궁정에 이르기까지 보편적으로 존재했다.

37   Magda Romanska, "The History of the Court Jester," Boston Lyric Opera, March 24, 2014, http://blog.blo.org/the-historyofcourt-jesterbymagda.

38   이언 샘플(Ian Sample)이 플로리다대학 제프리 존슨(Jeffrey Johnson)과 진행한 인터뷰에서 가져왔다. "Jokers Please: First Human Mars Mission May Need Onboard Comedians," *The Guardian*, February 15, 2019, https://www.theguardian.com/science/2019/feb/15/jokers-please-first-human-mars-mission-may-need-onboard-comedians.

39   Edmund Lee, "Bari Weiss Resigns from *New York Times* Opinion Post," *New York Times*, July 14, 2015, https:/ www.nytimes.com/2020/07/14/business/media/bari-weiss-resignation-new-york-times.html; Bari Weiss, "Resignation Letter," Bariweiss.com, July 14, 2020에서 인용. https://www.washingtonpost.com/media/2020/07/14/bari-weiss-resigns-new-york-times. https://www.bariweiss.com/resignation-letter. 이러한 설명을 할 수 있게 도움을 준 취재원에게 감사를 표한다.

8장 다원주의

1   Elisabeth Young-Bruehl, *Hannah Arendt: For Love of the World* (New Haven, CT: Yale University Press, 2004). 코드는 다음에 실린 그리스어에서 따옴. Jeremy Adelman, "Pariah: Can Hannah Arendt Help Us Rethink Our Global Refugee Crisis?," *Wilson Quarterly*, Spring 2016, https://

www.wilsonquarterly.com/quarterly/looking-back-moving-forward/
pariah-can-hannah-arendt-helpusrethink-our-global-refugee-crisis/.
아렌트가 1933년에 사용한 이름을 확인해준 아렌트 연구자 사만사 로즈
힐(Samantha Rose Hill)에게 감사를 표한다(스턴Stern은 결혼을 통해 얻
은 성이었다).

2   Malcolm Cowley, *Exile's Return: A Literary Odyssey of the 1920s* (New
York: Penguin, 1994), 279.

3   1943년 2월 6일 기재 시작. Rutka Laskier, *Rutka's Notebook: A Voice from
the Holocaust*, eds. Daniella Zaidman-Mauer and Kelly Knauer (New
York: Time / Yad Vashem, 2008), 29–30.

4   Charles E. Lindblom, *The Market System—What It Is, How It Works, and
What to Make of It* (New Haven, CT: Yale University Press, 2001).

5   Karl Popper, "The Principle of Leadership," in *The Open Society and Its
Enemies*, vol. 1 (Abington, UK: Routledge, 1945), note 4. 이 아이디어는
본문이 아닌 주석에서만 제기되었음. 포퍼는 플라톤의 자유의 역설(폭
군에게 자유를 파괴할 자유를 주는 것은 사회에 자유가 사라진다는 것을
의미한다)에 기반하여 다음과 같이 서술했다. "무제한적인 관용은 반드
시 관용의 소멸로 이어진다. 관용이 없는 사람에게조차 무제한적인 관용
을 베풀고 관용이 없는 사람들의 공격에 대항하여 관용 사회를 지킬 준
비가 되어 있지 않으면, 관용 있는 사람들은 파괴되고 관용도 그들과 함
께 사라질 것이다. 이 말은 우리가 항상 관용이 없는 철학의 발언을 억압
해야 한다는 의미는 아니다. 우리가 이성적인 주장으로 그들에게 대항하
고 여론으로 그들을 견제할 수 있다면, 억압은 가장 저급한 해결책이 될
것이다. 그러나 필요하다면 힘을 동원해서라도 그들을 억압할 권리를 가
지고 있다고 주장해야 한다. 그것은 그들이 이성적인 논쟁의 수준에서 우
리를 만날 준비가 되어 있지 않고 모든 주장을 비난하는 것으로 시작할
것이 분명하기 때문이다. 그들은 추종자에게 이성적 주장이 기만적이기
때문에 듣지 말 것을 강제하고 무력을 사용해서 주장에 답하도록 가르
칠 수 있다. 그러므로 우리는 관용이라는 이름으로 관용이 없는 사람들에

게 관용을 베풀지 않을 권리를 주장해야 한다. 개방성과 다양성을 옹호하는 사람들조차도 표현을 억제하는 유혹에서 자유롭지 않다는 것을 명심하라. 예를 들어 포퍼는 수년 동안 런던정경대학에서 '열린 사회와 그 적들'을 가르쳤는데, 학생들은 그 강의에 '적에 의해 열린 사회'라는 우스꽝스러운 별명을 붙였다.

6   Hannah Arendt, *The Origins of Totalitarianism* (New York: Schocken Books, 1951); *The Human Condition* (Chicago: University of Chicago Press, 1958); *On Revolution* (New York: Penguin Books, 1963); *Eichmann in Jerusalem: A Report on the Banality of Evil* (New York: Viking Press, 1963); *On Violence* (Boston: Houghton Mifflin Harcourt, 1968); *Men in Dark Times* (Boston: Houghton Mifflin Harcourt, 1970); *Crisis of the Republic* (New York: Harcourt Brace Jovanovich, 1972); *Rahel Varnhagen: The Life of a Jewish Woman* (New York: Harcourt Brace, 1974).

7   Hannah Arendt, *Between Past and Future: Eight Exercises in Political Thought* (New York: Penguin, 2006), 237. '일반의지'는 루소가 사용한 용어다. 아렌트의 책 『인간의 조건』에는 '한 사람이 아닌 여러 사람'이 사용된다. '관점의 다원성'은 한나 아렌트가 Hannah Arendt, *The Promise of Politics* (New York: Schocken, 2007), 175에서 사용했다.

8   Fukuyama, *End of History*.

9   AnnaLee Saxenian, *Regional Advantage: Culture and Competition in Silicon Valley and Route 128* (Cambridge, MA: Harvard University Press, 1994), 2-3; See also: "Silicon Valley Is Changing, and Its Lead over Other Tech Hubs Narrowing," *Economist*, September 1, 2018, https://www.economist.com/briefing/2018/09/01/silicon-valleyischanging-and-its-lead-over-other-tech-hubs-narrowing; "Why Startups Are Leaving Silicon Valley," *Economist*, August 30, 2018, https://www.economist.com/leaders/2018/08/30/why-startups-are-leaving-silicon-valley.

10 Joel Mokyr, *A Culture of Growth: The Origins of the Modern Economy* (Princeton, NJ: Princeton University Press, 2016); Jared Diamond, *Guns,*

Germs, and Steel: The Fates of Human Societies (New York: Norton, 1997). 흥미롭게 읽을 만한 책으로 John Micklethwait and Adrian Wooldridge, *The Fourth Revolution: The Global Race to Reinvent the State* (New York: Penguin, 2015)가 있다.

11 2020년 1월에 케네스 쿠키어가 패트릭 콜리슨과 진행한 인터뷰에서 추출했다. Patrick Collison and Tyler Cowen, "We Need a New Science of Progress," *The Atlantic*, July 30, 2019, https://www.theatlantic.com/science/archive/2019/07/we-need-new-science-progress/594946 참조. 비판적 평가로는 Cukier, "Innovation Around Innovation—Studying the Science of Progress," *The Economist*, Babbage podcast, September 4, 2019, https://www.economist.com/podcasts/2019/09/04/innovation-around-innovation-studying-the-science-of-progress 참조.

12 그것은 농담이다.

13 Kevin Nix, "It's All in the Frame: Winning Marriage Equality in America," Open Democracy, September 8, 2015, https://www.open democracy.net/en/openglobalrights-openpage/its-allinframe-winning-marriage-equalityinamerica.

14 "In Depth: Gay and Lesbian Rights," Gallup, poll of November 26–29, 2012, https://news.gallup.com/poll/1651/gay-lesbian-rights.aspx.

15 Justin McCarthy, "U.S. Support for Same-Sex Marriage Matches Record High," Gallup, June 1, 2020, https://news.gallup.com/poll/311672/support-sex-marriage-matches-record-high.aspx.

16 Epstein, *Range*.

17 Megan R. Underhill, "White Parents Teach Their Children to Be Colorblind. Here's Why That's Bad for Everyone," *Washington Post*, October 5, 2018, https://www.washingtonpost.com/nation/2018/10/05/white-parents-teach-their-childrenbecolorblind-heres-why-thats-bad-everyone; 인종불문주의의 인종차별에 관해서: Meghan Burke, *Colorblind Racism* (Cambridge: Polity Press, 2019).

18 Richard Florida, *The Rise of the Creative Class* (New York: Basic Books, 2002), chap. 14. 영상에서의 인용구: Richard Florida, "Technology, Talent, and Tolerance in the Creative City," Coursera, 2020년 11월 9일 접속. https://www.coursera.org/lecture/city-and-you-find-best-place/technology-talent-and-toleranceinthe-creative-city-instructor-video-uVp5h.

19 Jürgen Habermas, *The Structural Transformation of the Public Sphere: An Inquiry into a Category of Bourgeois Society*, trans. Thomas Burger (Cambridge, MA: MIT Press, 1989).

20 James S. Fishkin, *Democracy When the People Are Thinking: Revitalizing Our Politics Through Public Deliberation* (Oxford: Oxford University Press, 2018).

21 Roberto Mangabeira Unger, *False Necessity: Anti-Necessitarian Social Theory in the Service of Radical Democracy* (Cambridge: Cambridge University Press, 1987).

22 Roberto Mangabeira Unger, "Big Thinkers: Roberto Mangabeira Unger on Empowered Democracy in the UK," Institute for Government, November 15, 2013, https://www.instituteforgovernment.org.uk/events/big-thinkers-roberto-mangabeira-unger-empowered-democracyuk.

23 Roberto Mangabeira Unger, "No One Should Have to Do Work That Can Be Done by a Machine," talk at Harvard Thinks Big 4, YouTube video, 10:47, February 28, 2013, https://www.youtube.com/watch?v=N8n5ZL5PwiA.

24 Judith Shklar, "The Liberalism of Fear," in *Liberalism and the Moral Life*, ed. Nancy Rosenblum (Cambridge, MA: Harvard University Press, 1989), 31-38.

25 동상은 2017년 3월 7일에 황소상 앞에 설치되었지만, 2018년 11월 금융 지구의 다른 곳으로 이전되었다. 두 개의 발자국이 있는 명판은 소녀상이 이전에 서 있었던 위치를 보여준다.

9장 경계

1   Sarah Cooper, "How to Medical," YouTube video, 0:49, https://www. youtube.com/watch?v=RxDKW 75ueIU.

2   James Poniewozik, "Trump Said, 'I Have the Best Words.' Now They're Hers," *New York Times*, May 27, 2020, https://www.nytimes. com/2020/05/27/arts/television/trump-sarah-cooper.html; ZZ Packer, "Sarah Cooper Doesn't Mimic Trump. She Exposes Him," *New York Times*, June 25, 2020, https://www.nytimes.com/2020/06/25/magazine/ sarah-cooper-doesnt-mimic-trump-she-exposes-him.html. 이렇게 설명할 수 있게 도와준 쿠퍼에게 사의를 표한다.

3   Shirley Li, "Sarah Cooper Has Mastered the Trump Joke," *Atlantic*, May 8, 2020, https://www.theatlantic.com/culture/archive/2020/05/comedian- behind-viral-trump-pandemic-tiktok-sarah-cooper/611329; Sarah Cooper and Sarah Cristobal, "Comedian Sarah Cooper on How Her Viral Trump Parodies Came to Be," *InStyle*, July 10, 2020, https://www.instyle. com/news/sarah-cooper-essay-trump-impressions.

4   Farhan Shah, "Heytea Founder Neo Nie on the Ingredients to the Brand's Success," *Peak*, July 23, 2020, https://www.thepeakmagazine.com.sg/ interviews/heytea-founder-neo-nie-business-success; Li Tao, "How Chinese Tea-Drink Brand Heytea Saves Millions in Marketing Costs Thanks to Its Millennial Customers," *South China Morning Post*, August 28, 2018, https://www.scmp.com/tech/start-ups/article/2161529/how- chinese-tea-drink-brand-heytea-saves-millions-marketing-costs; "He Is a Post-90s CEO Worth 4 billion," *DayDay News*, September 23, 2020, https://daydaynews.cc/en/technology/812466.html.

5   2021년 1월 케네스 쿠키어가 모시아와 진행한 인터뷰에서 따왔다. "Nthabiseng Mosia, an Entrepreneur Finding Affordable Clean Energy Solutions for Africa by Harnessing the Power of Solar Technology," *Lionesses of Africa*, December 11, 2016, https://www.lionessesofafrica.

com/blog/2016/12/11/startup-story-nthabiseng-mosia 참조.
World Economic Forum, "Bring the Power of Solar to Sierra Leone,"
YouTube video, 3:17, December 16, 2019, https://www.youtube.com/
watch?v=auzkln9MMjk&feature=emb_title 참조.

6   Dhivana Rajgopaul, "This SA Entrepreneur Creates Solar Solutions for
    Communities in Sierra Leone," *Independent Online*, May 7, 2018, https://
    www.iol.co.za/business-report/entrepreneurs/thissaentrepreneur-creates-
    solar-solutions-for-communitiesinsierra-leone-14819523; Pavitra Raja,
    "This Is How Social Innovators Are Leading the Race to Zero Emissions,"
    World Economic Forum, November 9, 2020, https://www.weforum.
    org/agenda/2020/11/thisishow-social-innovators-are-leading-the-
    racetozero-emissions.

7   Easy Solar, "Easy Solar Raises $5M in Series AE quity and Debt
    Funding to Scale Operations in West Africa," press release, September
    30, 2020, https://www.pvmagazine.com/press-releases/easy-solar-
    raises5minseriesaequity-and-debt-fundingtoscale-operationsinwest-
    Africa.

8   "A Conversation with Mark Zuckerberg and Yuval Noah Harari,"
    Facebook, April 26, 2019, transcript, https://about.fb.com/wpcontent/
    uploads/2019/04/transcript_-marks-personal-challenge-yuval-noah-
    harari.pdf.

9   연구자들이 의사결정 능력을 좀 더 깊이 있게 살펴보기 시작한 것은 최
    근(19세기 후반)의 일이다. '판단과 의사결정' 분야는 1950년대에 시작
    되었다.

10 "How Politics Has Pulled the Country in Different Directions," *Wall Street
    Journal*, November 10, 2020, https://www.wsj.com/graphics/polarized-
    presidential-elections

11 "Decline of Global Extreme Poverty Continues but Has Slowed: World
    Bank," World Bank, press release, September 19, 2018, https://www.

worldbank.org/en/news/press-release/2018/09/19/declineofglobal-extreme-poverty-continues-but-has-slowed-world-bank.

12 다음 구절의 대중적인 표현이다. "사람은 자신의 생각이 제시하는 것으로만 드러난다." 브라홋(Berakhot)(55b)에서 인용한 바와 같이 랍비 셰무엘 벤 나치마니(Shemuel ben Nachmani)로부터. *Tractate Berakhot: Edition, Translation, and Commentary*, ed. Heinrich W. Guggenheimer (Berlin: de Gruyter, 2000). 이 구절은 꿈의 해석에 관한 것이다.

13 페루에서: Michael Stott, "Peru President's Ousting Underlines Resurgent Latin American Populism," *Financial Times*, November 11, 2020, https://www.ft.com/content/5c4c4411-e648-4681-bdde-186ff5b20d3e. 필리핀에서: "More than 7,000 Killed in the Philippines in Six Months, as President Encourages Murder," Amnesty International, May 18, 2020, https://www.amnesty.org.uk/philippines-president-duterte-warondrugs-thousands-killed. 독일에서: Alexander Frölich, "Rechtsextremisten steuern die Corona-Proteste zum Teil schon," *Der Tagesspiegel*, November 16, 2020, https://www.tagesspiegel.de/berlin/berliner-sicherheitsbehoerden-alarmiert-rechtsextremisten-steuern-die-corona-proteste-zum-teil-schon/26627460.html; Tilma Steffen and Ferdinand Otto, "Aktivisten kamen als Gäste der AfD in den Bundestag," *Die Zeit*, November 19, 2020, https://www.zeit.de/politik/deutschland/202011/bundestag-afd-stoerer-corona-protest-einschleusung.

14 François Chollet, *Deep Learning with Python* (Shelter Island, NY: Manning, 2017). https://blog.keras.io/the-limitations-of-deep-learning.html 참조. 2021년 2월 케네스 쿠키어와의 인터뷰에서 극단적인 일반화와 프레임 형성을 개선하는 방법을 자세하게 설명했다. "학습하고 적응하는 방법은 지속적으로 과거 상황 및 개념과 유추를 만드는 것이다. 지렛대로 사용할 수 있는 풍성하고 다양한 과거 상황과 콘셉트를 가지고 있다면 더욱더 강력한 유추가 가능할 것이다."

15   Angelique Chrisafis, "'It Looked Like a Battlefield': The Full Story of What Happened in the Bataclan," *Guardian*, November 20, 2015, https://www.theguardian.com/world/2015/nov/20/bataclan-witnesses-recount-horror-paris-attacks; "What Happened at the Bataclan?," BBC, December 9, 2015, https://www.bbc.co.uk/news/world-europe-34827497; Adam Nossiter and Andrew Higgins, "'Scene of Carnage' Inside Sold-Out Paris Concert Hall," *New York Times*, November 13, 2015, https://www.nytimes.com/2015/11/14/world/europe/paris-attacks.html; Andrew Higgins and Milan Schreuer, "Attackers in Paris 'Did Not Give Anybody a Chance,'" *New York Times*, November 14, 2015, https://www.nytimes.com/2015/11/15/world/europe/paris-terror-attacksadisplayofabsolute-barbarity.html.

16   Gérald Bronner, *La Pensée Extrême* (Paris: PUF, 2009). 브로네르는 *Déchéance de rationalité* (Paris: Grasset, 2019)에서 극단적 사고에 대한 자신의 접근법을 바탕으로 젊은 극단주의자의 생각을 바꾸려고 했던 경험을 설명한다.

17   David A. Graham, "The Mysterious Life and Death of Abdelhamid Abaaoud," *Atlantic*, November 19, 2015, https://www.theatlantic.com/international/archive/2015/11/who-was-abdelhamid-abaaoud-isis-paris/416739; Kersten Knipp, "'Allah Has Chosen Me': Profile of the Paris Attackers," *Deutsche Welle*, November 21, 2015, https://www.dw.com/en/allah-has-chosenmeprofileofthe-paris-attackers/a18865801. Stacy Meichtry, Noemie Bisserbe, and Matthew Dalton, "Paris Attacks' Alleged Ringleader, Now Dead, Had Slipped into Europe Unchecked," *Wall Street Journal*, November 19, 2015, https://www.wsj.com/articles/abdelhamid-abaaoud-alleged-mastermindofparis-attacksisdead-french-prosecutor-says-1447937255.

18   Bronner, *La Pensée Extrême*.

19   그 정서는 19세기 독일의 수필가 하인리히 하이네(Heinrich Heine)의

『알만소르: 비극(Almansoro A Tragedy)』(1923)에서 기인한 것으로 유명하다. "책을 태우는 곳에서는 결국 사람도 불태울 것이다."

20 F. Scott Fitzgerald, *The Crack-Up* (New York: New Directions Books, 1945).

21 언어와 세상의 한계에 대해서는 비트겐슈타인에게서 영감을 받았다. Ludwig Wittgenstein, *Tractatus Logico-Philosophicus*, prop. 5.6: (Milton Park, Abingdon, Oxon: Routledge, 1921), 150.

감사의 글

이 책은 세 명의 저자만이 아니라 많은 분의 도움으로 세상에 나올 수 있었다. 먼저 저자 모두 공동으로 감사의 마음을 표시하고자 한다. 더튼출판사의 스티븐 모로와 영국 펭귄출판사의 제이미 조지프 그리고 이 책을 세심하게 편집해준 개러몬드 에이전시의 리사 애덤스에게 감사 인사를 전한다. 편집에 도움을 준 앤드루 라이트와 사실 확인을 담당한 필 케인에게도 고마움을 표한다(물론 정확하지 않은 점이 있다면 그건 모두 저자의 책임이다). 또한 교열 담당자 캐서린 키나스트와 에리카 퍼거슨, 교정 담당자 킴 루이스, 텍스트 디자이너 낸시 레스닉, 미국판 표지 디자이너 제이슨 부허, 영국판 표지 디자이너 스티브 리어드에게도 고마움을 전한다. 그리고 이 책의 홍보에 도움을 준 림짐 데이와 데이팀, 펭귄과 더튼 출판사에게도 감사의 말을 전한다.

소중한 시간을 투자해 우리와 대담을 나누어 책을 빛나게 해준 사람들이 있다. 알파벳 순서로 감사의 인사를 전한다. 안드레아스

알트만, 마이클 베이커, 레지나 바질레이, 제랄드 브로네르, 로널드 버트, 프랑수와 촐레, 대니얼 데넷, 스콧 도널드슨, 이네즈 펑, 앨리슨 고프닉, 피터 하벨러, 데미스 하사비스, 앨런 케이, 타니아 롬브로조, 하인즈 마샤트, 개리 마커스, 로버트 머튼, 앨리사 밀라노, 알베르토 모엘, 은타비셍 모시아, 스콧 페이지, 주디아 펄, 샌더 루이스, 피터 슈워츠, 클라우스 슈바인스버그, 카트린 주더, 노엄 타미르, 마이클 토마셀로, 윌아이엠 (그리고 살리 옴스테드), 애플의 홍보팀.

각 저자별로 감사 인사를 전하고자 한다.

케네스 쿠키어Kenneth Cukier: 〈이코노미스트〉의 편집장 자니 민턴 베도스의 적극적인 지지와 여러 아이디어로 책의 내용을 풍성하게 만들어준 동료들에게 감사의 인사를 전한다. 풍부한 지식을 공유할 수 있게 해준 옥스퍼드대학 사이드 경영대학원 학장 피터 투파노와 교수진 및 학생들에게 고마움을 표시한다. 프레임 형성을 개선하는 보고서와 사건에 대한 정보를 제공해준 영국의 싱크탱크 채텀 하우스, 윌튼 파크, 제임스 아로요가 이끄는 디츠리 재단에게도 고마움을 전한다.

〈이코노미스트 배비지〉 팟캐스트와 〈오픈 퓨처〉에서 했던 인터뷰가 이 책을 쓰는 데 많은 도움이 되었다. 딥마인드의 무스타파 술레이만, 스트라이프의 패트릭 콜리슨, 박스Box의 애론 레비, 기업가 엘러드 길과 대니얼 그로스, 매트 리들리, 에릭 토폴, 데이비드 이글먼, 애덤 그랜트, 하워드 가드너, 대니얼 레비틴, 빌 제인웨이, 앤드루 매카피, 로이 바하트, 자뱅 다르, 난 리, 베네딕트 에번스, 아짐 아자르, 데이비드 매쿠트, 제임스 필드, 댄 레빈, 스티븐 존슨, 비나 벤카타라만, 션 맥페이트, 셰인 패리시. (그리고 배비지의 제작자 산드라 슈무엘리, 아미카 놀런, 윌리엄 워런, 제이슨 호스켄, 사이먼 자비스, 엘리 클리포드, 그리고 총책임자 앤 매켈보이)

나의 생각을 풍요롭게 해준 사람들을 빠뜨릴 수 없다. 헬렌 그린, 로버트 영, 대니얼 펑, 니코 웨셰, 팀 회트게스, 마이클 클리먼, 매트 힌드먼, 존 터너, 카티아 베레센.

빅토어 마이어 쇤버거Viktor Mayer-Chönberger: 옥스퍼드대학과 케블대학에 감사를 표한다. 그곳은 아이디어 생성을 위한 훌륭한 장소다. 또한 인간의 프레임 형성에 관해 지난 몇 년 동안 많은 대화를 나눈 분들 그리고 독일 디지털위원회의 동료에게도 감사 인사를 전한다.

프랑시스 드 베리쿠르Francis De Véricourt: 베를린에 위치한 유럽 경영기술대학원에서 정말 뛰어난 동료들과 열띤 토론을 한 덕분에 나의 생각이 풍요로워졌다. 특별히 매트 보트너, 타메르 보야치, 지안

루카 카르나부치, 라이너스 다랜더, 로라 기엔, 라즈시리 자야라만, 헨리 사우어만, 마틴 슈바인스버그, 뤽 와티에에게 진심으로 고마움을 표한다. 이들의 지적 배경과 관점의 다양성 덕분에 여러 가지 쟁점에 대해 내가 가진 프레임의 레퍼토리를 향상시킬 수 있었다.

듀크대학의 운영관리학과와 의사결정학과의 옛 동료들 덕분에 첫 번째 책을 출간할 수 있었다. 펭 순, 미구엘 로보, 오티스 제닝스 외 여러 사람과 일한 덕분에 나 자신이 더 나은 프레이머가 되었다. 폴 집킨과 밥 윙클러의 지혜로운 지도 덕분에 오늘날의 내가 존재할 수 있었다. 또한 조엘 포돌니, 에드 캐플런, 예일대학 경영관리대학원의 교수들 그리고 특히 내 지도로 박사학위를 받은 시아드 알리자미르에게도 새로운 교육 과정에 대한 그들의 관점을 공유해준 데 대해 심심한 사의를 표한다.

프랑스와 싱가포르 인시아드INSEAD의 탁월한 교수들 덕분에 많은 것을 배울 수 있었다. 특히 헨릭 브레스먼, 스티브 칙, 엔리코 디시튜, 카란 지로트라, 데니스 그롬, 길레스 힐러리, 세르게이 네테신, 이오아나 포페스쿠, 루도 반 데 헤이든, 마틴 가르기요에게 고마움을 전한다.

인간은 협력을 하는 덕분에 한 사람의 생각을 넘어서는 무언가를 만들어낼 수 있었고, 우리는 이 책에서 큰 혜택을 얻을 수 있었다(저자는 알파벳 순서에 따라 적은 것이다).

우리 세 명 모두는 이 책을 집필하는 동안 불평 없이 우리를 감싸준 가족들에게 고마움을 전한다. 우리는 잠시 그림 밖에 있었지만 당신은 항상 우리의 프레임 안에 있었다.

케네스 쿠키어, 빅토어 마이어 쇤버거, 프랑시스 드 베리쿠르
2020년 11월 런던, 옥스퍼드/첼암제, 베를린에서

KI신서 10113

프레임의 힘

1판 1쇄 발행 2022년 3월 16일
1판 4쇄 발행 2023년 3월 3일

지은이 케네스 쿠키어 · 빅토어 마이어 쇤버거 · 프랑시스 드 베리쿠르
옮긴이 김경일 김태훈
펴낸이 김영곤 **펴낸곳** (주)북이십일 21세기북스

정보개발팀 장지윤 강문형
표지디자인 디스커버 **본문디자인** P.E.N.
교정교열 이은경
해외기획실 최연순 이윤경
출판마케팅영업본부 본부장 민안기
마케팅1팀 배상현 한경화 김신우 강효원
출판영업팀 최명열 김다운
제작팀 이영민 권경민

출판등록 2000년 5월 6일 제406-2003-061호
주소 (우 10881) 경기도 파주시 회동길 201 (문발동)
대표전화 031-955-2100 **팩스** 031-955-2151 **이메일** book21@book21.co.kr

(주)북이십일 경계를 허무는 콘텐츠 리더

21세기북스 채널에서 도서 정보와 다양한 영상자료, 이벤트를 만나세요!
페이스북 facebook.com/jiinpill21   포스터 post.naver.com/21c_editors
인스타그램 instagram.com/jiinpill21   홈페이지 www.book21.com
유튜브 youtube.com/book21pub
서울대 가지 않아도 들을 수 있는 **명강의!** 〈서가명강〉
유튜브, 네이버, 팟캐스트에서 '서가명강'을 검색해보세요!

ISBN 978-89-509-9944-5 03320